VERA STRAUCH

UNBEQUEM

Eine Aufforderung
zum Anecken

Atlantik ist ein Imprint des
Hoffmann und Campe Verlags, Hamburg.

1. Auflage 2022

www.hoffmann-und-campe.de
Umschlaggestaltung und Illustration: Vivian Bencs
© Hoffmann und Campe
Satz: Pinkuin Satz und Datentechnik, Berlin
Gesetzt aus der Adobe Caslon
Druck und Bindung: GGP Media GmbH, Pößneck
Printed in Germany
ISBN 978-3-455-01499-0

HOFFMANN UND CAMPE

Ein Unternehmen der
GANSKE VERLAGSGRUPPE

FÜR MEINE SCHWESTER HANNAH

und alle, die so wie sie mit offenem Herzen,
klugen Gedanken und großem Mut
im Unbequemen den Weg ebnen

INHALT

EINLEITUNG

Ich wollte dieses Buch nicht schreiben. Das ist meine erste unbequeme Wahrheit. Dieses Buch sollte eigentlich ein ganz anderes werden. Eines, das Mut macht, ja. Und sich mit dem Anecken beschäftigt, ja. Aber ich hatte nicht vor, so tief einzutauchen, so große Themen aufzumachen. Ich wollte Fakten liefern und praktische Ratschläge geben für unangenehme Situationen und Gespräche. Es war nicht geplant, dass ich dabei selbst so viel Zeit mit dem Unbequemen verbringe. Mit diesem Zustand der innerlichen Orientierungslosigkeit, der so tief aufrütteln kann. Doch der ist genau deshalb jetzt zum Kern dieses Buches geworden.

Bei mir zeigt sich das Unbequeme zum Beispiel in Momenten, in denen ich mich nicht zugehörig fühle, weil ich mich unpassend verhalte oder etwas übersehen habe, was anderen ganz klar war. Oder in Situationen, in denen ich mich verloren fühle, weil meine vermeintliche Wahrheit, meine Welt, infrage gestellt wird – und damit irgendwie auch ich. Es macht keinen Spaß. Ich mag es nicht und ich kann es nicht gut. Warum sollte ich da so tief reingehen wollen? Und dann auch noch darüber schreiben

Es ist riskant, denn ich könnte missverstanden werden als eine, die sich anmaßt, so vieles zu können und zu wissen, was sie nicht kann und nicht weiß. Eine, die sich ihrer Privilegien und Kompetenzgrenzen nicht bewusst ist. Ich könnte Aspekte übersehen, zu persönlich oder zu abstrakt werden. Über das Unbequeme zu schreiben, ist also zugleich richtig unbequem für mich.

Mein erster Impuls war deshalb bei vielen Themen hier, sie schlicht zu vermeiden und einfach eine andere Richtung einzuschlagen. Dieses Verhalten beschreibt ziemlich genau, was das Unbequeme mit uns machen kann (wenn wir es lassen): Wir weichen aus. Umschiffen, verschweigen, ignorieren, finden Ausreden – uns selbst und anderen gegenüber. Doch die Auseinandersetzung lässt sich nicht dauerhaft vermeiden. Sie kann temporär ausgespart werden, aber das Unbequeme ist trotzdem irgendwie da.

Es heißt, man solle das schreiben, was man selbst gerne lesen würde. Was man selbst braucht. Also wage ich es.

Die Kraft des Unbequemen spielt in diesem Buch auf dreifache Weise eine Rolle: Im ersten Abschnitt liegt der Fokus darauf, wie ich als Einzelperson aus meiner Komfortzone treten und warum das wertvoll sein kann. Im zweiten Abschnitt sehen wir uns den kollektiven Umgang mit dem Unbequemen aus der Perspektive des Miteinanders an. Denn es gibt nicht nur Situationen, in denen wir mit uns selbst im Innen anecken, sondern auch die, in denen wir im Außen durch unser Verhalten bei anderen Diskomfort erzeugen und als Gruppe damit einen Umgang finden können. Im dritten Abschnitt blicken wir dann auf die gesellschaftlichen Auswirkungen unserer kollektiven Kompetenz zur Unbequemlichkeit.

Dabei erhebt dieses Buch nicht den Anspruch, alle Themenfelder vollständig abzudecken, denn es ließe sich zu jedem Kapitel wahrscheinlich ein eigenes Buch schreiben. Vielmehr ist mein Ziel, die Bandbreite des Unbequemen aufzuzeigen. Es greifen viele unterschiedliche Felder ineinander und geben uns so Ecken und Enden zum Ansetzen und Aktivwerden. Jedes Kapitel funktioniert in sich geschlossen, und das Buch kann, je nach Interesse, auch in einer anderen Reihenfolge als der von mir entwickelten gelesen werden. Mein Wunsch ist, nicht nur durch das Aufzeigen von Notwendigkeiten zu aktivieren, sondern auch konkrete Ansätze zur Umsetzung vorzuschlagen.

1. Das Unbequeme ist einflussreich.

Je besser wir in der Lage sind, unbequeme Momente zu erkennen, und je klarer wir uns werden, was uns im Umgang mit ihnen wichtig ist, desto mehr Einfluss können wir (zurück)gewinnen. Statt Aufwand in das Umschiffen, Ignorieren oder Überspielen des Problems zu stecken, gibt es uns die Möglichkeit, proaktiv zu handeln und bewusst zu entscheiden. Es stärkt unsere Selbstwirksamkeit, gerade in den Momenten, in denen wir uns ohnmächtig fühlen. Denn wir verstehen, dass wir nicht schief gewickelt sind, weil etwas nicht rundläuft.

Das gilt für uns als Einzelpersonen, aber auch als Gemeinschaften. Wenn wir einen konstruktiven Umgang mit dem finden, das für uns allein, aber auch gemeinsam unbequem ist, spart uns das nicht nur Energie (und setzt damit zusätzliche für andere Herausforderungen frei), sondern es kann uns neue Perspektiven eröffnen.

Wir dürfen Gestalter*innen sein, auch und gerade wenn Probleme auftreten. Mit jeder noch so kleinen Entscheidung zur aktiv gewählten Unbequemlichkeit ermöglichen wir es, uns als Menschen und Gruppen mit Selbstwirksamkeit und Einfluss zu erleben.

2. Das Unbequeme ist individuell.

Das Wort *bequem* wird in seiner heutigen Bedeutung seit dem 18. Jahrhundert verwendet und kommt aus dem Mittelhochdeutschen »bequæme« bzw. dem Althochdeutschen »biquāmi«, was so viel heißt wie »zukommend, passend, tauglich«.[1] Es bedeutet, dass jemand oder etwas »angenehm, keinerlei Beschwerden oder Missbehagen verursachend«, »leicht, mühelos« oder »jeder Anstrengung abgeneigt, träge« ist.[2] Das Gegenteil davon ist unbequem. Etwas oder jemand ist unbequem, wenn es oder er*sie Schwierigkeiten bereitet und andere in ihrer Ruhe oder in ihrem Vorhaben stört.[3]

In diesem Buch geht es um zwei Ebenen der Unbequemlichkeit, die sich auch in diesen Definitionen wiederfinden: den Umgang von anderen damit und den Umgang von uns selbst mit Unbequemlichkeit. Es geht um das Anecken im Außen – und im Innen. Denn an der ungemütlichen Innenschau führt kein Weg vorbei, wenn wir uns von der Verlockung der Anpassung emanzipieren wollen. Wenn wir unser rohes, lebendiges Ich entdecken und spüren wollen, braucht es den Mut, Blicke auf und in uns selbst zu richten.

Es gibt nicht die eine Sache, die für alle gleichermaßen unbequem ist. Für die eine Person ist es angenehm, Zeit allein zu haben, für andere ist das kaum auszuhalten. Konflikte sind für einige eine Strafe, andere blühen im Streitgespräch auf. Vor Menschenansammlungen auf die Bühne zu treten ist der blanke Horror für die einen, während es die anderen energetisiert. Viele können sich ein Leben ohne monatlichen Gehaltsscheck nicht vorstellen, während andere in der Selbstständigkeit aufgehen. Sogar das Sterben ist etwas, dem manche Menschen wohlwollend entgegensehen, während es für viele der wohl unbequemste Gedanke im Leben ist. Was für mich angenehm ist, kann für andere unbequem sein. Was weit außerhalb meiner Komfortzone liegt, mag für andere ein Kinderspiel sein. Das Empfinden ist individuell. Deshalb ist das Unbequeme individuell.

3. Das Unbequeme ist komplex.

Dieses Buch ist eine Aufforderung zum Anecken – innen und außen. Das bedeutet allerdings nicht, dass es darum geht, immer anzuecken. Das wäre allenfalls auch bequem und zu kurz gedacht. Wir brauchen den Komfort, die Bequemlichkeit, ebenso wie den Diskomfort, die Unbequemlichkeit.

Ich sehe die Verlockung des Bequemen und wie es immer mehr zu einem Wert an sich wird. Dem soll dieses Buch gegensteuern. Es soll die Balance in den Mittelpunkt stellen. Das Spannungsverhältnis anerkennen: Wir brauchen beides. Wir sind als Einzelpersonen und als Gemeinschaften gefragt, auch beidem Raum zu schenken und uns nicht von der Bequemlichkeit einlullen zu lassen.

Es gibt keine kurzen Antworten auf die Herausforderungen des Unbequemen – und damit auch keine einfache Definition des Unbequemen. Wir können uns nur annähern.

Es gibt Geschichten, die kurze Antworten liefern. Das sind in vielen Fällen Narrative der Unterdrückung: Sexismus, Rassismus, Antisemitismus, Klassismus oder Ableismus zum Beispiel.[4] Sie bedienen sich des zu kurz Gedachten und sind bequem, weil sie die Welt schematisch in Gut und Böse unterteilen. Durch einfache Erzählungen erschaffen sie ein Feindbild, einen Sündenbock oder grenzen Menschen aus, weil sie vermeintlich anders oder nicht normal seien. Diese Geschichten können so tief verinnerlicht sein, dass sie auch unbewusst zutage treten. Ihre Wirkung bleibt trotzdem unterdrückend.

Vermeintliche »Querdenker«[5] oder Rechte mögen von sich behaupten, unbequem zu sein. Doch sie folgen dabei nur den kurz gedachten Narrativen. Mit dem einfachen und sehr effektiven Instrument der Angstmache bringen sie Menschen zusammen: Angst zu schüren ist einfach, bequem – und effektiv.[6] Angst entsteht aus Angst. Und Angst verursacht Angst. Allen, die sich fragen, wie sie gesellschaftlich etwas bewirken können, möchte ich antworten: Dies ist ein Weg, um etwas zu verändern. Wir können der Angst mit unserer Unbequemlichkeit begegnen. Durch klare Grenzen. Durch eindeutige Verurteilung und durch bedingungslose Solidarität mit denjenigen, gegen die sich die geschürte offensichtliche und versteckte Aggression richtet.

4. Das Unbequeme wählen zu können ist ein Privileg.

Es ist ein Ausdruck von Privilegiertheit, es bequem zu haben. Ich schreibe dieses Buch aus der Perspektive einer sehr privilegierten Person. Das äußert sich unter anderem darin, dass ich oft frei wählen kann. Dass ich wählen kann, es bequem zu haben. Andere Menschen, die nicht so privilegiert sind, haben diesen Luxus nicht. Menschen, die diskriminiert werden, erleben weniger Möglichkeiten der Bequemlichkeit, weil sie zum Beispiel eine Behinderung haben oder als nicht*weiß** gelesen werden. Oder Menschen, die nicht den sozioökonomischen Status genießen wie ich. Hätte ich durch aneckendes Verhalten meine Festanstellung verloren, wäre ich weich gefallen auf ein finanzielles Polster und sehr gute Chancen, schnell einen neuen Job zu finden. Andere hingegen können es sich finanziell nicht leisten, ihren Job zu verlieren. Je mehr Privilegien ich habe, desto mehr Macht und damit auch Verantwortung für den Status quo trage ich. Diese Verantwortung wahrzunehmen beginnt bereits im Umdenken und in der unbequemen Offenheit.

---

* Schwarz wird im Text großgeschrieben und weiß klein und kursiv. Die Adjektive sind keine neutralen Beschreibungen von Hautfarbe, sondern beschreiben eine historische, politische und soziale Identität. Diese wurde für den Begriff Schwarz als unterlegen konstruiert, während *weiß* als überlegen konstruierte Norm wirkt. Die Großschreibung von Schwarz soll »diese Hierarchie dekonstruieren, sichtbar machen und infrage stellen«.[7]

Milliarden von Menschen haben es von vornherein »unbequem« und kommen gar nicht erst in die Lage, es sich (zu) bequem machen zu können. Sie sind immer schon im Unbequemen unterwegs mit Mangel, Diskriminierung, Ausgrenzung, politischer Unfreiheit und der Akzeptanz dessen, was ist. Je mehr Raum zum Gestalten ich habe durch finanzielle Mittel, Beziehungen, gesellschaftliches Ansehen und andere Privilegien, desto leichter wird es für mich, es mir bequem zu machen.

Es ist erforderlich, dass diejenigen, die mehr Macht und damit auch mehr Annehmlichkeiten haben, davon etwas abgeben. Dass sie ihren Einfluss teilen und einige ihrer Bequemlichkeiten aufgeben. Es entsteht leicht eine Lethargie der Bequemlichkeit und diese gilt es zu überwinden. Wir müssen uns nur entscheiden, wo und dass wir damit bewusst anfangen. Dieses Buch hat dazu Ideen.

5. Das Unbequeme führt zu Spannung oder Konflikt.

Das Unbequeme ist häufig auch deshalb unbequem, weil es den Status quo infrage stellt. Die meisten Menschen würden die Frage danach, ob sie sich eine gerechtere Gesellschaft wünschen würden, bejahen. Doch wenn wir diesen Gedanken konsequent weiterdenken, wird es wie gesagt unbequem für diejenigen, die heute mehr Einfluss als andere haben.

Denn eine gerechtere Gesellschaft bedeutet eine Gesellschaft, an der mehr Menschen und ganz unterschiedliche Menschen partizipieren können. In der sie mitentscheiden und mitdiskutieren. In der wir alle mitwirken und vorgeben dürfen, was normal ist und was nicht – und damit übrigens auch definieren, was aneckt und was nicht. Das bedeutet unweigerlich, dass Macht anders verteilt wird.

Der Soziologe Aladin El-Mafaalani beschreibt das als Teil des sogenannten Integrationsparadox. Dazu zeichnet er folgendes Bild des sich wandelnden gesellschaftlichen Systems: An einem

Tisch sitzen zunächst einige wenige (cis) Männer*. Der Rest der Gesellschaft sitzt am Boden. Dann werden (cis) Frauen dazugeholt. Es wird enger am Tisch. Dann kommen Migrant*innen, Ostdeutsche, People of Color, Menschen mit Behinderung, queere Menschen, nichtbinäre und transgeschlechtliche Menschen[8] dazu. Es wird immer enger, immer ungemütlicher. Aber damit nicht genug: Die Dazukommenden wollen sich aktiv einbringen, sie stellen Fragen und fordern, die Regeln und Mechanismen des Miteinanders neu zu definieren, sodass sie auch zu ihnen passen.[9]

Das führt unweigerlich zu Spannung und Konflikt und ist deshalb erst mal unbequem. Doch es muss nichts Schlechtes sein. Nach El-Mafaalani braucht es ein Umdenken:

> »Der Klebstoff des ›alten‹ Zusammenhalts bestand aus Unterdrückungsverhältnissen, von denen all die genannten Personengruppen betroffen waren. Mit der Überwindung der Unterdrückung ist auch der Klebstoff ausgetrocknet. Der Zusammenhalt wurde durch Konflikte ersetzt. Prinzipien des kulturellen und strukturellen Zusammenlebens wandeln sich.«[10]

Die Unterdrückung bestehender Machtstrukturen und, ich würde hinzufügen, die daraus resultierende Bequemlichkeit der Mächti-

---

* In diesem Text beschreiben die Worte Frau und Mann nicht die biologischen Kategorien, sondern soziale Konstrukte, die mit Sozialisation, und Selbstidentifikation zusammenhängen. »Cis« oder auch »cisgeschlechtlich« bedeutet, dass die Person sich mit dem ihr von außen zugeschriebenen Geschlecht identifiziert. Es gibt ein unbegrenztes Spektrum an geschlechtlichen Identitäten. Ich möchte das verdeutlichen, indem ich den Genderstern benutze. In den hier aufgeführten Quellen werden nichtbinäre Menschen nicht berücksichtigt, sodass ich auch in meinem Text, wenn ich mich darauf beziehe, ebenfalls nur von Mann und Frau schreibe.

gen, war der Klebstoff, der den Zusammenhalt ermöglichte. Konflikte sind unweigerlich Teil eines gerechteren und damit auch vielfältigen Miteinanders. Für gesellschaftlichen Fortschritt brauchen wir die Kompetenz, mit dem Unbequemen und mit dem daraus häufig resultierenden Konflikt umzugehen.

Worauf es dabei auch ankommt, ist eine Verbesserung der zwischenmenschlichen Kommunikation, um Konflikte gewaltfrei anzugehen und in der Konsequenz hoffentlich zu lösen. Der Kommunikationspsychologe Friedemann Schulz von Thun schlägt drei Ansatzpunkte vor, die dafür zur Verfügung stehen:

> »1. **Ansatz am Individuum.** Das heißt: Ich fange bei mir selber an bzw. berate und trainiere einzelne Menschen. […]
> 2. **Ansatz an der Art des Miteinanders.** Der ›Patient‹ ist hier nicht ein einzelnes ›schwarzes Schaf‹, sondern der Umgangsstil einer ganzen Gruppe […].
> 3. **Ansatz an den institutionellen/gesellschaftlichen Bedingungen.** Veränderungswürdig erscheinen […] die Zustände, unter denen die Menschen zusammenkommen und die ihnen bestimmte Umgangsformen aufzwingen oder zumindest nahelegen.«[11]

An diesen Schritten orientiert sich auch meine Gedankenführung.

6. Das Unbequeme ist persönlich unverzichtbar.

Wir können im »kleinen Kreis der unmittelbaren Reichweite«[12] anfangen. Das Unbequeme und mein Umgang damit beginnen mit mir selbst. Damit, dass ich mit meinem Denken, Fühlen und Handeln den wichtigen Themen nicht ausweiche, sondern das, was mir auch innerlich im Weg steht, aktiv angehe.

Das ist auch deshalb so wertvoll, weil sich so eine innere Struktur, eine Form der mentalen und emotionalen Stärke aufbauen lässt, die es leichter machen kann, im Außen anzuecken. Denn unbequem zu sein ist, wie wir sehen werden, eng mit dem Hinterfragen bestehender, häufig unsichtbarer Machtstrukturen verbunden. Patriarchale Narrative prägen unseren Alltag und die Vorstellung davon, was wir als normal oder richtig bewerten, ohne dass es uns bewusst sein muss. Der Status quo hat eine große Widerstandskraft, und ihn zu hinterfragen und verändern zu wollen verursacht unweigerlich Gegenwind.

Um mit dieser Dynamik von Veränderungsprozessen umgehen zu können, ist es wertvoll, sie zum einen zu kennen, zu verstehen und von der eigenen Person trennen zu können. Dazu wird es hier deswegen immer wieder um konkrete Ansätze im Umgang mit Veränderung gehen. Zum anderen können wir gezielt unsere mentale Widerstandskraft fördern und Selbstfürsorge betreiben, um uns nachhaltig für unbequemen, aber notwendigen gesellschaftlichen Wandel einzusetzen. Dazu werden wir mit Ansätzen arbeiten, die sich im Alltag anwenden lassen und die Kraft von Selbstliebe indirekt und direkt immer wieder aufgreifen. Wie wir sehen werden, braucht es innere Stärke, um nicht die gewaltvollen Muster der Machtausübung zu reproduzieren, sondern bewusst gewalt- und unterdrückungsfrei Veränderung bewirken zu können. Der Umgang mit mir selbst spielt deshalb eine zentrale Rolle.

7. Das Unbequeme ist fürs Miteinander unverzichtbar.

Im Miteinander anzuecken bedeutet häufig, Konflikte zu riskieren. Das scheuen wir oft, aus gutem Grund. Denn wann, wie und wo haben wir gelernt, mit diesen heiklen Kommunikationssituation so umzugehen, dass sie konstruktiv ablaufen? Wer hat uns beigebracht und gezeigt, wie sich Konflikte lösen lassen und sogar zu einer Stärkung statt einer Entfremdung in Beziehungen führen können? Meine Vermutung ist, dass wir in unserem privaten und gesellschaftlichen Umfeld (in Schule, Ausbildung oder Arbeitsverhältnissen beispielsweise) eher das Gegenteil vorgelebt bekommen haben.

Dabei ist es möglich und sogar ganz entscheidend zu lernen, wie man heikle Situationen anspricht und erfolgreich löst, anstatt ihnen auszuweichen oder sie eskalieren zu lassen. Denn auch wenn und gerade weil sie so wichtig sind, liegt großes Potenzial in diesen Momenten. In allen Lebensbereichen kann das Deeskalieren von (potenziellen) Konflikten uns weiterbringen.

Das erfordert Mut in vielerlei Hinsicht. Denn Konflikt und Gewalt sind auch sprachlich eng miteinander verbunden. Im zweiten Teil des Buches widmen wir uns deshalb dem Miteinander. Wie kann ich mich integer verhalten, wie Konflikte angehen und gleichzeitig Beziehungen stärken? Wir werden sehen, dass sprachliche Gewaltfreiheit zu einem sinnstiftenden Auftrag an uns selbst werden kann. Und das ist unabdingbar. Denn sprachliche Gewalt ist allgegenwärtig. So sehr, dass sie uns in alltäglichen Situationen bei der Arbeit, in der Familie oder mit Freund*innen gar nicht mehr auffällt. Das muss sich ändern.

Wenn wir Methoden ausfindig machen, um missbräuchliches Verhalten in allen Lebenssituationen zu verringern oder am besten ganz zu beenden, ist das der Weg in eine friedlichere Welt. Es wird ein Stück weit dazu führen, dass wir uns anders mit den enormen Herausforderungen unserer Zeit auseinandersetzen und sie konstruktiv angehen können.

Es kann heilsam sein, nicht nur für Einzelpersonen, sondern auch als Auswirkung auf die Gesellschaft, wenn wir Gemeinschaft mit vertrauensvollen Bindungen leben können.

8. Das Unbequeme ist für die Gesellschaft und unsere Zukunft unverzichtbar.

Wir brauchen einander. Vieles funktioniert nur, wenn wir im Großen gemeinsam daran arbeiten. Wachsende soziale Ungleichheit (bei fehlender Chancengleichheit),[13] globale Migration, die Klimakatastrophe sind nur einige Beispiele für das Wegsehen oder auch Wegdenken existenzieller Themen – bis es eben nicht mehr anders geht und wir hinschauen müssen.

Es ist unbequem, dieser Tatsache nicht auszuweichen. Es braucht dazu nicht nur individuelle und kollektive Kompetenzen, sondern auch strukturelle Rahmenbedingungen. Einige davon sehen wir uns in einem Ausblick im dritten Teil des Buches an. Denn die Kernfrage lautet: Was brauchen wir, um gesellschaftlich dem Unbequemen nicht länger auszuweichen?

Die Ideen und Erkenntnisse, die ich teile, nehmen seit Jahren Einfluss darauf, wie ich denke, lerne, arbeite, anderen begegne, auf Erziehung blicke – wie ich mich durch mein tägliches Leben bewege. In den Curricula von Schulen, Universitäten, insgesamt in Bildung, Erziehung und auch der Arbeitswelt spielen viele Themen dieses Buches keine oder, wenn überhaupt, nur am Rande eine Rolle. Dabei sind sie in meinen Augen entscheidend, wenn wir auf unsere individuelle und gesellschaftliche Entwicklung blicken.

Ich hoffe sehr, dass die Texte hier ein neues Licht darauf werfen werden, wie wir über unser Denken, Fühlen und Handeln als Student*innen, als Arbeitskräfte, als Eltern, als Partner*innen und als Bürger*innen, Führungspersönlichkeiten und Gestalter*innen einer aktiven Zivilgesellschaft Veränderung in die Welt tragen. Denn das tun wir ohnehin. Wir alle. In jedem Moment.

Auch die auf den ersten Blick unbedeutend erscheinenden Momente können etwas auslösen. Das, was wir, und sei es auch nur ganz kurz, als unbequem empfinden, kann uns dabei den Weg weisen. Das können Momente sein, in denen wir das Smartphone beiseite legen, und unserem Gegenüber ungeteilte Aufmerksamkeit schenken. Momente, in denen wir uns einer vertrauten Person öffnen und darüber sprechen, wie wir uns wirklich fühlen. Momente, in denen wir es riskieren, anzuecken, weil wir aufrichtig etwas Unbequemes, aber Notwendiges ansprechen. Es sind diese Momente, die wir wahrscheinlich nicht mit großen Veränderungen in Verbindung bringen würden. Doch das Kleine hat Einfluss auf das große Ganze – weil es andere zum Hinsehen einlädt, bewegt und manchmal sogar inspiriert.

Statt wie ursprünglich geplant in diesem Buch ausschließlich über die Kraft von und Methoden zum Umgang mit dem Unbequemen zu schreiben, ist es jetzt auch eine Aufforderung geworden, die auch unsere Narrative und Strukturen von Macht infrage stellt. Die kritisch auf bestehende Systeme blickt und immer wieder Gerechtigkeitsfragen stellt. Das ist besonders unbequem für mich. Denn obwohl ich mich seit Jahren mit meiner Arbeit feministischen Themen verschrieben habe, formuliere ich die Worte in diesem Buch mit großem Respekt vor klugen Vordenker*innen und im Bewusstsein meiner Privilegiertheit.

Es schwingt die für mich sehr unangenehme Sicherheit mit, dass sich Perspektiven, Wissen und Notwendigkeiten zu den großen Themen, die ich anspreche, fortlaufend verändern. Das bedeutet, dass auch meine Erkenntnisse und Blickwinkel sich verändern werden und dass das, was ich schreibe, nicht vollständig und perfekt sein kann. Doch deswegen die Texte dieses Buches von meiner feministischen Haltung und Arbeit zu entkoppeln, wäre für mich nicht stimmig und irgendwie bequem gewesen. Bei der Autorin Kübra Gümüşay habe ich dieses Zitat von Roxane Gay gelesen: »I would rather be a bad feminist than no feminist at all.«[14] Also schreibe ich hier als Bad Feminist, genauso, wie ich eine Bad Discomfortist bin. Weil ich lieber unperfekt feministisch und unperfekt unbequem bin, als es gar nicht zu sein.

Ich habe in diesem Buch keine abschließenden Lösungen, dafür viele Ideen und Vorschläge. Dabei geht es um große Veränderungen und Themen von gesamtgesellschaftlicher Relevanz. Immer aber geht es auch darum, wie wir bei uns selbst beginnen können. Denn diese Selbstwirksamkeit haben wir und können sie (er)leben. Das entbindet diejenigen, die die strukturellen und institutionellen Rahmenbedingungen gestalten, nicht von ihrer Verantwortung. Es gibt uns aber die Möglichkeit, uns zu erleben – in unserer Wirksamkeit als aktive Zivilgesellschaft. Denn ohne sie kann Demokratie nicht funktionieren. Und wir werden sehen: Die aktive Zivilgesellschaft ist heute so gefragt wie vielleicht selten zuvor.

Dieses Buch ist eine Einladung, zusammen zu hinterfragen, ins Gespräch mit anderen zu kommen, aktiv zu werden. Es soll Mut machen, weil nicht weggeschaut, aber auch nicht verurteilt wird. Es möchte konkrete Wege aufzeigen, um Respekt, Augenhöhe und radikale Selbstliebe als einen Schlüssel zu friedlicher Veränderung zu nutzen. Es soll konstruktiv anecken, weil es nicht nur zeigt, dass wir ein Problem mit Macht und Gewalt haben, sondern auch Ideen dazu vorstellt, wie wir dem begegnen könnten.

Unser individuelles Verhalten hat Auswirkungen auf das große Ganze. Wir sind Familienmitglieder, aber auch Bürger*innen in einer Demokratie. Wir sind Kolleg*innen im Team, aber auch Gestalter*innen von Zusammenarbeit. Wir sind Freund*innen, aber auch Menschen, die Nachbarschaften, Gemeinden, Gesellschaften durch ihr Miteinander prägen. Was im Kleinen passiert, hat Auswirkungen auf das Große. Jede*r von uns leistet einen wichtigen Beitrag zu einer aktiven Zivilgesellschaft und damit zu einer Welt, die wir für ein gerechtes Miteinander und eine bessere Zukunft brauchen. Unser Umgang mit dem Unbequemen kann ein wichtiger Bestandteil dieses Beitrags sein.

INDIVIDUUM – UNBEQUEM MIT MIR

1. VERSTEHEN: ANPASSUNG HINTERFRAGEN

»Das Hindernis, das uns im Weg war, wird der Weg.« [1]

Marc Aurel

Mit Anfang 30 habe ich meinen sehr gut bezahlten unbefristeten Konzernjob gekündigt – ohne etwas Neues in Aussicht zu haben. Ich hatte Jobangebote, ja, aber keine Lust, sie anzunehmen. Stattdessen wollte ich etwas anderes machen. Ich wusste nur leider nicht genau was. Es war ein Schritt heraus aus der Komfortzone, und ich hatte ihn gut vorbereitet. Vor allem auch, um die Ängste von anderen aufzufangen, die auf einmal auf mich einprasselten.

Meine Großmutter, die mein Verhalten wütend machte, weil es ihr unverantwortlich erschien, Freund*innen, die mir rieten, das Angestelltenverhältnis doch noch für die Familienplanung zu nutzen, oder die Personalsachbearbeiterin des Konzerns, die mich anrief in Sorge, ich würde für immer arbeitssuchend bleiben. Die Ängste anderer landeten bei mir, und ich war darauf vorbereitet. Ich hatte ein finanzielles Polster, diverse Ideen und Lust auf etwas Neues. Doch trotzdem: Auch die beste Vorbereitung macht den Sprung ins kalte Wasser nicht weniger unangenehm. Denn ich konnte nicht alles antizipieren und im Vorfeld planen.

Als ich nach der Kündigung meine ersten Schritte in die Selbstständigkeit ging, merkte ich schnell, dass ich zwar gut vorbereitet war – aber bei weitem nicht auf alles. Ich war auf einmal beruflich allein. Dieser Zustand lag außerhalb meiner Komfortzone und fühlte sich unangenehm an. Wenn mein Mann morgens die Wohnung verließ und zur Arbeit ging, saß ich vor meinen Konzepten – allein. Wenn ich zu Netzwerkveranstaltungen ging, war ich allein. Wenn ich mich mit meinen Ideen und meiner Vision bei anderen Organisationen vorstellte, dann allein. Niemand in der neuen Branche kannte mein noch nicht gegründetes Unternehmen und mich als Vera, die selbstständig ist. Bis vor kurzem war ich noch Geschäftsführerin eines traditionsreichen Unternehmens gewesen, den Namen eines globalen Konzerns im Rücken und auf der Visitenkarte, und jetzt war da nur noch ich. Ohne Rückendeckung. Ohne Team. Ohne die Referenzen, die ich eigentlich brauchte.

Die Formulierung »die Komfortzone verlassen« geht einem leicht von den Lippen. Danach zu leben ist jedoch ungleich schwerer. Denn es ist unangenehm, sich nicht in allem sicher und souverän zu fühlen. Es ist schwer, sich verletzlich zu machen. Nicht zu wissen, nicht zu können, nicht zu kennen, nicht vertraut zu sein. Die (Illusion von) Kontrolle abzugeben und ein Risiko einzugehen in Bezug auf etwas, was uns wichtig ist. Das ist hart.

Doch diese Empfindung darf gemildert werden durch eine zentrale Erkenntnis. Nämlich den Gedanken, dass Unbequemlichkeit sehr wertvoll sein kann. Denn das Herausbewegen aus der Komfortzone hat einen entscheidenden Effekt: Wir erleben uns anders. Die Vera, die ich in dieser Unbehaglichkeit erlebe, ist anders als die, die sich in ihrer Wohlfühlzone aufhält. Dieses neue Erleben ermöglicht uns, neue Erfahrungen zu sammeln, und die wiederum führen zu einem erneuerten Selbstverständnis.

Gleichzeitig hat die Komfortzone auch Vorzüge. Sie ist ein Ort der empfundenen Sicherheit. Hier kennen wir uns aus und wissen, was zu tun ist. Das kann zwar mitunter etwas langweilig sein, doch dafür ist es ruhig und entspannt, gibt uns die Chance,

Energie zu sparen. Beruflich liegen in der Komfortzone beispielsweise die Tätigkeiten, die wir sicher und routiniert ausführen können, persönlich die Menschen und Orte, mit denen wir vertraut sind.

Dieses Buch soll kein Angriff auf die Komfortzone sein. Es wäre zu kurz gegriffen – zu bequem –, die Komfortzone zu verurteilen. Denn sie ist wichtig und wertvoll. Ich möchte vielmehr einladen, andere Zonen zu erkunden, mit ihnen vertraut zu werden und sich aktiv und bewusst in den unterschiedlichen Bereichen des Lebens immer wieder zwischen den Zonen zu bewegen.

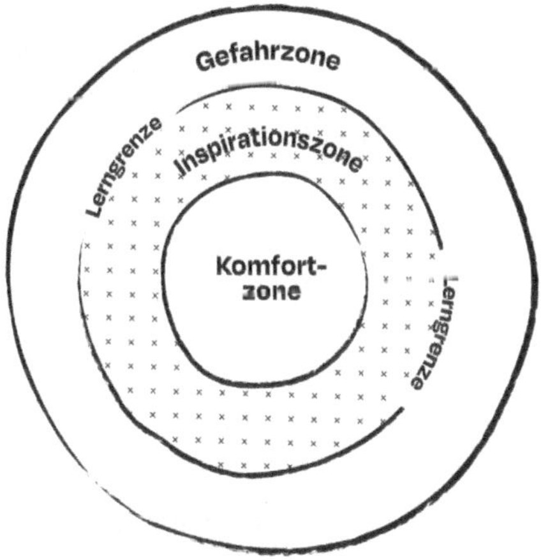

Grafik: Zonen des Wachstums (in Anlehnung an Keks Ackermann CC BY-NC, basierend auf Nadjeschda Taranczewski)[2]

Wenn wir aus der Komfortzone austreten, gelangen wir in die Inspirationszone (auch Lernzone genannt). Dort ist es neu und aufregend. Es ist interessant und beflügelnd, auch wenn es mitunter unbequem werden kann. Treten wir zu weit aus unserer Komfortzone heraus, gelangen wir in die Gefahrzone. Hier wird aus Inspiration Angst, und wir können uns überfordert fühlen.[3]

Kurz in der Gefahrzone vorbeizugucken ist ein Effekt, der beim Verlassen der Komfortzone eintreten kann. Für unsere Entwicklung ist es wichtig, dass wir zwischen den drei Zonen zu differenzieren lernen und ein für uns stimmiges Gleichgewicht zwischen unserem Bedürfnis nach Sicherheit (in der Komfortzone) und unserem Bedürfnis nach Entwicklung und Wachstum (in der Inspirationszone) finden. Diese Balance können wir nur erreichen, wenn wir uns bewusst und regelmäßig zwischen beiden Zonen bewegen. So lernen wir unsere Wachstumsgrenze kennen und wissen, wie weit wir uns bewegen können, ohne in die Gefahrzone einzutreten.

Der Austritt aus der Komfortzone muss nicht unter Druck geschehen. Vielmehr dürfen wir uns von der Inspiration anziehen lassen. Wir können unseren Bedürfnissen und dem inneren Antrieb der Neugier, Lebenslust und Erkundung folgen – und auch den äußeren Gegebenheiten, die uns mit Widerständen, Spannungen und Konflikten konfrontieren.

Verlockende Anpassung

Es ist acht Uhr morgens, die Klingel läutet, und ich laufe mit den anderen Kindern gemeinsam die Treppen der Schule hoch zum Klassenzimmer. Als wir den Raum betreten, sehe ich es sofort: Die kleinen Streichhölzer, die gestern noch liebevoll zu einem Holzhäuschen zusammengeklebt waren, liegen verwüstet auf der Pappunterlage verteilt. Jemand hat das Kunstprojekt kaputt gemacht. Jetzt steht es da allein und ausgestoßen auf dem Schrank in unserem Klassenzimmer. Zwischen lauter schönen, noch intakten Projekten liegt ein kaputtes, *mein* kaputtes. Es könnte nicht symbolhafter sein: Ich gehöre nicht dazu. Oder noch viel schlimmer: Ich bin nicht erwünscht.

Ich war acht Jahre alt, als wir in ein mehrere Hundert Kilometer entferntes, kleines Dorf in Norddeutschland umzogen. Wir kannten dort niemanden, und das dritte Schuljahr begann ich mit sechzehn anderen Schüler*innen, die sich alle seit dem Kindergarten kannten. Es war klein, idyllisch – und richtig unschön für mich als das neue Kind. Mein gebasteltes Kunstprojekt, das meine Mitschüler*innen heimlich kaputt gemacht hatten, war nur eines von unzähligen Belegen für meinen Status als die Neue.

Mein Erscheinen in diesem Dorf war anders, nicht vertraut und deshalb unangepasst. Ich kannte die Regeln nicht. Ich beherrschte die Spiele und Sportarten nicht. Ich verwendete andere Worte und hatte andere Ideen. Ich störte das Vertraute und Gewohnte. Und das, obwohl ich nur eine längere Autofahrt entfernt gelebt hatte, im selben Land, dieselbe Sprache spreche. Es scheint so banal: ein Umzug, ein neues Kind.

Ich gab alles, um mich möglichst schnell einzufügen: Ich lernte die Spiele, die alle spielten. Ich versuchte, allen zu gefallen, um zu den Geburtstagsfeiern eingeladen und nicht mehr als Letzte beim Gruppensport ausgewählt zu werden. Doch es änderte alles nichts. Ich begann Montage zu hassen, und meine vorher so guten Noten wurden schlechter und schlechter. Sie waren mir egal. Alles, was jetzt noch zählte, war, nicht allein und ausgeschlossen zu sein.

Wenn ich meine Worte heute als Erwachsene und Mutter eines kleinen Kindes lese, empfinde ich Mitgefühl mit diesem kleinen Menschen. Es macht mein Herz schwer, so wie jedes Mal wenn ich ähnliche Geschichten von Kindern höre. Kinder, die gemobbt oder ausgegrenzt werden, weil sie von der vermeintlichen Norm abweichen. Ich war ein kleines *weißes* Mädchen mit gutem sozioökonomischem Status, Akademikereltern, unzähligen Privilegien. Für mich war es nur ein Umzug, mit dem ich umzugehen hatte, vielleicht auch die Tatsache, dass ich ein Mädchen war – nicht aber mit all den Diskrimierungsrealitäten wie beispielsweise Ableismus, Klassismus oder Rassismus. Schon ich mit all meinen Privilegien bekam eine Ahnung davon, wie hart es sein kann, nicht dazuzugehören, sich ausgegrenzt zu fühlen. Kinder können gnadenlos sein. Das höre ich dann häufig Menschen sagen. Und ich frage mich: Führen Kinder nicht nur das ungefilterter und roher aus, was Erwachsene auch leben?

Dazugehören zu wollen ist menschlich. Unser Hirn ist regelrecht süchtig nach Sicherheit – und die Zugehörigkeit zu Gruppen gibt uns Sicherheit.[4] Wie der Geschichtsprofessor Yuval Noah Harari in »Eine kurze Geschichte der Menschheit« zeigt, kam ein Ausschluss aus der Gemeinschaft noch im 18. Jahrhundert einem Todesurteil gleich.[5] Nicht dazuzugehören bedeutete unter anderem, dass der Schutz der Gruppe und der Zugang zu gemeinsam organisierter Nahrung und zur kollektiven Intelligenz entzogen wurden. Dieser Instinkt des menschlichen Überlebens ist auch heute noch Teil von uns. Denn die Tatsache, dass der Ausschluss aus der Gruppe nicht mehr lebensbedrohlich ist, ist eine neuere Errungenschaft in der Menschheitsgeschichte. Homo sapiens existiert seit ca. 300.000 Jahren. Aber erst mit der Industrialisierung im 19. Jahrhundert hat die Individualisierung Einzug gehalten – und damit die Möglichkeit, Gruppen selbstbestimmter zu wählen oder sogar ohne Gruppenzugehörigkeit in Gesellschaft zu überleben.[6]

Was mir in der Grundschule widerfuhr, ist das, wovor wir uns alle mehr oder weniger bewusst fürchten: nicht dazuzugehören. Ich habe schon häufig darüber nachgedacht, wie sehr mich diese Erfahrung geprägt hat und wie froh ich bin, dass ich es irgendwie geschafft habe, das Blatt zu wenden. Nach den Sommerferien stellte ich fest, dass es nur noch ein Jahr sein würde, das ich überbrücken müsste, bis ich auf die weiterführende Schule kommen würde. Dort warteten andere Kinder, andere Gruppen auf mich. Also legte ich meine bisherige Strategie des Anpassens und Gefallenwollens ab. Ich trat anders auf: bemühte mich nicht mehr, den anderen zu gefallen. Ich suchte mir andere Kinder in der Nachbarschaft, mit denen ich mich zum Spielen nach der Schule traf, konzentrierte mich wieder auf den Unterricht, hörte auf, meinen Mitschüler*innen hinterherzurennen.

Dann passierte etwas Überraschendes. Auf einmal wurde ich zu Kindergeburtstagen eingeladen. War nicht mehr die Letzte, die beim Sport aufgerufen wurde. In der Schule wollten andere Kinder neben mir sitzen. Ich lernte einen interessanten Effekt kennen. Statt extremer Anpassung aus dem Wunsch heraus, Menschen gefallen zu wollen, die ich gar nicht mochte, zeigte ich den Respekt mir gegenüber. Diese Erkenntnis hat mich geprägt und mir viele bedeutsame Momente, echte Verbindung und Gemeinschaft in Gruppen beschert – aber auch immer wieder Schmerz, wenn ich mal nicht in eine Gruppe passte. Ich hatte das Glück, dass der Schmerz mir gezeigt hat, wie sehr ich auf die Systeme einwirke, die mich umgeben. Ich bin ein Teil von ihnen und kann meine Selbstwirksamkeit spüren und nutzen, um mein Umfeld zu beeinflussen.

Wichtig dabei ist zu betonen, dass das natürlich auch maßgeblich von meiner Macht abhängt, die ich in diesen Systemen habe. Je größer mein Einfluss, auch aufgrund meiner Privilegien, desto mehr kann ich bewirken. Es einfach nur zu wollen reicht in vielen Fällen nicht. Man muss auch die Mittel zur Verfügung haben. Dazu kommen wir gleich noch ausführlicher und werden immer wieder im Buch auch darauf eingehen.

Meine Geschichte könnte hier ihr Happy End haben: Ich habe schon als Kind die Kraft des Unbequemen verinnerlicht und so als Erwachsene das Anecken und Für-mich-Einstehen mit Bravour gemeistert. Vielleicht zeigt die Tatsache, dass das Gegenteil eingetreten ist, wie groß der Druck ist. Wie hart die Strafen für die sind, die anecken – je weniger privilegiert, desto härter in der Regel. Wie süß die Belohnung für die zu sein scheint, die funktionieren, reinpassen, angepasst sind.

Luxus der Nichtanpassung

Ich habe tief verinnerlicht, dass Anpassung für mich als Frau ein Weg ist, um das zu erreichen, was ich mir wünsche. Immer wieder erwische ich mich dabei, dass ich mich schlecht fühle, wenn ich anecke. Das hat vor allem damit zu tun, dass ich Repressalien fürchte. Die Konsequenzen für mich als Frau, die nicht die gleichen Ausgangsbedingungen wie cis Männer hat. Der Luxus, nicht anecken zu können, ist ein Luxus der zunimmt, je privilegierter ich bin.

Vor ein paar Monaten bin ich mit meiner Familie umgezogen. In einem Telefonat mit dem Hausverwalter der alten Wohnung kam es zum Streit. Nichts Schlimmes – eher ein kleines Missverständnis. Doch nachdem ich aufgelegt hatte, ging es mir durch Mark und Bein. Was denkt er jetzt von mir? Bin ich im Unrecht? Liege ich falsch? Was, wenn ich irgendwann mal wieder eine Wohnung brauche und er mich nicht mag?

Dass andere – in der Regel Männer – auch Macht über mein Leben haben, war mir immer klar, wenn auch nicht ständig präsent. Auf dem Amt, in der Arztpraxis, mit dem Vermieter, im Job sowieso. Wenn ich Menschen mit mehr Macht gegen mich aufbringe, kann es sein, dass sie mir Steine in den Weg legen. Für jemanden wie mich – mit vielen Ideen, Plänen und einem ausgeprägten Wunsch nach Unabhängigkeit – ist das keine angenehme Vorstellung. Also habe ich mit den Jahren unbewusst eine einfache Strategie entwickelt, um nicht gebremst zu werden: Ich gefalle.

Diese Strategie hat in erster Linie nicht (nur) mit meinem Geschlecht zu tun, viel mehr ist sie eine Reaktion auf eine Form von Diskriminierung, wie sie zum Beispiel auch Schwarze Menschen, queere Menschen oder Menschen mit Behinderung erfahren. Denn bei meinem Beispiel geht es nicht um Mann oder Frau, sondern um Macht. *Weiße* Menschen üben Macht über nicht*weiße* Menschen aus (Rassismus[7]). Akademiker*innen üben Macht über Menschen mit anderer sozialer Herkunft aus (Klassismus). Nichtbehinderte Menschen üben Macht über Menschen mit Behinderung aus (Ableismus). Ja, Einzelfälle können abweichen, doch die Strukturen der ungerechten Machtverteilung sind vorhanden. Davor die Augen zu verschließen, wenn es um ein neues Selbstverständnis des Aneckens und eine Emanzipation von der Anpassung gehen soll, wäre fahrlässig.

Intersektionaler Feminismus

Ich habe es immer mal wieder geschafft, mich mit eigener Kraft aus den Zwängen der Anpassung zu befreien. So kommt es mir jedenfalls vor. Doch im Laufe der letzten Jahre habe ich festgestellt: Es lag nicht nur an mir, sondern auch an der Welle der Privilegien, von der ich getragen wurde und werde. Meine Eltern haben studiert. Ich bin *weiß*, habe einen deutschen Pass, bin in einem gutbürgerlichen Haushalt in sehr stabilen finanziellen Verhältnissen aufgewachsen. Strukturelle Marginalisierungserfahrungen kenne ich deshalb nur aufgrund meines Genders.

Die Überschneidung von Diskriminierungsformen wird als Intersektionalität bezeichnet.[8] Die Juraprofessorin Kimberlé Crenshaw hat den Begriff Ende der achtziger Jahre geprägt, unter anderem weil überwiegend *weiße* Feministinnen und Schwarze Männer zu ihren Diskriminierungserfahrungen gehört wurden. Dabei wurde Antidiskriminierungsarbeit beispielsweise im juristischen Kontext den spezifischen Erfahrungen von Schwarzen Frauen nicht gerecht. Crenshaw hat das Bild der Kreuzung (»intersection«) geprägt, um zu verdeutlichen, dass die Erfahrungen von Menschen, die mehrfach diskriminiert sind, einer gesonderten Betrachtungsweise bedürfen.[9]

Intersektionaler Feminismus beleuchtet und hinterfragt Machtstrukturen aus diversen Perspektiven und fordert die gerechte Verteilung von Macht. Immer noch häufig missverstanden ist, dass der Feminismus sich nur für Frauenrechte einsetzt. Zwar findet der Begriff seinen Ursprung dort, doch er hat sich weiterentwickelt, und heute – so sehe und praktiziere ich ihn – umfasst er den Einsatz für eine gerechte Gesellschaft für alle. Das beinhaltet das Ende aller Unterdrückungsmechanismen inklusive Ableismus, Homo- und Transdiskriminierung, Kolonialismus, Klassismus und Sexismus, die durch eine Kombination der unterdrückenden Systeme Patriarchat, Rassismus und Kapitalismus erzeugt werden.[10]

Unangepasst zu sein wird leichter, je privilegierter ich bin. Dieses Verständnis ist wichtig – auch wenn es um unsere Bewertung und unseren Umgang mit anderen geht, die sich unbequem verhalten. Denn wir können im Kleinen, jede*r für sich, bestehende Machtstrukturen manifestieren oder infrage stellen. Privilegien bringen Verantwortung mit sich. Unter anderem die Verantwortung dafür, dass wir Privilegierten es uns unbequem machen, um uns einzusetzen für alle, die weniger privilegiert sind. Denn nur so können wir unfaire Machtstrukturen aufbrechen und neu zusammensetzen.

Es ist ein Ausdruck von Privilegiertheit, es bequem zu haben. Sich zurückzulehnen, unpolitisch zu sein, stärkt bestehende Machtverhältnisse – und macht es bequem für diejenigen, die vom Status quo profitieren. Das politisch Neutrale kann nicht neutral sein. Eine passive Haltung zahlt immer auf die Erhaltung dessen ein, was ist.

Die Unbequemlichkeit liegt in unser aller Verantwortung. Wir können diesen Gedanken zulassen und das eigene Verhalten als einen Beitrag sehen zu einer Gesellschaft und Zukunft, die wir uns wünschen. Diese Metaebene einnehmen zu können, in der ich auch das eigene Nichthandeln als eine Aktion verstehe, ist eine zentrale unverzichtbare Fähigkeit die wir für Fortschritt in Richtung Gerechtigkeit erlernen müssen. Dieses Buch widmet sich deshalb immer auch dem Thema des Aktivwerdens. Denn die Verlockung der Anpassung und die Bequemlichkeit einer Neutralität ist groß, und sie kann zunehmen, je privilegierter ich bin.

Konsum und Bequemlichkeiten

Ich erwische mich dabei, mein Kind zu loben, wenn es lieb ist. Auch wenn es eigentlich nicht das ist, was ich in ihm und anderen Menschen fördern und ermuntern möchte. Aber mein Leben wird leichter, wenn die Menschen, die mich umgeben, sich reibungslos in das einfügen, was der Plan ist. Die Versuchung ist da, in meiner Partnerschaft, meinen Freundschaften, meiner Familie, meinem Kolleg*innenkreis genau das zu suchen und zu schätzen: diejenigen, die reibungslos funktionieren.

Die Bequemlichkeit des »reibungslosen Funktionierens« wird zum Wert an sich. In den letzten Jahren beobachte ich, wie sie kulturell zum Maßstab avanciert und zu einem Schatz, den wir – unbewusst und doch sehr bestimmt – so leicht priorisieren. Ich bestelle ein Geschenk eben bei Amazon, weil es so schnell und unkompliziert ist. Eigentlich sollte ich besser in den kleinen Laden um die Ecke gehen und die Inhaberin unterstützen. Doch trotzdem wähle ich den bequemen Weg. Fleisch essen, Auto fahren, Fast Fashion kaufen, in den Urlaub fliegen – unzählige Beispiele aus meinem Alltag fallen mir ein zu Dingen, die ich eigentlich nicht tun sollte. Die meinen Werten von Gerechtigkeit und Nachhaltigkeit widersprechen.

Dabei habe ich einen sozioökonomischen Status, mit dem ich anders entscheiden könnte, bin eine der wenigen auf der Welt mit diesen Privilegien. Ich habe die finanziellen Mittel und damit theoretisch auch die Zeit, es mir weniger bequem zu machen, als ich es ohnehin schon habe. Ich könnte es mir leisten, vegan zu essen. Ich könnte die Zeit einräumen und es bezahlen, mit der Bahn statt dem Auto oder Flugzeug zu reisen. Ich könnte bei all meinen Konsumentscheidungen auf Nachhaltigkeit achten. Was beispielsweise für eine alleinerziehende Mutter mit zwei Jobs ganz anders aussähe, ist für mich problemlos möglich. Trotzdem entscheide ich bewusst und unbewusst immer wieder, es mir noch bequemer zu machen, als ich es ohnehin schon habe.

Dimensionen der Bequemlichkeit

Statt die Passivität des Konsums zu leben, können wir lernen und zurückfinden in die Aktivität des Gestaltens. Das heißt nicht, dass wir nichts mehr einkaufen oder keinen Komfort mehr erleben können. Es heißt, dass wir proaktiv hinterfragen, in Aktion kommen und in allen Bereichen des Lebens, wenn möglich, die Inspirationszone erkunden. Dass wir die Komfortzone als Rückzugsort behalten, aber nicht aus dem Blick verlieren, dass wir mehr sind als Konsument*innen von Waren, Dienstleistungen und auch digitalen Produkten. Dass diese Erkenntnis unverzichtbar ist für eine aktive Zivilgesellschaft.

Ein zentraler Schlüssel dafür ist, mit Unbequemlichkeit umgehen zu können und den durchaus verlockenden Bequemlichkeiten des Lebens zu entkommen. Denn sie halten uns zurück und verhindern kollektiven und individuellen Fortschritt. Veränderungen in jeder Form können unbehaglich sein – und an dem Bestehenden festzuhalten ist häufig der weniger anstrengende Weg. Bequemlichkeit kann dabei mit verschiedenen Facetten einhergehen.[11] Dies sind Dimensionen der Bequemlichkeit, die in diesem Buch eine Rolle spielen:

Intellektuelle Bequemlichkeit: Das, was bereits gedacht ist und richtig zu sein scheint, ist leichter zu denken als das Neue. Gedanken, die die Ambivalenz des Lebens zulassen und davon ausgehen, dass es keine kleinen schnellen Antworten auf große Fragen gibt (sehr wohl aber einfache), sind anstrengend.

Emotionale Bequemlichkeit: Was sich gut anfühlt, ist angenehm. Das ganze Spektrum der Gefühle zu fühlen ist hingegen anstrengend. Angst, Wut und Trauer gehören genauso zum Leben wie Freude und Überraschung.

Physische Bequemlichkeit: Das, was leicht zu erreichen ist, erfordert weniger Anstrengung, als das, wofür ich mich bewegen müsste. In einer Welt, in der unser Intellekt weitgehend auf unser Gehirn und unser Körper weitgehend auf seine äußere Anmutung reduziert wird, ist unsere Physis nicht mehr als ein Mittel zum Zweck. Dabei ist der Körper viel mehr als das und ein konstitutiver Teil unserer Lebendigkeit und unseres Daseins. Mich zu bewegen ist anstrengend, doch die physische Arbeit ist unverzichtbar für Aktion und Gestaltung.

Soziale Bequemlichkeit: Wenn wir aufrichtige Kommunikation umschiffen oder ganz vermeiden, obwohl uns etwas widerstrebt, signalisieren wir Zustimmung. Spannungen und Konflikten nicht auszuweichen ist zwingend erforderlich, um unsere eigene Integrität zu wahren und uns für ein faires, aufrichtiges Miteinander einzusetzen.

Politische Bequemlichkeit: Auf »die da oben« zu schimpfen ist leichter, als sich selbst politisch zu engagieren. Demokratische Prozesse brauchen mündige Bürger*innen und eine aktive Zivilgesellschaft, die informiert Wahlentscheidungen treffen und als Teil aktiven Engagements auch klare Forderungen formulieren.

Bequemlichkeiten sind zu recht verlockend, vor allem auch dann, wenn wir viele Wahlmöglichkeiten haben. Die Freiheit, entscheiden zu können, klingt zwar anziehend, kann aber auch überwältigen und anstrengend sein. Doch wir können uns ihr schrittweise annähern. Es lohnt sich, dieser Unbequemlichkeit nicht auszuweichen und regelmäßig bewusst zu reflektieren: Zahlen die

Entscheidungen, die wir hier und jetzt treffen, auf das ein, was wir uns für uns persönlich aber auch als Gemeinschaft wünschen? Wenn nicht, was hält uns davon ab, uns anders zu entscheiden?

Psychologische Sicherheit

Wie wir gesehen haben, ist der Wunsch groß nach Zugehörigkeit zu Gruppen und der Sicherheit, die sie uns geben können. Damit wir uns aus der Komfortzone heraus in die Unbequemlichkeit bewegen können, braucht das Bedürfnis nach Sicherheit Aufmerksamkeit. Das kann situationsbedingt mal mehr, mal weniger ausgeprägt sein.

Dabei haben wir alle ein Bedürfnis nach Sicherheit ebenso wie ein Bedürfnis nach Freiheit. Abhängig vom individuellen Kontext ist unser Streben in eine Richtung ausgeprägter als in die andere. Ich kann in einigen Momenten oder Lebensbereichen wie beispielsweise im Job zurzeit ein starkes Bedürfnis nach Sicherheit haben, während ich in privaten Beziehungen zurzeit ein ausgeprägtes Bedürfnis nach Freiheit habe.

Das Bewusstsein darüber, dass dieses Spannungsverhältnis existiert und uns prägt, ist auch deshalb für unsere Überlegungen so wertvoll, weil es in individuellen und kollektiven Veränderungsprozessen eine zentrale Rolle spielen kann (darauf gehe ich in Kapitel 4 tiefer ein).

Wenn wir uns aus unserer Komfortzone bewegen wollen, ist es wichtig, uns bewusst zu machen, dass das destabilisierend sein kann. Um trotzdem der Unbequemlichkeit begegnen zu können, kann das Auseinandersetzen mit den eigenen Bedürfnissen, insbesondere dem nach Sicherheit, ein Ansatz sein, um sich innerlich zu stärken für den gezielten Austritt aus der Komfortzone.

Wie wir uns Sicherheit geben können

Innere Sicherheit ist ein relatives, subjektives Konzept, das ich selbst gestalten kann – natürlich immer nur in dem Umfang, in dem es äußere, beispielsweise politische Umstände ermöglichen.

Es gibt kleine einfache Ansätze, um sich mit dem eigenen Bedürfnis nach Sicherheit durch innere Arbeit auseinanderzusetzen. Das kann ein erster kleiner Schritt sein, um unbequeme Wege innerlich gestärkt einschlagen zu können. Eine Auswahl von Ansatzpunkten zur Stärkung des eigenen Sicherheitsgefühls:

1. **Wahrnehmen:** Wann immer ich merke, dass Sorgen, Ängste oder Unwohlsein sich in mir breitmachen, kann ich ihnen bewusst Aufmerksamkeit schenken. Schon allein durch das Wahrnehmen eines Gefühls verändert es sich in seiner Qualität.[12]
   Hinter diesen Gefühlen kann, aber muss kein Bedürfnis nach Sicherheit stehen. Doch durch das regelmäßige Praktizieren dieser Form der Achtsamkeit kann eine Verunsicherung leichter von mir selbst wahrgenommen werden, sollte sie auftreten.
2. **Schreiben:** Sorgen und Ängste aufzuschreiben kann ein Weg sein, um sich selbst Sicherheit zu geben. Nicht nur der Prozess des Schreibens verändert etwas, sondern auch das Lesen ermöglicht neue Perspektiven und einen anderen Abstand zum Thema. Das hilft dabei, Lösungen zu schaffen und Sorgen anders betrachten zu können.
3. **In Resonanz gehen:** Perspektivwechsel werden auch durch Gespräche mit anderen Menschen möglich. Wir können mit ihnen unsere Unsicherheit teilen und gemeinsam nach Lösungen suchen. Gemeinschaft durch aufrichtige und wahrhaftige Verbindung vermittelt uns Geborgenheit, Halt und so auch Sicherheit.

Integrität und Kooperation

Schon als Schulkinder lernen wir: Anpassung wird belohnt. Das ist auch per se nicht schlecht, denn für Gemeinschaft ist es notwendig, dass wir nicht nur unseren individuellen Bedürfnissen Raum schenken, sondern auch denen der Gruppe. Allerdings braucht es eine Balance aus beidem: der Kooperation mit anderen und der Wahrung der eigenen Integrität. Letztere umfasst laut dem Pädagogen Jesper Juul »unsere gesamte physische und psychische Existenz, berührt unsere Identität, unsere Grenzen und persönlichen Bedürfnisse«.[13] Wahren wir diese Identität, die sich auch in unseren Werten wiederfindet, anderen gegenüber, wahren wir auch unsere Integrität.

Juul verwendet ein einfaches Modell, das ein auch im Erwachsenenalter noch vorhandenes Spannungsverhältnis im menschlichen Handeln aufgreift: die Kooperation mit der Gruppe und die Wahrung der Integrität des Individuums.[14]

Integrität und Kooperation sind zwei zentrale, häufig gegenläufige Konzepte, die Menschen bewegen. Dabei ist keines der beiden richtiger oder falscher als das andere. Wir brauchen beides.

Bei Kindern zum Beispiel ist beobachtbar, dass sie sich sehr häufig für die Kooperation mit der Gruppe entscheiden. Weil Kinder zum Teil Wege wählen, die wir als unkooperativ interpretieren (zum Beispiel schreien oder Essen verweigern), mag es im Außen nicht immer so erscheinen, aber sie haben ein feines Gespür für die Menschen um sie herum – und kooperieren, ohne dass es ihnen jemand beibringt. Was Kinder hingegen lernen müssen, ist die Wahrung ihrer Integrität. Das können Erwachsene ihnen vorleben, auch indem sie ihnen schon im Säuglingsalter das Gefühl vermitteln, ein vollwertiger Mensch zu sein. Es ist nicht verwunderlich, dass uns die Wahrung unserer eigenen Integrität schwerer fallen kann als das Kooperieren mit der Gruppe. Wichtig sind aber beide Elemente gleichermaßen.[15]

Meine Bedürfnisse in jedem Moment sind individuell. Das können körperliche Bedürfnisse (wie Nahrungsaufnahme oder Schlaf) und auch emotionale (wie Anerkennung oder Freiheit) sein. Ich kann lernen, sie wahrzunehmen, und erkennen, dass es verschiedene Wege gibt, um sie zu befriedigen. Zu kommunizieren, was ich brauche, und mich für die Wahrung meiner Integrität einsetzen zu lernen sind wichtige Schritte für mentale Gesundheit auch im Erwachsenenalter.

Kooperation organisieren wir als Gemeinschaft und definieren so die Anforderungen an kooperatives Verhalten. Das kann zum Beispiel bedeuten, dass wir als Familie zu bestimmten Zeiten gemeinsam am Tisch sitzen oder dass im Meeting nach einer unausgesprochenen Regel die ranghöchste Person zuerst zu Wort kommt. Als erwachsene mündige Menschen erkennen wir, dass die Regeln der Gruppe beweglich sind und immer wieder neu verhandelt werden können, um sich bestmöglich an den Bedürfnissen der Individuen zu orientieren. Durch jede Handlung nehmen wir Einfluss darauf, wie dieses System der Kooperation funktioniert, in dem wir uns bewegen.

Verstehen: Anecken, um notwendige Veränderung auszulösen

Der bequemste Weg ist zumeist, einfach den bestehenden Regeln zu folgen. Doch diese Neutralität ist eine Illusion. Denn sie bestätigt den Status quo. Das kann im Alltag an vielen Stellen der Fall sein: Zum Beispiel finde ich die Straßenverkehrsordnung sinnvoll und halte mich an die Regeln. Ich möchte keine Energie aufwenden, sie neu zu verhandeln, sondern bin froh, dass es so rund- und gut geregelt läuft, wenn ich mit dem Fahrrad morgens ins Büro fahre. Genauso verhält es sich mit den Regeln, nach denen ich mich mit einer Gruppe von Freund*innen zum Abendessen treffe. Wir alle kommen fünfzehn bis zwanzig Minuten zu spät. Es ist für mich okay, dass ich deshalb manchmal noch ein paar Minuten allein im Restaurant warte, bis der Rest eintrifft. Hier stimme ich also bewusst den Regeln zu.

Es gibt aber auch andere Momente, in denen ich Energie investiere, um die Regeln zu hinterfragen und neu auszuhandeln. Im Job beispielsweise versuche ich sehr aufmerksam darauf zu achten, ob die Art und Weise, wie wir in Projekten zusammenarbeiten oder Aufgaben verteilen, richtig und sinnvoll ist. Wenn ich Diskrepanzen zwischen meinen Werten und den Werten im Miteinander wahrnehme, gebe ich mir Mühe, konsequent Energie zu investieren, um Veränderung anzustoßen (was natürlich nicht immer gelingt).

Wie wir gesehen haben, sagt es sich leicht, ist aber mitunter schwer umsetzbar, die eigene Komfortzone zu verlassen. Bewusst die Unbequemlichkeit zu wählen ist anstrengend auf mehreren Ebenen: zum einen für uns persönlich. Denn wir müssen zusätzlich Energie aufbringen und gedankliche und emotionale Hürden nehmen, die wir uns in den folgenden beiden Kapiteln näher ansehen werden. Zum anderen ist es aber auch für uns im Miteinander anstrengend, wenn wir oder andere Menschen Unbequemlichkeit suchen. Denn das bedeutet zumeist, dass wir unsere kollektive Komfortzone verlassen. Denn auch in Gruppen haben wir verinnerlichte Muster, die sich in impliziten oder explizit formulierten Regeln der Gemeinschaft widerspiegeln. Wer mit diesen Regeln bricht, riskiert Ablehnung der Gruppe. Etwas, das vielen Menschen zutiefst unangenehm ist. Es kann anstrengend und riskant sein, die individuelle oder kollektive Komfortzone zu verlassen – und die beiden sind nicht selten miteinander verbunden.

Auch weil es eine solche Anstrengung bedeutet, kann es empfehlenswert sein, das eigene Bewusstsein dafür zu schärfen, wie und wo wir Energie tanken, auch indem wir bewusst den Komfort von Sicherheit und Zugehörigkeit suchen. Denn es geht nicht darum, sich zu verausgaben oder zu kämpfen. Vielmehr entwickle ich in den folgenden Kapiteln eine neue, vielleicht etwas ungewohnte Herangehensweise an Kommunikation im Innen und im Außen, die zwar nicht ohne unbequeme Momente auskommt, aber sehr wohl ohne Gewalt und Härte.

2. DENKEN: ALTE IDEEN LOSLASSEN

»Die Schwierigkeit liegt nicht darin, die neuen Ideen zu finden, sondern darin, die alten loszuwerden.«[16]

John Maynard Keynes

Ich sitze beim Abendessen mit guten Freundinnen und Freunden in einer Wohnung im Hamburger Schanzenviertel. Wir lachen, essen und trinken Wein. Draußen stürmt es, und drinnen ist es warm. Die Stimmung ist angenehm vertraut, herzlich, wohlig. Dann fällt im Gespräch der Begriff »Patriarchat«. Kurze Stille. Die beiden Männer in der Runde fühlen sich provoziert. Ich spüre Widerstand. Ein kleines, für einige unbequemes Wort: Patriarchat. Vor allem von Männern, aber auch von Frauen kenne ich die Vorurteile und Ablehnung, die wie der eisige Wind draußen jetzt auch durch die Wohnung wehen. Es ist ein Gedanke, der den Status quo angreift.

Der Begriff Patriarchat stößt viele ab, während er mir immer näher kommt. Je besser ich verstehe, was er meint und wie er wirkt, desto stärker verinnerliche ich: Es liegt am System und nicht an mir. Systemisch läuft etwas verkehrt. Mehr Begriffsklarheit würde vielleicht nicht nur uns in dieser Runde helfen zu verstehen, warum ich nicht Krawall, sondern Freiheit suche, wenn ich unbequem werde und das Wort in den Mund nehme. Denn was genau ist das eigentlich – das Patriarchat?

Das Patriarchat: Was ist das?

In »Die Entstehung des Patriarchats« zeigt die Historikerin Gerda Lerner, dass dieses System nicht in einer einmaligen Aktion aufgebaut worden ist, sondern sich über einen Zeitraum von zirka 2.500 Jahren ab 3100 v. Chr. etabliert hat. Der Begriff »Väterherrschaft« oder »Vaterrecht« beschreibt eine Gesellschaftsordnung, in der das männliche Oberhaupt Macht über die männlichen und weiblichen Mitglieder seiner Familie hat. Rechtlich und ökonomisch ist er über die von ihm abhängigen Menschen gestellt.[17]

Das Ergebnis von Jahrtausenden der Herrschaftsstellung einzelner Männer über andere ist, dass der Mann eine exponierte Position nicht nur in der Familie, sondern auch in Staat und Gesellschaft einnimmt. Dieses System fußt auf tiefer Imbalance, beispielsweise auch in der Geschichtsschreibung oder der Wissenschaft. Wie die Autorin Caroline Criado Perez in ihrem Buch »Unsichtbare Frauen« zeigt, hat es weitreichende, teils verheerende Konsequenzen, wenn Männer als Standard fungieren und Gesellschaften vorrangig nach ihren Bedürfnissen und Vorstellungen ausgerichtet sind. Diese zeigen sich zum Beispiel in der Medizin, in der der weibliche Körper heute noch als eine Abweichung vom männlichen Durchschnitt gesehen wird. Von der Ausbildung medizinischen Personals zur »menschlichen« Anatomie bis hin zur Zulassung und Dosierung von Medikamenten dient der männliche Körper in der Regel als Norm. Nicht zuletzt eine historische Datenlücke in der Forschung zu Bedürfnissen von Frauen und zur daraus resultierenden optimalen medizinischen Betreuung, wie Criado Perez zeigt, kann mitunter tödliche Folgen für Frauen haben.[18]

Feminismus richtet sich nicht gegen Männer, sondern setzt sich für ein anderes, gerechtes System ein. Der Angriff auf das Patriarchat ist deshalb keine Männerfeindlichkeit. Es ist wichtig, diesen Punkt immer wieder klarzustellen, weil er so häufig fehlgedeutet, bewusst und unbewusst instrumentalisiert wird. Wir brauchen Klarheit darüber, dass wir alle, unabhängig von unserem Gender und unseren biologischen Geschlechtsmerkmalen, ein Interesse haben, uns für Feminismus und damit gegen das Patriarchat und seine Ungerechtigkeit einzusetzen. Patriarchale Strukturen wirken unterdrückend und produzieren auf allen Seiten Verlierer*innen. Es leiden auch Männer unter dem Patriarchat, das Männern beispielsweise systematisch die Erlaubnis zur Verletzlichkeit abspricht und es ihnen erschwert, um Hilfe zu bitten.[19] So liegt die weltweite Suizidrate von Männern weit über der von Frauen – und das, obwohl Frauen deutlich häufiger unter diagnostizierten Depressionen leiden.[20]

Wir brauchen das kollektive Verständnis und Bewusstsein darüber, dass es viel zu gewinnen gibt, wenn wir bestehende Vorstellungen neu denken. Das kann auch geschehen, indem wir die Individualisierung aus jeder Unterhaltung, jedem Text, jeder Auseinandersetzung sezieren: Wenn wir das Problem verstehen wollen, geht es nicht um Einzelfälle, sondern um das System.

Bei uns zu Hause kümmerte sich meine Mutter allein um den Haushalt, während mein Vater Vollzeit arbeitete. Die Sorge- und Erziehungsarbeit für meine Schwester und mich lag maßgeblich bei ihr. Mein Vater war stark eingespannt in seinen Vollzeitjob und in der Regel nur an Abenden und Wochenenden zu Hause. Die Rollenverteilung zwischen meinen Eltern war klar geregelt; in den achtziger und neunziger Jahren keine Ausnahme und eine Übereinkunft, die sich beide gemeinsam so ausgesucht hatten. Sie wirkten einverstanden und zunächst zufrieden damit. Wir, die Kinder, mussten meiner Mutter im Haushalt helfen – unser Vater nicht. Je älter wir wurden, desto lauter wurden unsere Diskussionen darüber, weshalb das okay sein solle. Mein Vater diskutierte wohlwollend mit uns. Wie bei vielen Eltern mit Töchtern ist er sich im beruflichen Kontext der genderbasierten Ungerechtigkeiten und der Notwendigkeit für Veränderung bewusst. Doch am Frühstückstisch kam er in Erklärungsnöte. Ich finde diese Dynamik in den Worten der Politikwissenschaftlerin Emilia Roig wieder:

> »Das Patriarchat ist deshalb so mächtig, weil viele Aspekte der patriarchalen Unterdrückung und männlichen Dominanz in der intimen Sphäre wirken und vom Affekt verdeckt sind. [...] Die patriarchale Unterdrückung ist subtil, dennoch machtvoll, und lässt sich nicht einfach identifizieren, da sie oft unsichtbar bleibt.«[21]

Während mein Vater sich grundsätzlicher gesellschaftlicher Ungerechtigkeit bewusst ist, schien er im Privaten seinen Beitrag nicht zu sehen. Das Zusammenspiel aus individuellem Verhalten und systemischen Zusammenhängen hat eine zentrale Rolle, wenn es um die Auseinandersetzung mit dem Patriarchat geht. Denn ja, es geht auch um das individuelle Verhalten jeder einzelnen Person. Das bestätigt und festigt die Strukturen, die ausgesprochenen und impliziten Regeln des Miteinanders. Doch was leicht passiert, ist – wie ich auch bei unserer Unterhaltung im Freundeskreis beobachte –, dass wir bei den Einzelfällen gedanklich hängen bleiben.

Denn im großen Ganzen geht es nicht um meinen Vater, meine Mutter, unsere Unterhaltung, sondern um ein omnipräsentes System.

Wir haben patriarchale Strukturen so tief verinnerlicht, dass uns nicht auffallen muss, wo sie überall wirken. Eben auch und besonders im Privaten, im Intimen. Denn was auch heute noch mehrheitlich in Haushalten gilt: Das meiste Geld verdient der Mann, die Sorgearbeit übernimmt maßgeblich die Frau.[22] Erwerbsarbeit wird monetär entlohnt, Sorgearbeit innerhalb der Familie nicht. Deswegen ist das eine und damit auch der eine wertvoller als das andere und damit auch die andere.

Wenn ich mich heute rund zwanzig Jahre später in den Beziehungen in meinem Umfeld umsehe, erkenne ich Veränderung, ja, aber de facto sind Frauen immer noch in der Mehrzahl diejenigen, die sich maßgeblich beispielsweise um Kita- oder Schulthemen kümmern, Einkaufslisten schreiben, Mahlzeiten kochen, Küchen aufräumen, den Abwasch erledigen, Geburtstage organisieren, gemeinsame Wohnungen putzen, Geschenke besorgen, pflegebedürftige Angehörige besuchen oder versorgen. Sie arbeiten in Teil- oder Vollzeit, und den Hauptanteil der unbezahlten Carearbeit leisten sie einfach noch zusätzlich.

Die Faktenlage bestätigt diesen Eindruck: Frauen leisten im Durchschnitt 52,4 Prozent mehr unbezahlte Sorgearbeit als Männer, wie die sogenannte Gender-Care-Gap aufzeigt.[23] Frauen verdienen im Jahr 2021 für dieselbe Erwerbsarbeit rund 6 Prozent weniger als Männer, wenn man sich den bereinigten Durchschnitt ansieht. »Bereinigt« heißt: bei vergleichbaren Qualifikationen, Erwerbsbiographien und Tätigkeiten. Unbereinigt ist der Gender-Pay-Gap, also das geschlechtsspezifische Erwerbsgefälle zwischen Männern und Frauen, im Jahr 2021 etwa dreimal so hoch und liegt bei 18 Prozent.[24]

Kurz gesagt, haben Frauen in Deutschland rund ein Fünftel weniger Einkommen, das ihnen zur Verfügung steht als Männer. Geld ist in unserem Selbstverständnis eng mit Macht verwoben und ein zentraler Indikator für den Wert, den wir heute Menschen in unserer Marktwirtschaft und Gesellschaft beimessen.[25]

Das Patriarchat bedeutet für Frauen, wie Roig schreibt, »sich so klein zu machen wie möglich, nicht zu viel Platz einzunehmen, nicht zu viel zu sprechen, nicht zu laut zu lachen, nicht zu klug zu erscheinen, nicht aufzufallen (außer aufgrund ihrer Schönheit).

Klein zu bleiben, damit sich Männer nicht bedroht fühlen.«[26] Es ist hierarchisch organisiert: Die einen stehen über den anderen. Das Männliche über dem Weiblichen. Die Herrschaft der Männer kann als System auch deshalb funktionieren, weil die Annahme ihrer Überlegenheit über die Frau tief verinnerlicht ist.

Die unterdrückende Wirkung alter Ideen

Am Tisch geht unsere Unterhaltung weiter. »Evolutionsbiologische Prinzipien lassen sich aber nicht leugnen«, entgegnet ein Freund, als es um Geschlechtsidentität geht. Ich erinnere mich wieder an Emilia Roig:

> »Um diese [patriarchale] Hierarchie zu verwirklichen, müssen Weiblichkeit und Männlichkeit als naturgegebene Kategorien definiert sein: in der binären Geschlechterordnung sind typisch weibliche und typisch männliche Eigenschaften und Rollen festgelegt, hierarchisiert, den Geschlechtern zugewiesen. Die Menschheit wird in diese zwei rigiden Kategorien unterteilt.«[27]

In der Runde scheint außer mir niemand ein Problem damit zu haben. Alles lässt sich mit Biologie erklären, es ist einfach und einleuchtend. Der sogenannte »Confirmation Bias« spielt dem in die Hände; ein unbewusster Mechanismus, der uns die Bestätigung (confirmation) der Annahmen, die wir über die Welt haben, höher bewerten lässt, als die Fälle, die von unseren Überzeugungen abweichen.[28] Die Begeisterung eines Mädchens für Baumaschinen wird nicht aufs Geschlecht zurückgeführt, während der Junge, der so viel tobt und kein Interesse für Puppen zeigt, sich so wegen seiner Biologie verhält.

Diese biologisch begründete binäre Geschlechterordnung führt dazu, dass wir von Frauen erwarten, dass sie (zur Fortpflanzung) attraktiv aussehen und, wenn sie das von Natur aus nicht erfüllen, sich Mühe zu geben haben, diesen Status anzustreben. Alter, von Erwartungen abweichende Features wie zu kurze oder kein Haare, kein Make-up, zu viel Make-up, unkonventionelle Kleidung stören dabei und geben anderen die Erlaubnis, die Frau abzuwerten. Die Frau soll ihre Aufmerksamkeit ihren Beziehungen schenken – vor allem den familiären – und in vielen Fällen zusätzlich auch dem Beruf. Durch den darf sie aber die Familie nicht zu kurz kommen lassen.

Von Männern wird erwartet, dass sie ihrem Aussehen nicht zu viel Aufmerksamkeit schenken. Helfen sie mit Make-up, geheimhin als unpassend empfundener Kleidung oder Accessoires nach, ist das die Legitimation, sie abzuwerten (auf das Niveau einer Frau). Von ihnen wird erwartet, dass sie keine oder nur geringe Emotionen zeigen, als Ausnahme ist Wut akzeptabel. Ihre Aufmerksamkeit sollen sie der Versorgung der Familie und damit ihrer Erwerbsarbeit schenken. Das Narrativ, das von vielen zur Orientierung herangezogen wird: Fortpflanzung zwischen Mann und Frau prägt maßgeblich unser Denken und Handeln. Unsere Unterhaltung zeigt, was die Theorie sagt: Einfache, für viele nicht erkennbare Narrative stärken das System der Unterdrückung. Wer nicht in die biologische Argumentationskette passt, weil er*sie anders aussieht, anders begehrt, anders handelt, anders ist, ist im Umkehrschluss nicht normal.

Es ordnen sich nicht alle Menschen diesen Prinzipien unter. Wer sich in dieser vermeintlich naturgegebenen Ordnung nicht wiederfindet oder ihr, aus welchen Gründen auch immer, nicht folgen möchte, eckt an, fällt auf und wird bestraft. Mache ich nicht mit, erwarten mich Repressalien. Denn Anpassung (siehe auch Kapitel 1) ist Voraussetzung, um in Gruppen dazuzugehören, und patriarchale Standards prägen die Kriterien, nach denen diese Auswahl erfolgt: in der Kita, Schule, Universität, bei der Arbeit, auf dem Amt, in der Polizeiwache, bei der Party, an der Supermarktkasse; in Familien, Nachbarschaft, Elternarbeit,

Freundschaften, Bekanntschaften. Überall und jederzeit werden andere nach patriarchalen Maßstäben bewertet. Wer unangepasst aussieht, weil das äußere Erscheinungsbild zu ungewohnt oder auffällig ist, über den*die dürfen wir uns hinter vorgehaltener Hand lustig machen. Teenagerjungen in geblümten Sommerkleidern als normales Bild an Schulen im Hochsommer? In der Kleinstadt heute noch undenkbar. Partner in Großkanzleien, die mit der Geburt des ersten Kindes in Elternzeit gehen, um sich voll und ganz ihrer Familie zu widmen und nach fünf Jahren in Teilzeit in den alten Job zurückkehren? Habe ich noch nicht gehört. Wer begibt sich in den Status der Vollzeitmutter, wenn er Macht haben kann?

Mechanismen zum Erhalt des Status quo

Bestehende Strukturen des Miteinanders können nach sich ziehen, dass einige wenige von der Unterlegenheit anderer profitieren. Es gibt Mechanismen, die diesen Status quo schützen, und es lohnt sich, sie zu kennen – denn wer aneckt, bekommt es unweigerlich mit ihnen zu tun. Ein paar Beispiele, bei denen ich mich vor allem auf die Kombination von patriarchalen und kapitalistischen Prinzipien in ihrer Wirkung konzentriere, liste ich kurz auf:

Intransparenz hilft, dem Status quo die Einflussnahme zu sichern. Denn Wissen ist bekanntermaßen Macht,[29] und wer weniger weiß, hat weniger Macht. Ein Beispiel dafür ist die stille Übereinkunft, in Unternehmen nicht über Gehälter zu sprechen. Die unsichtbaren Muster des Machterhalts sind wirkungsvoll. Denn wer nicht weiß, dass der*die Kolleg*in mit den gleichen Aufgaben deutlich mehr verdient, hat eine schwächere Verhandlungsposition und kommt vielleicht gar nicht auf die Idee, mehr zu fordern. Intransparenz hält andere systematisch klein. Sicherlich ist dieses Beispiel ein komplexes und hochpolitisches. Denn in der Praxis, wie ich aus eigener Erfahrung weiß, ist Gehaltstransparenz nicht leicht umzusetzen. Und doch: Organisationen, die sich entscheiden, ihre Gehaltsstrukturen offenzulegen, schlagen einen unbequemen gerechtigkeitsfördernden Weg neuer Ideen ein.[30]

Hyperkompliziertheit ist ein weiteres Element, das Machterhalt unterstützen kann. Das globale Finanzsystem ist dafür ein Beispiel. Zahlreiche Skandale von der Lehman-Krise bis hin zu Cum-ex-Geschäften zeigen: Bei überkomplizierten Finanztransaktionen und -produkten blicken zum Teil selbst beteiligte Akteur*innen nicht mehr durch.[31]

Unnötige Kompliziertheit, verpackt in intelligent anmutende Hüllen, reduziert Nachfragen und ist so ein Vehikel der machterhaltenden Dynamik von Intransparenz. In diesem Fall in der Finanzindustrie, wo sich Geld akkumuliert, das in kapitalistischen Wirtschaftssystemen ein zentrales Mittel zur Machtausübung ist. Komplexität ist sicherlich unvermeidbar, Kompliziertheit hingehen kann menschengemacht sein. Es ist anstrengend und unbequem und kann gerade deshalb ein Ziel für eine fairere Verteilung von Macht sein, komplizierte Zusammenhänge zu vereinfachen oder verständlicher zu kommunizieren.

Komplexitätsreduktion auf ein Niveau, das wesentliche Aspekte ausblendet, ist ein weiterer Mechanismus, der den Status quo der Machtverteilung stützen kann. Zusammenhänge werden so stark vereinfacht, dass entscheidende Informationen vernachlässigt werden. Komplexitätsreduktion findet zum Beispiel statt, wenn einzelnen Menschen, Gruppen oder Einflussfaktoren die Schuld an komplexen gesellschaftlichen Entwicklungen zugeschoben wird.

Wettbewerb ist ein weiteres Prinzip des Machterhalts. Wir haben ihn als Teil des häufig hierarchischen Miteinanders teils so tief verinnerlicht, dass er sich leicht auch in andere Lebensbereiche trägt. Wer ist besser? Nicht nur in Jobs, sondern durchaus auch in privaten Beziehungen, etwa in Familien und Freundschaften, kann diese Frage implizit präsent sein. Statt Energie zu bündeln und auf gemeinsame Ziele auszurichten (zum Beispiel Veränderung des Status quo) und kollektiv viel wirkungsvoller zu handeln als allein, wird Energie versprengt und so zersetzt, dass sie das bestehende Gefüge schützt.

Gier als vermeintlich wesenseigenes Persönlichkeitsmerkmal des Menschen ist ein weiterer Mechanismus, der bestehende Strukturen der Machtverteilung festigt. Die Vorstellung, dass Menschen immer mehr von allem haben möchten, ist in Lehre und Praxis des kapitalistischen Wirtschaftens tief verankert. Dieses Narrativ hat sich vor allem durch das Bild des Homo oeconomicus manifestiert – und hält sich hartnäckig, auch wenn berechtigte Kritik daran besteht.[32]

Geld und Macht sind gesellschaftlich teils so eng miteinander verwoben, dass Gier legitimiert und Geld kulturell verehrt wird.[33]

Vermögen und dessen Vermehrung geben die Erlaubnis und Rechtfertigung, um mit moralischen Prinzipien der Gemeinschaft zu brechen. Ein Beispiel dafür ist der große Einfluss von Lobbyismus auf Politik.[34]

Ignoranz ist ein weiteres Vorgehen, um bestehende Strukturen der Machtverteilung zu schützen. Fakten oder Menschen zu ignorieren, weil sie Veränderungsbedarf thematisieren, der den Status quo infrage stellt, ist dann besonders wirkungsvoll, wenn ich in der Machtposition bin, dies zu tun. Weil meine Meinung mehr zählt als die anderer und ich mich in der Situation befinde, entscheiden zu können, ob ich Problemen meine Aufmerksamkeit schenke oder nicht. Diesen Komfort genießen nicht alle. Ein besonders eindringliches Beispiel ist die Klimakrise. Wissenschaftler*innen zeigen mit großer Einigkeit eine klare Faktenlage und weisen auf die gravierenden Auswirkungen auf zukünftige Generationen hin.[35] Diese Fakten wurden in Teilen ignoriert, und die klaren Handlungsempfehlungen wurden bisher nur ansatzweise umgesetzt.[36]

Das Beispiel der Klimakrise zeigt zusätzlich, wie sich die vorgenannten Punkte treffen können: Wirtschaftliche Zusammenhänge und die finanziellen Konsequenzen werden kompliziert dargestellt; durchaus auch überheblich lächelnd und mit dem gedanklichen Subtext von »Das versteht nur jemand, der seit Jahrzehnten in der Wirtschaft arbeitet«.Der wirtschaftliche Erfolg, das Geld und dessen Vermehrung sind so selbstverständlich oben in der Priorisierungskette angesiedelt (auch über der globalen Sicherheit der Weltbevölkerung), dass einzelne Akteur*innen nicht auf die Idee kommen, dieses Prinzip infrage zu stellen. Gleichzeitig werden die Zusammenhänge in ihrer Komplexität und gegenseitigen Wirkkraft ausgeblendet. Die buchstäbliche heilige Kuh der Fleischproduktion beispielsweise wird nicht angefasst. Um sicherzustellen, dass Dinge so bleiben, wie sie sind. Die riesige Welle einer globalen Klimakatastrophe schwappt auf uns zu, und wir lassen es geschehen.

Bestehende alte Ideen sind einflussreich. Auf sie stützt sich die aktuelle Verteilung von Macht. Anzuecken bedeutet, den aktuellen omnipräsenten Strukturen der Machtverteilung und ihrer immensen Widerstandskraft zu begegnen – indem wir die damit verbundenen Narrative in unserem Denken und Handeln hinterfragen. Das ist hart. Der kühle freundschaftliche Hauch der Skepsis, den ich am Küchentisch beim Abendessen spüre, ist nichts, gemessen an der verbalen und physischen Gewalt, die Menschen tagtäglich erleben, die sich bewusst oder unbewusst den Normen entziehen.

Das anstrengende Umdenken

Der Begriff *Habitus* beschreibt in der Soziologie eine tief verinnerlichte Grundhaltung, die prägt, wie wir uns selbst und die Welt um uns herum wahrnehmen und in der Konsequenz denken, fühlen und handeln.[37] Diese dauerhafte Einstellung hilft dabei, uns in der Welt zurechtzufinden. So wird der Habitus zu einem unsichtbaren Teil unserer Identität.[38]

Ohne es bewusst zu entscheiden, suchen wir uns Umfelder, Situationen und Menschen aus, die mit uns und unserer verinnerlichten Welt harmonieren. Erst wenn dieser Gleichklang nicht (mehr) vorhanden ist und wir uns nicht passend oder die andere Seite als nicht passend wahrnehmen, zeigt sich der Habitus. Ecken wir oder jemand anderes an, kann die daraus erzeugte Disharmonie auch eine Chance für Veränderung bieten.

Denn selbst tief verinnerlichte, sehr dauerhafte Konzepte wie das des Habitus können sich so ihren Weg in unser Bewusstsein bahnen. Spreche ich beispielsweise in der Runde mit meinen Freundinnen und Freunden wie selbstverständlich von meiner Periode, könnte das im ersten Moment bei einigen für Überraschung, Unbehagen oder sogar Ekel und Ablehnung sorgen. Wenn das verinnerlichte und vielleicht einfach nicht hinterfragte Muster einiger Personen ist, dass über Menstruation nicht gesprochen wird, könnte mein Verhalten in dem Moment als nicht passend wahrgenommen werden. Eine Dissonanz entsteht.

Jetzt liegt unser Bewusstsein auf dem Thema, das uns vorher nur im Verborgenen vielleicht vermittelt hat, Periodenblut sei eklig oder abstoßend. Überzeugungen, die aus Zeiten kommen, in denen Menstruation als »unrein« angesehen wurde.[39] Beschäftigen wir uns bewusst damit, könnten wir feststellen, dass wir das Thema so gar nicht sehen, und unsere Haltung dazu (schrittweise) ändern.

Diese unbequemen Momente sind es auch, in denen wir unsere Fähigkeit des Bewusstseins nutzen können, um bisher unhinterfragte Muster zu verändern.

Wir haben die Möglichkeit, unser Bewusstsein zu nutzen, um unser Verhalten zu reflektieren. Uns rauszoomen zu können und mit Abstand auf Situationen zu blicken ist eine Fähigkeit, über die – soweit wir wissen – keine andere Spezies auf diesem Planeten verfügt. Wir können reflektieren, abwägen und eine Impulskontrolle durchführen. Ausmaß und Qualität dieses Prozesses werden von multiplen Faktoren beeinflusst, und es gibt umfangreiche Diskurse darüber, wie frei unser Wille und unsere Handlungsentscheidung sein können.[40]

Zu reflektieren und anders zu handeln kann unbequem sein, denn es braucht Aufmerksamkeit, Energie und Disziplin, sich bewusst gegen einen Impuls zu entscheiden. Es birgt allerdings das Potenzial, unsere Handlungen und damit Entwicklung bewusst in eine andere Richtung zu lenken.

Wenn wir uns entscheiden, uns anders zu verhalten, hat das einen positiven Effekt. Denn wer anders handelt, macht andere Erfahrungen. Jede Erfahrung sendet Signale davon an uns selbst, was möglich ist, wer wir sind und sein können. Das formt unsere Überzeugungen, die wiederum unsere Handlungen beeinflussen. Ein Kreislauf des Lernens kann entstehen.

Unser individuelles Verhalten wirkt wechselseitig in den Systemen, die uns umgeben. So prägen unsere Erfahrungen nicht nur uns, sondern auch unser Umfeld und umgekehrt. Wenn wir es schaffen, unser Bewusstsein so einzusetzen, dass neue Erkenntnisse auch unser Handeln beeinflussen, lernen wir: Aus einem Gedanken wird etwas, das ich verinnerliche, weil ich es im Idealfall nicht nur weiß, sondern auch erlebe.

Anders über das Denken denken

Wie wir gesehen haben, ist unser Denken – das bewusste Umdenken – ein Schlüsselelement, mit dem wir uns von alten Ideen wirklich lösen und neue Prinzipien und dahinterliegende Narrative der gerechten Machtverteilung gemeinsam formulieren können. Dabei spielt es auch eine Rolle, was wir über das Denken denken.

Denken passiert nicht nur im Kopf. Wie die Wissenschaftsautorin Annie Murphy Paul in ihrem Buch »The Extended Mind« beschreibt, halten sich einige Narrative aber sehr hartnäckig, die genau das annehmen. Darunter auch diese Überzeugung: Unser Gehirn funktioniert in sich geschlossen, und unsere Denkleistung wird vor allem davon beeinflusst, was unsere persönliche Veranlagung für dieses Organ vorgibt und wie sehr wir uns bemühen. »Streng dich an! Lern härter, und dann wirst du besser – soweit deine Veranlagung es zulässt.« So die Überzeugung vieler. Das stimmt aber nicht. Paul zeigt: Wir können das *Denken* neu denken.

Mein erstes Studium war hart für mich. Ich habe zum Teil von morgens bis abends gelernt – auswendig gelernt. Ich hatte Angst, es nicht zu schaffen. Die Professoren (in dem Fall alle männlich) betonten wieder und wieder, wie schwer das Studium sei und dass es nicht jede*r schaffen könne. Im Strom der verängstigten Erstsemester lief ich mit – und kopierte, was die anderen machten: pauken. Mit dem Ergebnis, dass ich am Ende zwar einen sehr guten Studienabschluss und sicherlich auch einiges gelernt hatte, dass ich aber weder besondere Freude noch großes Interesse an dem Gelernten verspüre, wenn ich heute zurückdenke.

Ganz anders kribbelt es regelrecht in mir, wenn ich an die Zeit meines zweiten Studiums denke. Ein paar Jahre später in den USA. Der Druck war auch hier groß: Mein Stipendium war an Noten geknüpft, und ich war auf das Geld angewiesen. Überwältigende Mengen an Texten mussten zu jeder Vorlesung vorbereitet werden, und ich hatte ambitionierte zeitliche Ziele, denn Studieren in den Staaten ist auch mit Stipendium teuer. Und dennoch: Das Kribbeln ist da, wenn ich an dieses Lernen zurückdenke. Denn es hat einfach so viel Spaß gemacht. Es war interdisziplinär, fand in lebendiger Diskussion mit meinen Professor*innen und Kommiliton*innen statt – und in Bewegung: physisch auf dem Campus, in den sehr unterschiedlichen Gebäuden der diversen Fachbereiche, in denen ich Kurse belegt hatte, und auch innerlich. Denn obwohl oder vielleicht gerade weil ich so andere politische Ansichten als einige meiner Kommiliton*innen und Dozent*innen vertrat, war es bewegend. Ich habe es verteufelt und genossen – und fast jede Minute alles aufgesogen wie ein Schwamm.

1. Mit dem Körper denken (Embodied Cognition)

Unser Schädel mit unserem Gehirn ist ein Teil unseres Körpers. Auch wenn das keine neue Erkenntnis ist, ist es relativ neu für viele, den Rest des Körpers aktiv in Denkprozesse einzubeziehen. Unser Körper kann uns Zugang zu Informationen geben, die komplexer sind, als unser Bewusstsein erfassen kann.[41] Auch für neue Gedanken und Veränderungsprozesse können wir diese Tatsache nutzen. Beispielsweise mit den folgenden Aspekten:

Das **Spüren** zum Beispiel unserer Atmung nimmt Einfluss auf unser Gehirn. Nehme ich aktiv meine Atmung wahr, beeinflusst das mein Bewusstsein und kann zum Beispiel gerade bei Angst hilfreich sein, um emotionale Blockaden zu lösen und so besser (oder überhaupt) denken zu können.[42] Eine weitere Methode, die sehr bekannt und anerkannt ist und damit zusammenhängt, ist die sogenannte Mindfulness Based Stress Reduction (MBSR), die 1979 von Jon Kabat-Zinn ins Leben gerufen wurde und seit mehr als drei Dekaden erforscht wird. Dieser Aspekt der Mind-Body-(Geist-Körper-)Verbindung kann wertvoll sein für den Umgang mit Widerständen und dem Anecken. In Kapitel 3 gehe ich näher darauf ein.

Das **Bewegen** nimmt vielseitig Einfluss auf unsere Denkprozesse und kann unsere Gehirnleistung positiv beeinflussen.[43] Beispielsweise aufzustehen, einen Spaziergang zu machen oder einfach nur die Körperhaltung zu ändern, kann dabei helfen, wenn wir bei der Lösung eines Problems auf einen gedanklichen Widerstand treffen. So lassen sich sehr einfach im eigentlichen

Sinne neue Perspektiven einnehmen. »Learning is moving in new ways«, sagt der Pädagogikprofessor Dor Abrahamson.[44]

Auch das **Gestikulieren** kann unsere Denkkapazität steigern. Untersuchungen zeigen, dass es unser Verständnis komplexer Zusammenhänge steigert, unsere kognitive Last reduziert und unsere Gedächtnisleistung verbessert.[45] Zudem kann das Gestikulieren während des Sprechens anderen dabei helfen, uns besser zu verstehen und zu lernen.[46] Es ist eine intuitive Herangehensweise an Sprache, die schon Babys beherrschen.[47] Sie kann auch ein Weg sein, um einen leichteren Zugang zu unserer Intuition aufzubauen. Im Laufe des Heranwachsens verlernen wir diese intuitive Kommunikationsform des Gestikulierens zwar häufig, es lohnt sich aber, sie wieder zurückzuholen. Auch um mit unseren (neuen) Ideen andere auf einer weiteren, intuitiven Ebene kommunikativ erreichen zu können.[48]

2. Mit dem Raum denken (Situated Cognition)

Unsere Aufmerksamkeit wird besonders leicht gestört durch **neue Gegebenheiten**. Wenn zum Beispiel jemand den Raum betritt. Auch auf menschliche Stimmen, vor allem wenn sie so klar und laut genug sind, dass wir den Inhalt verstehen können, reagiert unser Bewusstsein. Soziale Interaktion, wie beispielsweise Gespräche und antizipierte Reaktionen, die wir nebenbei mitbekommen, lenken uns ab.[49]

In der Konsequenz bedeutet das für uns, dass es für unser konzentriertes Denken kontraproduktiv sein kann, wenn wir etwa im Großraumbüro ständig von Menschen umgeben sind. Es kann also helfen, sich darüber im Klaren zu sein, dass Räumlichkeiten uns beeinflussen. Werden wir kognitiv gefordert, beispielsweise durch einen Konflikt oder eine neue Idee, kann ein Ansatz sein, Orte mit vielen Menschen, die uns ablenken, zu verlassen.

Zeit in der Natur tut uns und unserer Denkleistung gut. Erwiesenermaßen hilft es unserem Gehirn, wenn wir Zeit im Freien, umgeben von nichtbebautem Raum, verbringen.[50] Die sich wiederholenden Muster von Pflanzen und organischen Formationen wie Bergketten oder Meereswellen haben einen beruhigenden, entlastenden und somit stimulierenden Effekt auf unsere Gedanken und Denkleistung.[51] Wir gewinnen Balance, Energie und auch Denkleistung durch Zeit in der Natur. Sie ist damit ein wichtiger Beitrag, neue Gedanken zu fassen und die Kapazität anzuecken zu erhöhen.

3. Mit Menschen denken (Distributed Cognition)

Die Resonanz anderer ist Teil unseres Denkens. Wir können von Expert*innen lernen, mit Peers gemeinsam Fragestellungen durchdenken und die Kraft von Gruppen nutzen, um zu anderen Ergebnissen zu kommen. Das Gehirn speichert Informationen aus sozialen Kontexten anders als Informationen aus nichtsozialen Settings.[52]

Leicht entsteht der Eindruck, wir müssten unsere Probleme allein lösen. Dabei ist es so, dass wir besser lernen und denken, wenn wir es mit anderen gemeinsam tun. Die Evolution unserer Gehirne zeigt, dass diese sich entwickelt haben, um mit anderen gemeinsam zu denken: um einander etwas beizubringen, um Geschichten auszutauschen und auch um zu streiten.[53] Die Reaktion, die wir auf unser Anecken in sozialer Interaktion bekommen, ist ein essenzieller Teil unseres Denkprozesses. Es kann uns verbessern, schlauer machen und anderen näherbringen.

Die Resonanz von anderen Menschen ist ein wertvoller Baustein im Umgang mit dem Unbequemen, denn andere können nicht nur den Zustand großer Unbehaglichkeit (etwa durch Ausschluss aus der Gruppe, siehe Kapitel 1), sondern auch die Wärme und Energie der Verbundenheit ermöglichen. Hierauf gehe ich in Kapitel 4 zum Thema Handeln ausführlich ein.

Denken: alte Ideen loslassen

Noch vor wenigen Jahren hätte ich von mir felsenfest behauptet, dass ich nicht der Typ für ein Leben in Selbstständigkeit sei, dass ich die Sicherheit eines festen Einkommens bräuchte. Heute bin ich selbst meine Arbeitgeberin, habe mit meinem Partner zusammen ein Unternehmen, produziere und moderiere einen großen deutschen Wirtschaftspodcast, beschäftige fest angestellte Mitarbeiter*innen und Freelancer*innen, bin ohne Mutterschutzansprüche einer Anstellung Mutter geworden, auf die TEDx-Bühne gestiegen und habe nebenbei gestillt, schreibe an diesem Buch. All das wäre für mich un*denkbar* gewesen – bis ich es anders gedacht und anders gemacht habe. Mein Bewusstsein hat sich verändert. Das ist nicht in einem Vakuum passiert, sondern gemeinsam mit der Hilfe anderer Menschen, äußerer Rahmenbedingungen und innerer Arbeit, die ich gesucht beziehungsweise die mich gefunden haben.

Unser Denken spielt sich in unserer individuellen Einflusssphäre ab. Was in unseren Köpfen passiert, können wir sehr direkt beeinflussen. Wir können zuhören, nachfragen, uns weiterbilden, unbequeme Gedanken aushalten, neue Verknüpfungen herstellen, uns Phantasievolles ausmalen. Natürlich wird das auch geprägt von Dingen, auf die wir keinen oder eher wenig Einfluss haben, wie beispielsweise unser soziales Umfeld oder Erfahrungen, die wir aufgrund von Privilegien sammeln konnten.

Doch trotzdem oder gerade deshalb ist es wichtig, dass wir uns nicht unseren individuellen Einfluss absprechen lassen, den wir durch unser Denken haben. Denn es prägt, wie wir die Welt, uns selbst und das sehen, was wir für nötig und vor allem auch für möglich halten. Das bedeutet in der Konsequenz, dass wir alle Macht haben. Jede*r von uns. Je mehr wir uns dieser Tatsache bewusst sind, desto effektiver können wir sie nutzen.

Wir können unser Denken nutzen, um bestehende Strukturen zu hinterfragen und sichtbar zu machen, wo wir Notwendigkeit zur Veränderung sehen: in jeder Diskussion, Entscheidung und in der Gestaltung unserer Arbeits-, Lebens- und Beziehungsrealität. Dieses Sichtbarmachen kann uns selbst und auch anderen helfen.

Als ich abends die Wohnung nach dem Abendessen verlasse und durch den kalten Wind nach Hause spaziere, geht mir das durch den Kopf. Die alten Ideen sind schwer loszuwerden. Es ist anstrengend und aufreibend. Doch irgendwie auch verbindend.

Es sind Gespräche wie das am Küchentisch, die zeigen, dass Denken mehr ist als das, was Bilder von großen Vordenker*innen unserer Zeit vermitteln, wenn sie einzelne Menschen an ihren Schreibtischen zeigen. Wie wir gesehen haben, findet Denken nicht isoliert in unseren Köpfen statt, sondern ist etwas, das von unserem Körper, dem Raum, der uns umgibt, und durch die Menschen, mit denen wir gemeinsam denken, geprägt wird.

Es sind Konflikte in Unterhaltungen wie dieser, die zu spalten scheinen, uns aber vielleicht in Wirklichkeit näher zusammenbringen. Weil sie uns die Gelegenheit geben, uns gemeinsam an alten Ideen zu reiben, ehrliche Fragen zu stellen, neue Gedanken zuzulassen und zusammen zu entwickeln.

Sie geben uns eine Chance, zu verinnerlichen, dass das der Zustand ist, den das Miteinander auch braucht. Dass das ein Weg ist, um Mechanismen des Machterhalts wie Intransparenz oder Ignoranz zu überwinden und Einfluss durch ein neues Denken zu gewinnen.

Die Reibung, die wir im Inneren und auch in Gruppen beim Umdenken erleben, ist nichts Verkehrtes, sondern unvermeidbar und deshalb wichtig. Vielfältige Perspektiven führen zu Spannungen, ja. Das bedeutet nicht, dass diese Spannungen neu sind, sie wurden nur bisher eher ignoriert, weil vielfältigen Perspektiven kein Raum gegeben wurde. Abende wie dieser geben uns die Möglichkeit zu verinnerlichen, dass diese Reibungen unsere

Gelegenheit sind, Schritt für Schritt alte Gedanken loszulassen und gemeinsam neue zu entwickeln.

Was würde sich verändern, wenn wir, statt gedanklich gegenzuhalten, die alten Ideen zusammen hinterfragen, sinnvoll losließen und gemeinsam Platz für neue schaffen würden?

3. FÜHLEN: DAS UNBEQUEME SPÜREN

»Our feelings are our most genuine path to knowledge.«[54]

Audre Lorde

»Unsere Gefühle sind unser wahrer Pfad zum Wissen.« So beschreibt es die Schriftstellerin und Aktivistin Audre Lorde.[55] Gefühle lassen sich zwar – für eine Zeit – beiseiteschieben und wegdrücken. Aber wenn sie da sind, gefühlt und erlebt werden, sprechen sie eine eindeutige Sprache. Sie weisen den Weg zu unseren Bedürfnissen und zu dem, was uns wirklich bewegt.

Descartes' bekanntes Zitat »Ich denke, also bin ich.«[56] führt der Neurowissenschaftler Craig noch einen Schritt weiter, indem er argumentiert: »Ich fühle, also bin ich.«[57] Gefühle sind unweigerlich mit unserer Existenz verbunden. Sie zuzulassen ist nicht immer angenehm, doch dafür ermöglichen sie uns den Zugang zu Wissen über uns selbst, andere Menschen und die Welt. Dabei hilft das Verständnis dafür, wie Gefühle wirken und wie wir mit ihnen auch für Veränderung arbeiten können. Darum geht es in diesem Kapitel.

Das Fühlen und damit auch aufreibende Gefühle wie Angst, Scham und Wut spielen unweigerlich eine Rolle, wenn es um das Unbequeme geht. Wie können wir einen Zugang zu unseren

Emotionen finden und emotionale Schutzschilde abbauen? Und: Was schützt uns vor emotionalen Verletzungen?

Wahrheiten fühlen und ausdrücken

Gefühle machen uns lebendig und sind dabei unvoreingenommen ehrlich, wenn wir uns dafür entscheiden, ihnen zuzuhören. Sie sind ein Zugang zu uns selbst und inneren Wahrheiten. Trotzdem verinnerlichen wir früh, diese Ehrlichkeit zu verstecken. Lernen, dass Wahrheiten schmerzhaft sein können und dass es gilt, diesen Schmerz zu vermeiden – bei uns und anderen. Die Autorin bell hooks beschreibt in »All About Love – New Visions« wie schädlich es sein kann, dass Verstellung und Lüge so zu gesellschaftlich akzeptiertem Verhalten werden. Es wird nicht erwartet, dass wir vollkommen aufrichtig beantworten, was wir wirklich denken, wirklich fühlen, wirklich wollen.[58] Auf die Frage, wie mir etwas gefällt, geht mir gerade bei Menschen, die ich nicht gut kenne, häufig als Erstes durch den Kopf, was meine Antwort mit meinem Gegenüber machen wird. Selbstverständlich spielt eine an den Kontext angepasste einfühlsame Reaktion auch eine wichtige Rolle. Doch muss die wirklich im Widerspruch zu einer aufrichtigen Antwort stehen? Sind achtsame, respektvolle Kommunikation und ehrliche Worte nicht untrennbar miteinander verbunden?

Auch auf die Frage danach, wie wir uns fühlen, ist mein Eindruck, dass viele sich keine ehrliche Antwort wünschen. Ein »Alles gut« wird erwartet, und weiter geht's. In der Arbeitswelt ist dieser Unterschied besonders auffällig. Es wirkt so, als überfordere viele die Situation, in der jemand anscheinend zu viel fühlt. Als hielte dieses Fühlen auf. Schließlich kommen wir nicht zusammen, um uns über unsere Gefühle auszutauschen, sondern um etwas zu leisten. Ein Leistungsverständnis, das darauf ausgerichtet ist, Ergebnisse zu produzieren, die Wachstum erzeugen: mehr Umsatz, gesteigerte Effizienz, höhere Gewinne. Gefühle stören in diesen Systemen. Sie machen auf Spannungen und Konflikte aufmerksam, die dann wiederum Energie benötigen, um gelöst zu werden. Diese Energie zahlt nicht direkt auf ein produktives Leistungsziel ein. Nach dieser Logik des Kapitalismus hält uns Aufrichtigkeit nur auf. Denn sie streut Sand ins Getriebe der so gut geölten Maschine.

Doch wir sind keine leblosen, sich immer drehenden Zahnräder. Wir sind lebendige Organismen. Wir sind nicht artifiziell, getrennt von der Natur, sondern ein Teil von ihr. Die Stärke und Schönheit, die sich auch für das Miteinander und auch im Arbeits- und Lebensalltag ergibt, liegt genau darin: im Zusammenspiel der Lebendigkeit. Wenn wir das Kreative, überraschend Positive, Verbindende dieses organischen Miteinanders nutzen und entwickeln wollen, führt kein Weg daran vorbei, auch die Spannungen, Konflikte und die Unplanbarkeit des Lebendigen anzunehmen.

Es kann herausfordernd sein, dass das Leben nicht linear verläuft und multiperspektivisch betrachtet werden kann. Es kann äußerst unbequem wirken, dass es häufig nicht das eine richtige oder falsche Vorgehen gibt, sondern dass Lebendigkeit in den Zwischentönen, im Spannungsverhältnis verschiedener Pole liegt. Auf einer persönlichen Ebene hat es mich regelrecht überrascht, dass mich das immer wieder zurückführt zum Fühlen. Auch kleine Probleme im Job beispielsweise lassen sich besser greifen, wenn ich achtsam wahrnehme, was ich fühle.

Gefühlen nicht ausweichen

Das Denken gab mir lange ein gutes Gefühl. Ich argumentierte, analysierte, diskutierte und rationalisierte mit Leidenschaft. Je tiefer ich mich einlas, hineindachte, etwas durchdrang, desto besser fühlte ich mich. So kam es mir zumindest vor.

Als ich vor ein paar Jahren in meiner ersten Therapiesitzung bin, geht mir vieles durch den Kopf. »Was fühlen Sie?«, fragt die Therapeutin. Keine Ahnung. Die Frage löst Ungeduld in mir aus. Wollen wir nicht über meine Themen und Probleme sprechen – statt uns mit Gefühlen aufzuhalten? Wollen wir nicht Gedanken analysieren, zerlegen und verstehen, was das Problem ist und wie ich es lösen kann? Es ist die wahrscheinlich unbequemste Frage für mich, die sie hätte stellen können. Eine Frage, für deren Beantwortung ich keine Zeit hatte – seit Jahren nicht. Ich bin Vera, immer in Bewegung, immer mit Plänen, Ideen, Gedanken beschäftigt, ständig gibt es etwas zu tun. Wer mich trifft, sieht diesen aktiven, positiven, klar denkenden Menschen. Ein äußerlich schöner Zustand. – Warum etwas daran ändern? Warum nach Gefühlen fragen?

Wir sind, weil wir fühlen. Beides, die Geborgenheit des Angenehmen, aber auch die Aufrichtigkeit des Unbequemen, beginnen beim Fühlen – und daher auch mit den Wahrheiten, die wir uns zu spüren erlauben. Die Feministin Donna J. Haraway nennt es: bei den Problemen, bei der Unbequemlichkeit »bleiben« (»staying with«).[59] Dabeizubleiben, statt auszuweichen ist ein Schlüssel, um zu neuen Erkenntnissen zu gelangen.

Emotionen verstehen

Auch weil Emotionen[60] komplex und vielfältig sind, gibt es nicht die eine Betrachtung und damit Definition von Emotionen, die in diesem Text Anwendung finden kann. Wie die Psychologieprofessorin Lisa Feldman Barrett in »How Emotions are Made« zeigt, gehen die grundlegenden kognitionswissenschaftlichen Konzepte vor allem im Hinblick darauf auseinander, wie genau Emotionen entstehen.[61]

Die klassische Sichtweise von Emotionen wurde vom Psychologen Paul Ekman geprägt. Nach umfangreicher Forschung definierte er sieben Emotionen als sogenannte Basisemotionen, die kulturübergreifend auftreten und universell erkannt werden:

1. Angst
2. Ekel
3. Freude
4. Trauer
5. Überraschung
6. Verachtung
7. Wut[62]

In der verhältnismäßig jungen »Theorie der konstruierten Emotionen« argumentiert Barrett, dass Emotionen nicht einfach getriggerte Reaktionen auf eine Situation sind, sondern vor allem durch Sozialisation in einem kulturellen Kontext erlernt werden. Unser Gehirn konstruiert sie auf Basis vergangener Erfahrungen. Dabei ist das emotionale Erleben sehr individuell, was sich auch in sehr unterschiedlichen körperlichen Reaktionen auf ein Gefühl äußern kann.[63]

Emotionen treten im Kontext sozialer Interaktionen auf. Auch wenn wir nicht immer richtigliegen mit unserer Interpretation, haben wir die Fähigkeit zu verstehen, was unsere Mitmenschen fühlen. Gefühle prägen deswegen nicht nur unser Innenleben in Gehirn und Körper, sondern auch unser Miteinander.[64]

Wir nehmen das Leben auf mindestens den folgenden drei Ebenen wahr:

- **mental:** Wir sehen Bilder, riechen Gerüche, hören Töne, spüren mit unserem Tastsinn und haben Gedanken.
- **körperlich:** Wir nehmen beispielsweise Anspannung, Schmerz oder Entspannung als physische Erfahrung wahr.

- **emotional:** Wir fühlen beispielsweise Wut, Trauer oder Freude.[65]

Diese Ebenen sind miteinander verbunden und beeinflussen sich gegenseitig. Wenn wir beispielsweise einen Film sehen (sinnlich-mental), der uns berührt, kann eine fiktionale Szene, angespannte Muskeln (körperlich) und Überraschung (emotional) hervorrufen. Erzählte Geschichten in Büchern oder Filmen sind nicht echt, und doch können sie uns derart berühren, dass wir glauben, sie wirklich zu erleben.

Menschen sind in der Lage, die Gefühle anderer nachzuempfinden. Diese zu erkennen lernen wir bereits als kleine Kinder. Als soziale Wesen brauchen wir diese Fähigkeit, um unsere Umgebung einschätzen zu können. Das menschliche Gehirn ist darauf ausgelegt, die Körpersprache anderer wahrzunehmen und nachzuempfinden, was in anderen Menschen vorgeht.[66]

Bedürfnisse als Bedingung

Der Psychologe Marshall Rosenberg hat mit der Theorie der sogenannten Gewaltfreien Kommunikation (GFK) einen weltweit praktizierten Ansatz entwickelt, der vor allem zur Kommunikation in Konfliktsituationen angewendet wird. In den Kapiteln 5 und 6 gehe ich vertiefend auf diese Methode zur Interaktion mit anderen ein. In diesem Kapitel spielt sie eine Rolle in Bezug auf die innere Arbeit, die dazu führen soll, Emotionen besser zu verstehen und einen konstruktiven Umgang mit ihnen zu finden.

Hinter jedem Gefühl steht ein wesentliches Bedürfnis, das stark oder wenig befriedigt worden ist. Wird es erfüllt, geht es uns gut, wird es nicht erfüllt, brechen sich beispielsweise Wut, Trauer oder Verachtung Bahn. Um Gefühle besser zu verstehen und Verantwortung für sie übernehmen zu können, hilft es, sich klar darüber zu werden, welches Bedürfnis berührt wurde und sich im Gefühlten äußert.[67]

Es gibt ein weites Spektrum an Bedürfnissen, und dass wir sie haben, fällt uns oft vor allem dann auf, wenn sie nicht erfüllt werden: Sicherheit, Zugehörigkeit, Orientierung, Beständigkeit, Freiheit, Autonomie, Wandel, Wachstum, um einige Beispiele zu nennen.[68] Ganz grob lassen sie sich in zwei diametrale Pole unterteilen, die in einem Spannungsverhältnis zueinander stehen: Sicherheit und Freiheit (siehe auch Kapitel 1).[69]

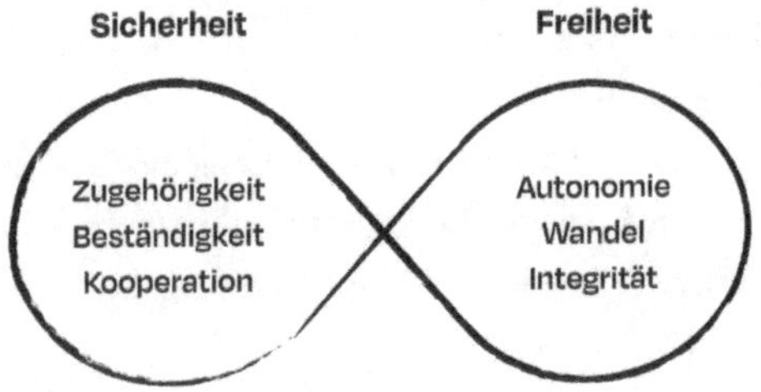

Bedürfnisse in ihrer widersprüchlichen Gleichzeitigkeit[70]

Wir alle haben dieselben Bedürfnisse. Abhängig von unserer Situation im Leben oder auch in einem Moment im Speziellen, sind sie jedoch unterschiedlich befriedigt.[71] Besonders augenscheinlich wird das beispielsweise in Paarbeziehungen: Hat eine Person ein großes Bedürfnis nach Freiheit und die andere Person nach Sicherheit, kann es herausfordernd sein, in der Beziehung diese Bedürfnisse miteinander zu vereinbaren.

Das Spannungsverhältnis zwischen Sicherheit und Freiheit existiert in uns allen und ist Teil des Lebens. Es ist auch im Umgang mit dem Unbequemen ein wichtiger Aspekt. Denn genauso, wie wir das Unbequeme für individuelle und kollektive Freiheit und Wachstum benötigen, brauchen wir Sicherheit und Geborgenheit, die uns das Vertraute bietet. Wir brauchen die Inspirationszone für unsere Entwicklung ebenso, wie wir die Komfortzone für Regeneration brauchen. Eine emotionale Selbstfürsorge, die unserem Bedürfnis nach Sicherheit Raum gibt, kann innere Stabilität schaffen, um sich gestärkt in Momente des Aneckens zu begeben.

Verantwortung für unsere Gefühle übernehmen

Wenn Wut in mir aufsteigt, kann ich sie fühlen und zulassen – und im zweiten Schritt verstehen, welches verletzte beziehungsweise unbefriedigte Bedürfnis dahintersteht. Vielleicht habe ich den Eindruck, in meiner Selbstwirksamkeit eingeschränkt zu sein oder in meinem Wunsch nach Freiheit beschnitten zu werden. Wenn ich meine Bedürfnisse jedoch genau kenne, benennen kann und sie in einem Spannungsverhältnis zu denen anderer Menschen begreife, habe ich handfeste Ansatzpunkte, um etwas zu verändern und klar und konstruktiv mit meinem Umfeld darüber zu kommunizieren. Ich kann Verantwortung für meine Gefühle übernehmen, indem ich aktiv mit ihnen arbeite. Das kann unter anderem auf diesen beiden Ebenen sein:

Verantwortung in der Kommunikation mit anderen: Ich kann ansprechen, was welches Gefühl in mir ausgelöst hat – und warum. Welches Bedürfnis in mir wurde wegen des Verhaltens von jemand anderem verletzt? Es wird leichter, auf unsere Gefühle und die anderer im Miteinander einzugehen, wenn wir verstehen, dass unsere Bedürfnisse mit dem im Zusammenhang stehen, was wir fühlen. Das explizit zu benennen kann helfen, um gemeinsam Ideen zu entwickeln, wie ein anderer Umgang im Miteinander aussehen könnte, wenn Bedürfnisse verletzt worden sind.

Wenn mich zum Beispiel das Verhalten eines*einer Kolleg*in wütend macht, kann ich ihn*sie darauf ansprechen. Statt meine Wut ungefiltert an ihm*ihr auszulassen, könnte ich den Ärger selbst vor unserer Unterhaltung im Fühlen besser verstehen und dabei das Augenmerk darauf legen, welches Bedürfnis gerade besonders angegriffen wurde. Vielleicht hat das Verhalten mir den Eindruck vermittelt, dass er*sie mich bevormundet und mich in meiner Selbstbestimmung verletzt. Diese Erkenntnis kann ich mit in die Kommunikation darüber nehmen, was in der Zukunft anders laufen könnte. In Kapitel 6 gehe ich detaillierter in die Umsetzung dieser Kommunikation ein.

Verantwortung im Umgang mit mir selbst: Ich kann das Verständnis meiner Bedürfnisse allerdings nicht nur für die Kommunikation mit anderen nutzen. Sondern auch für das Entwickeln von Strategien, um auf anderen Wegen auf sie einzugehen. Stelle ich beispielsweise fest, dass mein Bedürfnis nach Selbstbestimmung im Job oder in anderen Lebensbereichen nicht ausreichend befriedigt ist, kann ich auch versuchen, auf anderen Wegen die Situation zu ändern. So bin ich nicht ausschließlich auf das Verhalten von anderen angewiesen, wenn es um meine Bedürfnisse geht.[72]

Durch diese Formen der Verantwortungsübernahme kann eine andere emotionale Freiheit entstehen. Emotionen sind dann keine unberechenbaren Bewusstseinsveränderungen, die mich überfallen. Sondern sie sind begründbar. Ich kann sie innerlich nachvollziehen und mit ihnen arbeiten.

Das ist natürlich in der Praxis nicht immer so einfach. Doch gerade mit etwas Übung können die Ansätze den eigenen Einflussspielraum ins Bewusstsein rücken. Dieses Vorgehen bietet einen Ansatzpunkt, den ich als sehr hilfreich empfinde, um innere Abläufe in mir besser zu verstehen – und so gleichzeitig einen konstruktiven Umgang mit vor allem starken unangenehmen Gefühlen zu finden.

Statt mich auf die vermeintliche oder tatsächliche Schuld der anderen zu konzentrieren, kann ich bei mir selbst beginnen. Das entbindet andere nicht von ihrer Verantwortung, aber es gibt mir die Chance auf Augenhöhe.

Schuldzuweisung ist ein toxisches Konzept. Es ist verlockend und bequem. Wir verwenden individuell und auch gesellschaftlich zum Teil viel Zeit auf die Suche nach Schuldigen. Streitsituationen in Beziehungen sind ein gutes Beispiel. Wir streiten uns darüber und drehen uns häufig im Kreis, wer im Recht ist und wer nicht. Dass beide im Recht oder Unrecht sein könnten, scheint unvorstellbar.

Was wir statt der Suche nach einer Antwort auf die Schuldfrage tun können, ist, Verantwortung zu übernehmen. Alle Beteiligten können Verantwortung dafür tragen zu verstehen, zu lernen und das eigene Verhalten zu verändern. Wenn alle involvierten Parteien dies tun, ist eine Lösung möglich. Eine Grundvoraussetzung für die lösende Kommunikation ist unsere Bereitschaft, im Fühlen besser zu verstehen, was wir brauchen. Verantwortung für die eigenen Gefühle zu übernehmen ist die Grundlage für ein Anecken, auch mit uns selbst, das uns weiterbringt.

Emotionalen Schmerz verstehen

Als ich in der Therapie sitze, ahne ich noch nicht, dass gerade das Fühlen des emotionalen Schmerzes, mit dem ich mich so schwertue, ein Schlüsselthema ist für die Veränderung, die ich mir so sehr für eine offene, gerechte Gesellschaft wünsche. Alles, was ich in dem Moment im Sessel, meiner Therapeutin gegenübersitzend, spüre, ist Widerstand gegen meine Gefühle. Hinter meiner Fassade brodelt es. Was ist die Antwort? Ich weiß es nicht. Es ist unangenehm, nicht auf alles einfache Antworten zu haben. Die Leerstelle vielleicht einfach einen Moment auszuhalten.

»Wir sollten uns immer wieder klarmachen, dass die Emotionen, die wir haben, ob negative oder positive, genau das ist, was wir brauchen, um ganz Mensch sein zu können, ganz erwacht, ganz lebendig.« So formulierte es die buddhistische Nonne und Schriftstellerin Pema Chödrön.[73] Das ganze Spektrum unserer

Gefühle gehört zum Leben. Das umspannt nicht nur Angenehmes, sondern auch Unangenehmes. Ich fasse das unter dem Begriff *emotionaler Schmerz* zusammen.

Nachfolgend sehen wir uns einige Begriffe an, die für unsere Überlegungen zum emotionalen Schmerz zentral sind. Auch wenn nicht alle von ihnen Teil der sieben Basisemotionen sind, so sind sie doch im weitesten Sinne alle etwas, das wir spüren und wie ein Gefühl erleben: Scham, Mut, Verletzlichkeit, Angst, Trauer und Wut. Sie alle spielen eine Rolle, wenn wir dem Unbequemen in uns selbst im Innen begegnen wollen. Aber in vielen Fällen auch, wenn wir (wie wir es ab Kapitel 4 tun) im Außen anecken und unbequem für andere sind, weil wir mit dem Status quo brechen.

Scham

Die Illusion von Perfektion ist wie eine Droge. Je besser ich funktioniere, je mehr Glück und Zufriedenheit ich ausstrahle, desto besser fühle ich mich – so zumindest der Anschein. Denn von außen kommen Bestätigung, Bewunderung, Zuspruch. Doch der Rausch kann nicht ewig andauern. Die Entscheidung, nur Ausgewähltes fühlen zu wollen, kostet Energie.

Bei mir war das zum Beispiel die Angst vor der Kritik von anderen. Oder die Wut über Menschen, die mir nicht auf Augenhöhe begegnen. Gefühle, die irgendwann nicht mehr weggelächelt werden können. Sie sind der Kater nach dem Rausch und zwingen zum Ausnüchtern und Hinsehen.

Das emotionale Vermeiden des Unbequemen hat Konsequenzen. Viele von uns haben indirekt vermittelt bekommen, dass etwas mit ihnen »nicht stimmt«, wenn sie Probleme haben. Abhängig vom Kontext gibt es Emotionen, die negativ konnotiert sind. Trauer zum Beispiel wird oft als ein Zeichen von Schwäche interpretiert. Wenn uns die Tränen kommen, schämen wir uns manchmal sogar. Wir denken, wir seien das Problem, weil wir den Eindruck haben, nicht zeigen zu dürfen, wie es uns wirklich geht, oder dass wir dieses Gefühl überhaupt empfinden.

Die Professorin für Sozialarbeit Brené Brown hat in ihrer Forschung das Gefühl von Scham untersucht und beschreibt es als ein destruktives Gefühl.[74] Brown argumentiert:

> »Die Scham bezieht ihre Macht daraus, dass sie nicht ausgesprochen wird. Deshalb nährt sie sich von Perfektionisten [...]. Wenn wir uns der Scham hinreichend bewusst werden, um sie zu benennen und aussprechen zu können, haben wir ihr letztlich ihre Existenzgrundlage entzogen.«[75]

Scham vermittelt uns, dass etwas an uns nicht stimme und wir deshalb allein seien. Sie macht uns einsam, während das, was wir am dringendsten brauchen, um mit schwierigen Situationen umzugehen, Gemeinschaft ist.[76]

Bei Bekannten, im Freundes- und Kolleg*innenkreis oder in sozialen Netzwerken sehen wir häufig nur einen kleinen Auszug des Lebens. Der vermittelt leicht den Eindruck, dass bei anderen alles rundläuft, dass sie keinen Schmerz, keine Trauer, keine Wut, keine Enttäuschung erleben. Das ist eine falsche Überzeugung, denn wir alle verfügen, wie gesagt, über das gleiche Spektrum an Gefühlen.

Doch die Illusion vermeintlich falscher Gefühle manifestiert sich mit der Zeit. Auch durch eine Arbeitswelt, in der kein oder nur wenig Raum für echte Verletzlichkeit ist. Eine Welt, in der nicht geweint wird, vermittelt uns, dass es verkehrt sei zu weinen. Dass wir verkehrt seien, wenn Tränen fließen, wir Schmerz empfinden und bei uns nicht alles immer klappt.

Mut

Scham zu benennen, Schamvolles zu sehen, zu hinterfragen oder sogar zu tun, erfordert Mut. Ich erinnere mich gut an eine Situation, die Jahre zurückliegt. Ein wichtiger Manager des Unternehmens, für das ich zu der Zeit arbeitete, musste vor allen Mitarbeiter*innen etwas verkünden, was für viele Menschen in der Organisation gravierende Konsequenzen hatte. Es ging ihm offensichtlich sehr nah. Als er zu sprechen begann, liefen ihm Tränen übers Gesicht. Ich hatte bis zu dem Zeitpunkt niemanden, keine Kolleg*in und schon gar nicht Führungskräfte, weinen gesehen. Dieser Moment der Aufrichtigkeit berührte mich tief, und gleichzeitig beobachtete ich mich dabei, mich innerlich zu fragen, was die anderen Menschen im Raum wohl über ihn denken und sagen würden. Als er fertig mit Sprechen war, trat etwas für mich damals Überraschendes ein: Die Zuhörer*innen waren auch bewegt. Die Stimmung war verbunden, geradezu freundschaftlich, trotz der schweren Inhalte, die gerade verkündet worden waren. Seine Verletzlichkeit hatte andere nicht zum Angriff, sondern zur Annäherung gebracht. Der Moment einer vermeintlichen Schwäche wurde nicht ausgenutzt, sondern weckte Mitgefühl und Wärme füreinander.

Meine Beobachtungen finde ich in der Forschungsarbeit von Brown zu Mut und Verletzlichkeit wieder. Sie beschreibt in ihrem Buch »Dare to Lead«, dass wir nur mutig sein können, wenn wir uns mit Verletzlichkeit auseinandersetzen.[77]

Verletzlichkeit

Wollen wir mutiger sein, führt kein Weg an der Auseinandersetzung mit Verletzlichkeit vorbei – und das ist unangenehm. Dabei geht es nach Brown nicht um ein »Instrumentalisieren von Verletzlichkeit«[78]. Denn das wird leicht missverstanden. Verletzlichkeit ist nicht gleichbedeutend mit vollkommener Offenheit über die eigenen Gefühle und inneren Beweggründe. Im Gegenteil, denn dann deutet man sie leicht zum »seelischen Panzer«[79] um.

Der Mann aus meinem Beispiel ist nicht mit seinen Gefühlen herausgeplatzt und hat alles, was ihn bewegt, in seinem Vortrag beim Publikum abgeladen. Dieses Verhalten wäre ein Abwehrmechanismus gewesen. Es hätte uns nicht näher zueinander gebracht, sondern wahrscheinlich eher abgeschreckt. Der Unterschied zu echter Verletzlichkeit, den Brown aufzeigt, ist: »Ganz gleich, ob wir die Erzähler- oder Zuhörerposition innehaben, Mitgefühl mit uns selbst ist entscheidend.«[80] Wenn ich mit mir Mitgefühl habe, kann ich unterscheiden, ob ich bereit bin, etwas zu teilen oder nicht. Das gibt mir die Chance zu entscheiden, verletzlich zu sein, weil es für mich und für uns im Miteinander bereichernd sein kann. Ich kann mit Mitgefühl entscheiden, anderen durch Verletzlichkeit näherzukommen – sie aber dabei nicht zu überladen oder von ihnen zu erwarten, dass sie Verantwortung für meine Gefühle übernehmen.

Angst und Mut sind keine Gefühle, die getrennt voneinander zu betrachten sind. Sie können aus den vorgenannten Gründen Hand in Hand gehen. Nur weil ich mich mutig verhalte, bedeutet das nicht, dass ich keine Angst habe. Sondern, wie Browns Untersuchungen zeigen: Ich bin mutig, obwohl ich Angst habe. Entscheidend, wenn es um das Thema Mut geht, ist, wie ich mit der Angst umgehe.[81]

Angst

Wie wir der eigenen Angst begegnen, ist wichtig, wenn wir mutig sein wollen. Dabei geht es nicht darum, angstfrei zu sein. Vielmehr können wir Strategien entwickeln, um mit aufkeimender Angst zu arbeiten und uns keinen inneren Panzer zuzulegen.[82] Wir dürfen weich und damit verletzlich bleiben – auch wenn das wahrscheinlich den größten Mut erfordert. »Only the strong stay soft.«[83] Dieses Zitat der Künstlerin Sokkee habe ich kürzlich gelesen. Es fasst gut zusammen, was ich mir für unseren Umgang mit Angst wünsche.

Es sagt sich leicht, dass weich zu bleiben stark sein kann. Denn was, wenn ich angegriffen werde? Was, wenn ich nichts anderes als Härte auch zur Verteidigung gelernt habe, um mit meiner Angst umzugehen? Gerade wenn es unbequem wird, wenn wir anecken, ist der Reflex nachvollziehbar, mir eine harte Schale zum eigenen Schutz zuzulegen.

Um die eigene Weichheit trotzdem fördern zu können und den Mut zur Verletzlichkeit so auch schrittweise zu stärken, entwickle ich später im Kapitel einige Ansätze zum Umgang mit intensiven Gefühlen, wie eben auch der Angst. Ich teile sie auch in der Hoffnung, dass sie ein konkreter Ansatz für eine andere Art Schutz gegen die Härte der Welt sein können. Dass sie uns unsere Weichheit lassen, weil wir im Mitgefühl und der Liebe für uns selbst eine Antwort mit derselben, wenn nicht sogar größeren Wirksamkeit finden.

Trauer

Es gibt emotionalen Schmerz, den wir selbst wählen, weil wir uns beispielsweise dazu entscheiden anzuecken. Es gibt aber auch den, der uns regelrecht überfällt und den wir uns nicht ausgesucht haben. Manchmal kommt er ganz plötzlich und wie aus heiterem Himmel, ausgelöst durch Ereignisse, auf die wir keinen Einfluss haben. Die Trauer reißt uns raus. Schleudert uns an einen anderen Ort. Trauer kommt, weil jemand oder etwas geht. Ein Verlust, der uns tief bewegt und sich anfühlt, als fehlte etwas von uns.

Trauer schmerzt, legt sich wie ein Schleier über unsere Welt. So individuell wie das Empfinden dieser Trauer, so individuell ist die Art, wie wir trauern. Wichtig, um über den gesunden Zustand einer temporären Traurigkeit hinwegzukommen, ist, dass wir trauern und der Prozess abgeschlossen und aufgelöst werden kann. Der Psychiater M. Scott Peck beschreibt es wie folgt:

> »Das Gefühl, das mit dem Aufgeben von etwas Geliebtem einhergeht – oder zumindest von etwas, das ein Teil unserer selbst und vertraut ist –, ist Depression. Da geistig-seelisch gesunde menschliche Wesen wachsen müssen und das Aufgeben oder der Verlust des alten Selbst ein integraler Bestandteil des spirituellen Wachstumsprozesses ist, ist Depression ein normales und im Grunde gesundes Phänomen.«[84]

Ich habe Trauer erlebt. Doch ich weiß, dass das, was ich fühlte, nur eine Ahnung von wirklicher Trauer war. Denn zu dem Zeitpunkt, zu dem ich das hier schreibe, ist mir noch kein Mensch plötzlich entrissen worden, der mir ganz nahesteht. Meine Eltern, meine Schwester, meine engsten Freund*innen und Vertrauten, mein Partner, mein Kind – sie alle leben. Ich schätze mich sehr glücklich – und habe gleichzeitig Angst vor der Nachricht, dem Moment, in dem sich das ändert. Ich weiß, er wird kommen. Ich weiß, er gehört dazu. Denn nur weil diese tiefe Liebe da ist, ist mein Leben ein Leben – nur weil solche Nachrichten mir den Boden unter den Füßen entziehen würden. Und doch, ich denke nicht gerne, am liebsten gar nicht, daran.

Ich habe erlebt, wie denen, die mir am nächsten stehen, der wichtigste Mensch im Leben genommen wurde. Entrissen – einfach so. Es ist furchtbar, fast unaushaltbar. Aber ein aufrichtiges Buch über das Unbequeme kommt ohne Trauer nicht aus. Wer einmal durch diesen Schmerz gegangen ist, ist verändert. Wer den Mut kennt, den es erfordert, den Schmerz ganz zu fühlen, kennt das aufrichtig Unbequeme und lernt sich, das Leben und auch die Liebe aus einer anderen Perspektive kennen, in einer anderen Tiefe.

Es erfordert innere Stärke, tiefen Schmerz zuzulassen – es erweitert unser Leben um eine andere Perspektive. Wie ein Blick auf die dunkle Seite. Denn Menschen verlieren ihre wichtigsten Weggefährt*innen. Menschen verlieren Eltern, Geschwister, Kinder. Menschen müssen den sehnlichen Wunsch nach Kindern begraben, weil sie keine Kinder bekommen können. Es gibt Trauer um alles, was war, was nicht mehr ist und was nicht sein wird.

Der Kloß im Hals darf da sein, ihn zu fühlen, die Welle, die uns mit sich reißt, die Wogen, die uns überkommen. Dieses bewegende, schüttelnde Meer darf sein, auch wenn es Kraft braucht, es zu fühlen.

Wut

Ich schreie. Zuerst komme ich mir albern vor und zweifle daran, dass dieses Verhalten zu mir passt. Doch dann bahnt sich die Wut ihren Weg. Da sind Lautstärke, Kraft, Energie – für einen Moment fühlt sie sich unerschöpflich an. Das Kissen, in das ich schreie, ist ein neues Ventil für meine Wut. Eine Emotion, die ich auszudrücken verlernt hatte. Statt der Wut kamen häufig Tränen der Trauer, Erschütterung, Enttäuschung. Das waren Gefühle, die mir vertraut waren. Aber Wut? Eine Emotion, die ich an mir nicht kannte und ein Stück weit verachtete.

Viele Menschen, die ich kenne, haben schon im Kindesalter gelernt, dass es sich nicht gehört, wütend zu sein. Es ist also nicht verwunderlich, wenn sie nicht wissen, wie sie mit Wut umgehen sollen. Viele streben so wie ich (unbewusst) danach, Ärger und aufsteigende Wut zu unterdrücken. Mit der Zeit verlernen wir dann, sie als solche wahrzunehmen, und denken, wir seien betroffen, traurig oder erschöpft.

Gerade bei Frauen ist Wut eine gesellschaftlich nicht oder wenn überhaupt nur sehr selektiv akzeptierte Emotion, wie die

Aktivistin Soraya Chemaly in ihrem Buch »Rage Becomes Her« zeigt. Sie erläutert, dass viele Krankheiten, Burn-out und Stress ursächlich mit unterdrückter Wut zusammenhängen.[85] Während es für Männer okay ist oder sogar positiv wahrgenommen wird, wenn sie Wut zeigen, wird von Frauen erwartet, dass sie ihren Unmut durch Traurigkeit ausdrücken.[86] Untersuchungen zeigen, dass vor allem bei Schwarzen Frauen Wut, zum Beispiel am Arbeitsplatz, besonders scharf verurteilt wird.[87]

Dabei ist Wut nicht nur eine Emotion, die alle Menschen haben und ausdrücken können. Sondern sie hat auch Vorteile: Wut lässt uns kreativ sein (kreativer als Trauer) und fördert originelle Ideen.[88] Wütend zu sein vermittelt uns – anders, als traurig zu sein –, dass wir Einfluss haben und etwas verändern können.[89] Wir nehmen uns selbst nicht nur so wahr, sondern werden in der Konsequenz auch von unserem Umfeld so eingeschätzt. Anders als bei Traurigkeit gehen wir bei Menschen, die Wut ausdrücken, davon aus, dass sie Einfluss nehmen und die Umstände etwa in Führungssituationen unter Kontrolle haben.[90] Das sind nur einige Beispiele dafür, wie aktivierend und Energie freisetzend Wut sein kann. Sie ist wichtig, wenn wir etwas verändern und bewegen wollen.

Es lohnt sich also für alle, die den Zugang zu diesem Gefühl vielleicht verlernt haben, Wege zu entwickeln, um Wut Raum in unserem Leben zu geben. In unserem Umgang mit dem Gefühl braucht es nicht immer laute oder auffällig nach außen gerichtete Handlung. Es kann wertvoll sein, erst einmal überhaupt den Raum zu haben, um die Emotion wahrzunehmen: sie kurz da sein zu lassen, um sie innerlich betrachten zu können und die dahinterliegenden Bedürfnisse begreifen zu können. Dazu kann zum Beispiel die Technik des Focusings, die wir uns später im Kapitel ansehen, hilfreich sein. Wut darf sich behutsam äußern, aber auch ganz laut und kraftvoll.

Außerdem kann es lohnenswert sein, wenn wir unsere soziale

Bewertung von Wut hinterfragen. In den Momenten, in denen wir beispielsweise eine wütende Frau verurteilen, uns gestört fühlen, sie als unbequem empfinden, können wir innehalten. Bei der Unbequemlichkeit bleiben und hinterfragen, woher diese Abneigung kommt und ob sie zu unseren Werten und dem passt, was wir verkörpern wollen und wie wir anderen begegnen möchten.

Schmerz begegnen

Was macht Psychotherapie erfolgreich? In den siebziger Jahren ist der Psychologieprofessor und Therapeut Eugene Gendlin dieser Frage nachgegangen mit einem überraschend eindeutigen Ergebnis. Schafften es die Patient*innen, ihre Gefühlswelt sprachlich zu erfassen und so in der Therapie bearbeiten zu können, waren die Therapien erfolgreicher, als wenn Gefühle nicht formuliert werden konnten. Denn so lassen sich körperliche Empfindungen in die Analyse und Reflexion über das Geschehene einbeziehen. Gendlin entwickelte aus dieser Arbeit das sogenannte Focusing als Methode der Selbstwahrnehmung.[91]

Focusing als Technik zum Fühlen

Diese Focusing-Technik lässt sich in therapeutischer Arbeit, aber auch im Selbstcoaching anwenden oder im Zwiegespräch mit vertrauten Menschen. Sie setzt es sich zum Ziel, die eigenen Gefühle zu fassen zu bekommen. Durch einfache Techniken lässt sich sprachlich ein vielleicht zunächst diffuses und dadurch unangenehmes Gefühl beschreiben und so in den Griff bekommen. Schaffe ich es, im inneren Dialog mit mir selbst oder im Gespräch mit jemand anderem mein Gefühl zu greifen, verändert es sich im Prozess und wird erträglicher oder nahbarer. So drücke ich es nicht weg, sondern kann akzeptieren, dass es existiert. Zusätzlich bietet es mir Erkenntnisse über mich und mein Leben, die ich für mich nutzen kann.

Die nachfolgenden sechs Schritte können zum Selbststudium in der Reflexion bei Mediation, im Schreiben oder im Gespräch eine Methode sein, um die Focusing-Technik zum besseren Verstehen der eigenen Gefühle anzuwenden. Vor allem, wenn ich mich überwältigt fühle oder nicht richtig einordnen kann, was ich fühle, kann diese Technik ein wirkungsvoller Ansatz sein:

1. **Inneren Freiraum schaffen:** Wie fühle ich mich in diesem Moment? Was hindert mich daran, mich hier und jetzt gut zu fühlen?
2. **Ein Gefühl für das eigene Gefühl (nach Gendlin der sogenannte Felt Sense) bekommen:** Ich greife mir eines meiner Probleme heraus. Was fühlt mein Körper, wenn ich an dieses Problem denke?
3. **Das Gefühl sprachlich fassen:** Welche Worte, Sätze oder Bilder beschreiben dieses Gefühl am ehesten? Hierbei geht es um eine schrittweise Annäherung.
4. **Worte überprüfen:** Passt meine Beschreibung wirklich zu meinem Gefühl?
5. **Fragen stellen:** Was genau ist es, das mich so fühlen lässt? Was ist das Schwerste daran? Was wäre nötig, damit es besser werden kann? Wie fühlt es sich an, wenn alles in Ordnung wäre? Hierbei lasse ich meinen Körper antworten.
6. **Antworten annehmen und schützen:** Das Ziel dieser Übung ist nicht, in wenigen Minuten oder Stunden alles lösen zu können. Es sind die Antworten, die kommen und in uns nachhallen dürfen. Denn sie können der erste Schritt zur Problemlösung sein. Zum Abschluss der Übung kann ich mich, wenn ich möchte, bei mir, meinem Körper, bedanken.[92]

Emotionale Blockaden auflösen

Unser Bewusstsein und Reflexionsvermögen sind starke, besondere Fähigkeiten, die wir fürs Lernen und für notwendigen Wandel nutzen können (siehe Kapitel 2). Doch es ist nicht leicht, die bewussten, rationalen Teile des Gehirns zu aktivieren, wenn wir starke Gefühle haben.[93]

Der Psychiater, ehemalige Professor und einer der weltweit bekanntesten Traumaexperten Bessel van der Kolk arbeitet seit mehr als dreißig Jahren therapeutisch mit teils schwer traumatisierten Menschen, darunter Kriegsveteran*innen und Missbrauchsopfer. In der Arbeit mit Traumata spielt der Umgang mit überwältigenden Emotionen eine wichtige Rolle. Wir verfügen über in unseren Körper eingebaute Instrumente, die überbordende Gefühle ausbalancieren können. Diese Mechanismen werden in der Therapie, unter anderem bei Traumata, eingesetzt. Wir können sie aber auch in der Selbsthilfe im Umgang mit uns nutzen oder auch, um anderen zu helfen.

Ausgewählte Strategien zum »Anfreunden mit dem emotionalen Gehirn« (»befriending the emotional brain«), wie van der Kolk es nennt, habe ich nachfolgend aufgeführt. Sie können dabei helfen, um einer Essenz des Unbequemen – nämlich unangenehmen Gefühlen – zu begegnen und so zum klaren Denken und zum Bewusstsein für starke Entscheidungen und mentale Heilung zu finden:[94]

1. Interozeption (Innenschau) und Achtsamkeit

Der rationale, analysierende Teil unseres Gehirns hat keine direkte Verbindung zum emotionalen Teil. Das liefert eine neurobiologische Erklärung dafür, weshalb wir uns so schwertun, beide Seiten zusammenzubringen. Wir fallen leicht in einen Entweder-oder-Modus. Entweder rational oder emotional.

Allerdings gibt es einen Umweg im Gehirn, den wir uns zunutze machen können. Denn der mediale präfrontale Kortex, das Zentrum der Selbstwahrnehmung, hat eine Verbindung zum emotionalen Gehirn (Emotional Brain). Der Neurowissenschaftler Joseph LeDoux hat nachgewiesen, dass es einen Weg gibt, über den wir bewusst den emotionalen Teil unseres Gehirns ansteuern können: die Selbstwahrnehmung. Der Fachbegriff dafür heißt »Interozeption« und lässt sich mit »nach innen blicken« übersetzen. Der bewusste Teil unseres Gehirns ist weitgehend darauf ausgelegt, nach außen zu schauen, zum Beispiel um Pläne für die Zukunft zu machen und mit anderen in den Austausch zu gehen.[95]

Doch es gibt auch Teile, die wir bewusst nutzen können, um ins Innere zu gucken. Die Neurowissenschaft zeigt damit einen Weg auf, unser Gehirn zu nutzen, um zu verändern, wie wir fühlen.[96]

2. MBSR-Techniken

Wir können kleine effektive Techniken anwenden, um mit unserem Körper im Denken und Fühlen zu arbeiten. Dazu zählen zum Beispiel autogenes Training, Atemtechniken oder sogenannte MBSR-Techniken.

Jon Kabat-Zinn ist einer der Pioniere der so genannten Mind-Body-Medicine. Seine Methode der Mindfulness Based Stress Reduction (MBSR) wurde über mehr als drei Dekaden untersucht und zeigte im Ergebnis einen positiven Effekt auf psychiatrische, psychosomatische und stressbezogene Symptome inklusive Depression und chronischer Schmerzen. Sie hat weitreichende Effekte auf die physische Gesundheit, zum Beispiel die messbare Verbesserung des Immunsystems (immune response), des Blutdrucks und Cortisolspiegels.[97]

Eine MBSR-Technik ist beispielsweise der sogenannte Bodyscan. Er ist ein wirkungsvolles Instrument, um sich mit dem eigenen Körper zu verbinden. Kabat-Zinn hat dazu eine gedankliche Reise durch den eigenen Körper entwickelt, die am besten wirkt, wenn sie täglich praktiziert wird. Dazu braucht es nur Ruhe und einen bequemen Sitz:

1. Ich finde einen bequemen Sitz und atme tief ein und aus.
2. Gedanklich wandert meine Aufmerksamkeit jetzt in meinen linken Fuß.
3. Von hier geht es zum rechten Fuß, und so folgen meine Gedanken jedem Körperteil. Innerlich verweile ich ein paar Sekunden an jedem Ort, bevor ich weiterwandere.
4. Beim Kopf angekommen, kann ich einen Moment innehalten und meine Gedanken einfach frei sein lassen.[98]

3. Körperarbeit

Atmung ist ein zentrales Element, um den Selbstwahrnehmungsteil unseres Gehirns zu aktivieren. Wer aufmerksam und bewusst langsame tiefe Atemzüge nimmt, wird wahrnehmen, dass sich das beruhigend auf den Parasympathikus auswirkt, also den Teil des vegetativen Nervensystems, der vor allem Ruhe und Regeneration fördert.[99]

Wenn wir es schaffen, uns auf unseren Atem zu konzentrieren und darauf fokussiert zu bleiben, verstärkt sich dieser Effekt. Besonders wirkungsvoll kann das sein, wenn wir uns auf den Anfang und das Ende jedes Atemzugs konzentrieren. Um vor oder während unangenehmer emotionaler Situationen einen klaren Kopf zu bewahren, kann das von großem Wert sein. Ein Tipp, um unsere Vorstellungskraft dabei für einen positiven Effekt zu nutzen: Wir können uns vorstellen, wie sich unsere Lungen mit Sauerstoff füllen und jede Zelle unseres Körpers mit Lebendigkeit und guter Energie versorgen.

Bewegung, zum Beispiel Pilates, Kampfsportarten oder Feldenkrais, kann therapeutische, präventive und allgemein wohltuende Effekte haben. Vor allem dann, wenn die Bewegungsform körperliche Betätigung mit meditativen Elementen vereint und so die Verbindung zwischen Geist und Körper intensiviert und bewusster erlebbar macht. Der Effekt: Es fällt uns leichter, Selbstwahrnehmung auch in angespannten, gefühlsintensiven Situationen zu praktizieren und so unser emotionales Gehirn in Schach zu halten.

Berührung ist ein intuitiver Weg und wohl die Methode schlechthin zur Beruhigung. In überwältigenden Momenten nehmen wir einander in den Arm, streicheln oder halten die Hand, wiegen uns. Wie im intuitiven Umgang mit einem von Gefühlen überwältigten Kind können wir auch mit Erwachsenen so das Gefühl erleben, sicher und beschützt zu sein und etwas tun zu können. Vorausgesetzt immer, dass die Berührung erwünscht ist.[100]

4. Beziehungen

Wenn wir intensive Gefühle erleben, zum Beispiel wenn wir große Angst haben oder etwas Schweres durchgemacht haben, hilft nichts so gut wie die Verbindung zu vertrauten Menschen.[101] Das kann eine liebevolle Umarmung sein oder eine angenehme Stimme. In schweren Momenten tut es uns gut, von vertrauten Menschen umgeben zu sein oder uns mit ihnen auszutauschen.

Wir erholen uns am besten von erschütternden Erlebnissen in unseren Beziehungen – in Familie, Freundschaften, Therapiegruppen, religiösen Gemeinschaften, Therapie, Coaching. Die Aufgabe dieser Beziehungen ist es, ein Umfeld der Sicherheit zu schaffen, auch weil sie es schaffen, dass wir keine Scham für das empfinden, was uns widerfahren ist.[102] Die in Kapitel 1 thematisierte Angst vor Ausschluss aus der Gruppe spielt hier eine wichtige Rolle, allerdings in ihrer umgekehrten Funktion. Ein Ort, an dem wir uns gehalten, geborgen und ganz so angenommen fühlen, wie wir sind, kann eine heilende Wirkung auf uns haben.

Fühlen: unbequemen Gefühlen nicht ausweichen

Für mich vergingen viele Monate mit regelmäßigen Therapiesitzungen, in denen ich lernte, auch unangenehme Gefühle kommen – und wieder gehen – zu lassen. Der Schmerz eines unschönen Gefühls ist da, darf aber auch wieder gehen. Diese Erkenntnis kann es leichter machen, das Unbequeme zu suchen und zuzulassen.

Emotionaler Schmerz kann begreiflicherweise den Reflex der Vermeidung in uns ausrufen. Doch er lässt sich nicht aussparen. Es ist unausweichlich, dass sich etwas auch mal *nicht* gut anfühlt. Wer ein Leben ohne Wut, Trauer, Enttäuschung oder Frust lebt, nimmt eine Abkürzung, die verlockend ist, aber nicht dorthin führt, wo das Unangenehme keine Rolle mehr spielt. Denn es gibt keinen einfachen, ebenen Weg durch Höhen und Tiefen.

Mit Wissen, Fähigkeiten und Erfahrungen können wir einen Umgang mit unbequemen Gefühlen finden. Das macht sie nicht weniger unangenehm, dafür aber verständlicher und auf eine Weise vielleicht auch berechenbarer – weil wir uns nicht als passive Objekte unserer Emotionen verstehen, sondern einen aktiven Umgang mit ihnen finden und erkennen, dass unsere Verletzlichkeit verbindend sein kann.

Es ist an der Zeit, dass wir die noch immer verbreiteten Überzeugungen hinterfragen, die in Verbindung mit dem Wahrnehmen und Ausdrücken von Gefühlen stehen. Wir brauchen ehrliche Antworten auf Fragen nach Emotionen – und sollten sie auch erwarten. Wir brauchen die Klarheit darüber, dass es nicht »unnormal« oder störend ist, wenn es uns mal nicht gut geht. Wir brauchen eine andere Offenheit und auch ein besseres Verständnis davon, dass das ganze Spektrum an Gefühlen in unser Leben und damit auch in unser Miteinander gehört.

Das ist wichtig, um bei dem Unbequemen zu bleiben. Sind wir emotional in der Lage, mit Diskomfort umzugehen, wird es leichter, wichtigen Gedanken nicht auszuweichen und uns dem entgegenzustellen, das uns individuell und auch kollektiv in den Weg tritt und angegangen werden muss.

Wir brauchen Menschen, die auch »emotional« anecken und aufrichtig kommunizieren. Denn sie gehen voran und zeigen im gesellschaftlichen Miteinander, dass es Zeit ist für neue Vorstellungen zum Umgang mit Gefühlen. Wir haben gesehen, dass Beziehungen zu Menschen, denen wir vertrauen, ein zentrales Element zum Umgang mit Schmerz und psychischen Herausforderungen sind. Sie entstehen, wenn wir unsere Aufrichtigkeit nach außen tragen. Wenn wir auch emotional greifbar werden – wenn wir uns einfügen und anecken. Wenn es nicht der Maßstab ist, dass wir anderen nach dem Mund reden, sondern wenn wir unsere Wahrheiten aussprechen.

In den folgenden Kapiteln erkunden wir, wie das gelebt werden kann. Und wie es unsere Beziehungen mit uns selbst und anderen stärkt. Wir brauchen starke Beziehungen, und starke Beziehungen brauchen unsere Emotionen.

Es ist ein gefährlicher Trugschluss, dass etwas mit uns nicht stimmt, weil wir Probleme haben. Denn das Leben ist schwer. Allerdings wird es leichter für alle, die diese Erkenntnis annehmen. Der Psychiater M. Scott Peck beschreibt es so:

> »Sobald wir ernsthaft wissen, dass das Leben schwierig ist – es wirklich verstehen und akzeptieren –, ist es (…) nicht länger schwierig. Sobald nämlich einmal die Tatsache akzeptiert ist, dass das Leben schwierig ist, ist dies gar nicht mehr so wichtig.«[103]

Wenn wir diese Tatsache also annehmen, ist es nicht mehr schambehaftet, über Schwierigkeiten, die wir sehen oder erleben, zu sprechen. Sie werden anders greifbar, um mit ihnen zu arbeiten, sie zu verstehen, ihnen Raum zu geben, damit sie sich verändern können. Problemen auszuweichen braucht Energie. Diese lässt sich sparen und anders sinnvoll einsetzen. Was wäre, wenn wir unsere Energie kollektiv statt auf das Umschiffen auf das Lösen von Herausforderungen lenken würden?

MITEINANDER – UNBEQUEM IM WIR

4. VERÄNDERN: DURCH HANDLUNG ETWAS BEWEGEN

> *»Wenn wir lernen zu lieben, lernen wir auch, Veränderungen zu akzeptieren.«*[1]
>
> bell hooks

Persönliche und gesellschaftliche Veränderung setzt einen reflektierten Umgang mit uns selbst voraus. In den vergangenen Kapiteln haben wir gesehen, welche wichtige Rolle unser Bewusstsein, Denken und Fühlen für die innere Arbeit mit uns selbst spielen. Um die transformative Kraft des Unbequemen vollständig auszuschöpfen, ist das notwendig, allerdings nicht hinreichend. Denn es braucht eine Übersetzung in Aktion, die im Außen wirkt. Deswegen widmen wir uns in diesem Kapitel der Veränderung durch Handlung.

Die Bequemlichkeit anderer kann ein Hindernis sein, um ins Handeln zu kommen. So war es bei mir für lange Zeit. Ich hielt mich damit auf, es allen recht machen zu wollen. Eine gedankliche Sackgasse. Denn egal wie ich mich verhalte, ich werde immer bei irgendwem anecken. Es kostete viel zu viel Energie, die ich in etwas steckte, das ohnehin nicht erreichbar war. Energie, die ich lieber in das Verfolgen anderer Ziele investieren wollte. Also traf ich vor ein paar Jahren die Entscheidung, mich nicht mehr für die Bequemlichkeit anderer zu verbiegen. Damals ahnte ich nicht, in welchem Ausmaß ich mich bis dahin angepasst hatte, um es anderen recht zu machen.

Mit der Zeit begriff ich, dass es eine Gruppe Menschen gibt, denen mein Problem vertraut ist. Die den Wunsch oder vielmehr die empfundene Notwendigkeit kennen, gefallen zu wollen. Und es gibt eine Gruppe Menschen, die nicht nachvollziehen kann, wovon ich spreche. Die sich wie selbstverständlich den Raum nimmt, den sie zu brauchen meint. Der es nicht in den Sinn käme, sich zu verbiegen, um grundsätzlich zu gefallen. Mit der Zeit wurde das Bild immer schärfer: Diese Dynamik bedingt sich und hat mit Macht, mit Privilegien, zu tun. Die einen mit Einfluss nehmen Raum, und anderen mit weniger Einfluss bleibt weniger Raum.

Ähnlich wie auf einer Theaterbühne spielt sich in jeder Interaktion eine Dynamik ab, die auf Wechselseitigkeit beruht. Es ist eine gemeinschaftliche und individuelle Aufgabe, diese Dynamik zu gestalten und uns so zu verorten, dass es unseren Bedürfnissen entspricht. Dabei haben einige mehr Einfluss als andere und damit auch mehr Verantwortung, die Rahmenbedingungen zu schaffen.

Selbstliebe und der Schleier der Perfektion

»Was willst du verstecken, Vera?« Meine Stimmtrainerin steht vor der Bühne und blickt zu mir hoch. Wir proben einen großen Vortrag, den ich vor ein paar Hundert Menschen und laufenden Kameras halten werde. »Mich«, denke ich. Das ergibt keinen Sinn: Da bin ich, zwei Tage vor einem Auftritt, auf den ich seit Monaten hinarbeite – um mich zu zeigen, um meinen Gedanken Gehör zu verschaffen, und jetzt auf der Bühne stehend will ich genau das verstecken. Es liegt auf mir wie eine Last: Schicht über Schicht der Verschleierung, des Versteckens. So fest und schwer, dass ich kaum durchkomme. Wer ist darunter, Vera? Und wie kannst du nicht nur denken, sondern wirklich fühlen, dass es okay und sogar wertvoll ist, dich zu zeigen?

Vor vielen Jahren fiel mir im Campusbuchladen zufällig »The Art of Loving«[2] von Erich Fromm in die Hände. Beim Lesen bescherte es mir unerwartete Aha-Momente. Mit jedem Satz, den ich las, fühlte ich mich befreiter vom Ballast der Erwartungen. Erwartungen an die eine große Liebe, monogame, heteronormative Partnerschaft, rettende Prinzen, passive Frauen und ein omnipräsentes Bild romantischer Beziehungen als Essenz des Glücks, das so viel Raum einnimmt, dass kein Platz bleibt für Verbindungen mit anderen und mir.

Jahre später erinnere ich mich an Botschaften aus Erich Fromms Arbeit immer noch klar und deutlich: Die menschliche Existenz ist geprägt vom Schmerz des Getrenntseins. Wir verlassen den Körper der Person, die uns zur Welt bringt, und von dem Moment an sind wir getrennt. Dann gibt es für uns als Kinder und später als Erwachsene Momente, in denen dieser Schmerz mal mehr, mal weniger präsent ist – doch er ist da. Wir können versuchen, vor ihm wegzulaufen, ihn zu verdrängen, ihn zu vernebeln, aber er bleibt.[3]

Der einzige Weg, um ihn wirklich zu lindern, ist die Verbindung durch Liebe zu uns selbst und anderen Menschen. Um andere wirklich lieben zu können, argumentiert Fromm, brauche es die Liebe zu uns selbst. Zu lieben sei eine Kunst, die wir lernen können: ein aktiver innerer und äußerer Prozess.[4]

Liebe ist also nichts, was uns einfach so passiert, auch wenn sie häufig mit dem Gefühl des Verliebtseins verwechselt wird.[5] Wer aufrichtig lieben kann, versteht, dass dies etwas Aktives ist, wofür ich mich entscheide, und kein Gefühl, das mich überfällt.[6] Ich kann mich entscheiden, Liebe zu geben.

Eine vollkommen neue Perspektive zum Begriff der Liebe zu lesen, berührte mich tief. Ich begriff: Ich bin nicht schräg, weil ich Angst habe, mich allein fühle und weil ich dem unbequemen Gedanken und damit verbundenen Spüren der Einsamkeit am liebsten ausweichen möchte. Leben bedeutet nicht nur Freude und Lebenslust, sondern auch Verlust und Schmerz. Wer liebt, wer in Beziehungen (nicht nur romantischen) in aufrichtige Verbindung mit anderen und sich selbst tritt, findet Linderung für diesen Schmerz.

Seitdem beschäftigt mich die Frage nach Liebe in Verbindung mit anderen vor allem aus nichtromantischer Perspektive: Wie treten wir in tiefe Verbindung zu anderen Menschen?

»Liebe ist das, was Liebe tut.«[7] So formuliert es M. Scott Peck. Sie ist eine aktive Tätigkeit. Dabei, so sagt er, sei sie ein Akt des Willens – der Intention und Handlung, die das spirituelle Wachstum, das Nähren der eigenen Person und anderer ins Zentrum stelle.[8]

Auf der Bühne im Proberaum sind diese Gedanken des Nährens und spirituellen Wachstums ganz weit weg. Ich spüre Angst und den Reflex, mich kleinzumachen. Der sitzt tief. Auch wenn ich mein Denken mühsam seit Jahren davon befreie – mein Körper hat es tief verinnerlicht. Dass ich gefalle, wenn ich zurückhaltend bin. In der Aufregung des Moments spielt sich körperlich besonders eindrucksvoll das bekannte Muster ab. Nicht zu laut, nicht zu groß, nicht zu wild, nicht zu viel Raum – lieber nicht Gefahr laufen anzuecken.

Die Vorstellung, auf eine Bühne vor unbekannte Menschen zu treten, macht vielen Menschen Angst. Allein der Gedanke produziert ein Kribbeln, eine Nervosität, bei einigen regelrechte Panik. Ist es nicht interessant, dass wir das so sehr fürchten? Dabei macht uns nicht der Raum Angst, das Stehen auf der Bühne, der Samtvorhang – nein, es sind die vielen Stühle, auf denen Menschen sitzen, die den Blick auf uns richten. Es sind die potenziellen Urteile in den Köpfen der anderen, die mir schon in diesem Moment des Probens tief in Mark und Bein fahren.

Ich will alles perfekt machen. Keine Fehler, keine Versprecher, keine Aufgeregtheit. Wie eine Maske. Das Verquere dabei: Sitze ich selbst im Publikum, will ich keine Fassaden, sondern das echte Leben sehen. Aufrichtigkeit spricht uns an, nicht die perfekte, aber langweilige glatte Oberfläche. Wir wollen die Fülle, die Lebendigkeit, die aufrichtigen Gedanken und Gefühle bei uns selbst und anderen erleben. Wir wollen die Verbindung und die setzt aufrichtige Kommunikation voraus, auf der Bühne genauso wie im echten Leben.

Das geht nur mit Mut zur Verletzlichkeit und mit der Bereitschaft, mich greifbar zu machen als Mensch mit Ecken und Kanten. Eine aalglatte, glänzende Oberfläche lässt andere abprallen an der vermeintlichen Perfektion und schafft Unnahbarkeit. Raue Oberflächen hingegen können wir greifen. Offen anzusprechen, worin ich nicht gut bin, oder ungewöhnliche Besonderheiten zu zeigen macht mich individuell, menschlich und schafft Verbindung.

Das habe ich gelernt und begriffen – und trotzdem ist es so schwer, nicht dem Wunsch nach Perfektion aufzusitzen. Denn mit dem Heranwachsen sind es unzählige Botschaften und Geschichten, die mir trotz liebevoller Eltern und diverser Privilegien als Mädchen und später als Frau, immer wieder signalisiert haben: Du bist nicht (ganz) richtig, so wie du bist. Du musst dich verändern. Anpassen. Verbiegen, damit es passt. Kurz: Du darfst dich nicht so zeigen, wie du eigentlich bist.

Ich muss nicht auf die Bühne treten, um den Druck zu spüren, den es verursacht, sich den Blicken und Urteilen anderer ausgeliefert zu fühlen. Es reicht ein Meeting mit mehr als zwei Personen, eine Diskussion am Esstisch, ein Gespräch, mit jemandem, den*die ich nicht gut einschätzen kann. Die Bühnenerfahrung treibt all das jedoch auf die Spitze. Was sie an mir zutage fördert, zeigt mir, dass es noch viel zu tun gibt, um mich mit meinem aufrichtigen Ich zu zeigen.

Besonders aufschlussreich ist es zu beobachten, wie mein Körper auf der Bühne reagiert. Im Saal beim Proben mit meiner Stimmtrainerin hält er mir den Spiegel vor: »Dein Körper sagt etwas ganz anderes als deine Worte. Du machst dich klein, nimmst dir auch mit deiner Gestik keinen Raum.« Hier im Probenraum schaffe ich es für einen kurzen Moment, die Angst vor den Blicken und Urteilen anderer liebevoll zu umarmen. Ich will mir und auch allen anderen, denen es so geht, zeigen: Wir verdienen Raum. Wir haben Platz. Wir dürfen aufrichtig sein – egal wie wild, laut, wütend oder liebevoll das gerade sein mag. Wenn wir uns zeigen und in menschliche Interaktion mit der Intention gehen, uns und andere wachsen zu lassen, ist das ein Ausdruck von Liebe.

Ich bin bereit für Veränderung. Doch wie werde ich die erlernten Muster los? Wie löse ich mich von dem über Jahre antrainierten Verhalten, mich kleinzumachen? Wie ändere ich das, was alles an mir, auch mein Körper, so tief verinnerlicht hat?

Veränderung durch Handlung

Antworten auf meine Fragen finde ich auch in meiner täglichen Arbeit. Denn die widmet sich vor allem Veränderungsprozessen mit Einzelpersonen und Organisationen. Ein zentrales Element, das maßgeblich prägt, wie ich Veränderung im beruflichen Kontext angehe, ist Aktion.

Handlung sendet Botschaften sowohl nach innen als auch nach außen. Mein Verhalten zeigt mir selbst, wozu ich in der Lage bin. Mein Körper erlebt sich anders, zum Beispiel spüre ich, wie es ist, mental und physisch Raum einzunehmen. Es macht einen Unterschied, ob ich nicht nur über etwas nachdenke, sondern es tatsächlich mache. Zwar fühlt sich neues Verhalten häufig zuerst ungewohnt an, doch mit der Zeit kann es immer selbstverständlicher werden. Was zunächst unbequem war, kann zum neuen Normalzustand werden.

Die Triebkraft dabei ist nicht unreflektierter Aktionismus, sondern achtsames Aktivwerden. Ich kann immer wieder fragen: Besteht eine Stimmigkeit zwischen meinen Werten und meinem Verhalten?

Bezugsrahmen für Veränderung

Es gibt einen einfach aufgebauten Bezugsrahmen (Framework) für Veränderung, der verdeutlicht, welche großen Stellschrauben bei Veränderung eine Rolle spielen. Ich verwende dieses von den Wissenschaftsautoren Dan und Chip Heath begründete Modell regelmäßig in meinen Seminaren, in der Regel im Kontext von Organisationsentwicklung. Auf der Bühne merke ich, dass es auch in der Arbeit mit mir selbst anwendbar ist.[9] Mein Körper im Proberaum macht anschaulich, was für Veränderungsprozesse im Allgemeinen gilt.

Mit drei Elementen können wir uns in Veränderungsprozessen verbinden, um mit mehr Klarheit zu erkennen und zu verstehen, was passiert und vielleicht gerade nicht wie gewünscht oder geplant abläuft. Das liefert uns konkrete Ansatzpunkte, um konstruktiv gestaltend auf die Veränderung einwirken zu können. Drei große Aspekte machen das Framework aus: Richtung, Emotion und Situation.[10]

1. **Richtung:** Was wie Widerstand gegen Veränderung aussehen kann, ist häufig mangelnde Klarheit darüber, wohin genau die Veränderung führen soll.[11] Beispielsweise meine eng am Körper gehaltenen Arme, kleine Schritte, eine eher leise Stimme. Im ersten Moment interpretiere ich sie als Widerstand meines

Körpers gegen die Bühne. Doch mit der Zeit merke ich: Mein Körper kennt das Ziel – den Zustand auf der Bühne, den ich mir wünsche – gar nicht. Ich habe noch nicht vor Menschenmengen gestanden und mich voller Zugewandtheit und Offenheit mit erhobenem Haupt, klarer Stimme und offenen Armen in der Energie des Raumes bewegt. So, wie ich es eigentlich möchte, habe ich es noch nicht gemacht.

Je klarer ich mir darüber bin, wohin es gehen soll, desto leichter wird es, das, was ich mir vorstelle, umzusetzen. Was konkret wünsche ich mir für mich? Wie sieht die Veränderung aus? In meinem Fall rufe ich mir vor Augen, wie ich auf einer Bühne stehe mit offenen Armen, Raum einnehmend, mich wohlfühle und voller Wärme und Wertschätzung vor dem Publikum spreche. Das übe ich dann auch tatsächlich körperlich so auf der Bühne. Anfangs ist es ungewohnt, mit der Zeit wird es immer vertrauter.

2. **Emotion:** Wir sind mehr als unsere Ratio. Es ist wichtig, die Veränderung und ihre Notwendigkeit verstanden zu haben. Doch besonders wirkungsvoll werden Veränderungsprozesse, wenn die involvierten Personen den Sinn und damit die Veränderung fühlen.[12]

Ich habe verstanden, dass ich nicht die übertrieben lächelnde, sich kleinmachende Person auf der Bühne sein möchte, doch das rationale Durchdenken reicht nicht. Es erzeugt Frust in mir, wenn ich es dann trotzdem nicht ändern kann. Denn ich habe es ja schließlich verstanden. Das ist ein typisches Phänomen in Veränderungsprozessen. Was manchmal in Organisationen auch als Faulheit interpretiert wird (Wir haben es doch alle verstanden, warum ändert sich nichts?!), ist häufig Erschöpfung. Das Wissen allein reicht nicht.

Eine zentrale Frage lautet deshalb: Bin ich, beziehungsweise sind wir, emotional in den Veränderungsprozess eingebunden? Um diese emotionale Brücke zu schlagen, können tiefer gehende Fragen helfen: Was ist mir oder uns wichtig? Was löst in mir oder uns starke Gefühle aus? Spüre ich, beziehungsweise spüren wir, den Wunsch nach Veränderung wirklich? Es ist wertvoll zu erkennen, was die eigenen Wünsche sind, nicht die anderer. Zu diesen Vorstellungen lässt sich emotional eine andere Verbindung aufbauen.

Auf der Bühne gehe ich dieser Frage nach. Ich verbinde mich unter anderem mit meiner Wut über die Ungerechtigkeit in patriarchalen Strukturen. Sie ist ein ganz persönlicher Zugang für mich, um mich nicht nur wissen, sondern auch fühlen zu lassen, dass ich die Veränderung im Kleinen in meiner Rede vorleben möchte, die ich mir auch im Großen wünsche.

3. **Situation:** Widerstand gegen Veränderung wird in vielen Fällen als ein »People-Problem« gesehen. Der Klassiker ist das Unternehmen, das einen Veränderungsprozess anstößt und im Frust darüber, dass es nicht klappt, den Mitarbeiter*innen unterstellt, es mangele an Willen oder Kompetenz, um den Plan umzusetzen. Dabei ist nicht zu unterschätzen, dass häufig eigentlich »Situation-Problems« die Veränderung behindern.[13]

Im Proberaum spielen eben nicht nur mein Denken und Fühlen eine Rolle, sondern auch der Kontext. Würde ich seit Jahren wöchentlich Vortragstrainings mit meiner Coachin durchlaufen, wäre ich sehr wahrscheinlich schon Bühnenprofi.

Ist der Weg für Veränderung erst einmal bereitet, wird es leichter, sie tatsächlich umzusetzen. Werden Menschen allerdings durch Umstände in der Umsetzung behindert – wie in meinem Fall durch mangelndes Training (in anderen Fällen zum Beispiel durch nicht passende digitale Infrastruktur oder fehlende Information) –, kann das erwünschte Veränderung bremsen oder stoppen.

Unabhängig von den oberen beiden Punkten kann dieser Aspekt zentral sein: Wenn der Weg geebnet ist, lässt es sich viel leichter auf ihm gehen. Und so stelle ich fest, dass es mir an Erfahrung und Training fehlt, um auch körperlich stimmig mit meinem Wissen und Denken auftreten zu können.

Hierarchie: Die Wirkung von Systemen

Wenn wir auf Veränderung durch Handlung blicken, spielt eine weitere Dimension eine Rolle: die Strukturen, in denen ich mich bewege. Denn meine Handlung findet nicht in einem Vakuum statt, sondern im Kontext der Systeme, von denen ich Teil bin. Die Regeln und Strukturen des Miteinanders wirken überall – am Arbeitsplatz, in der Familie, auf der Bühne. Wir Menschen organisieren uns in den meisten institutionellen und vielen informellen Kontexten hierarchisch; in Unternehmen, öffentlichen und gemeinnützigen Einrichtungen. Das hat Gründe und bringt Vor- und Nachteile mit sich.

Vor ein paar Jahren bin ich das erste Mal auf die Wirkmacht von Organisationsformen aufmerksam geworden. Ein Thema, das vordergründig den Eindruck erweckt, es wäre nur für Arbeitssituationen interessant, entpuppte sich als eine neue Welt der Möglichkeiten zur Veränderung. »Reinventing Organizations« von Frédéric Laloux breitete vor mir ein Meer an Möglichkeiten aus, um Lösungen für die Herausforderungen unserer Zeit zu entwickeln – in allen Bereichen von Leben und Gesellschaft. Denn überall, wo Menschen zusammenkommen, organisieren sie sich.

Die Hierarchie ist ein Ordnungsprinzip und ein System, das so verbreitet ist, dass es uns häufig gar nicht mehr auffällt (ich sehe Parallelen zum im Kapitel 2 beschriebenen Patriarchat). Sie schafft Stabilität und reduziert Komplexität. Klare Strukturen, klare Regeln, klarer Status – das schafft Komfort und Sicherheit für diejenigen, die sich einfügen.

Bildlich vorgestellt ist ein hierarchisches System pyramidal aufgebaut: nach oben spitz zulaufend, unten mit festem breitem Sockel. Diese Ordnung schafft Sicherheit, eine gewisse Klarheit und Geborgenheit für die, die einen Platz in ihr haben. Wer wo steht, ist klar geregelt: Lehrkräfte über Schüler*innen, Eltern über Kindern, Führungskräfte über Mitarbeiter*innen. So weit, so wenig Widerspruch.[14] Es ist ein Paradigma, das mächtig wirkt und das wir so tief verinnerlicht haben, dass wir gar nicht mehr merken, wie sehr es uns leitet. Wir lernen es von Kindheitstagen an. So funktioniert die Welt, in der die meisten groß werden – und im Arbeitsleben wird es dann zementiert: Andere stehen über uns.

Grundlegend für dieses System ist das Befolgen von Anweisungen – in Bildungseinrichtungen, Unternehmen, Familien. Wir bekommen schon als Kinder kommuniziert, was von uns erwartet wird. Ein anderer Mensch, zum Beispiel die Lehrkraft oder eigentlich prinzipiell die Erwachsenen, stehen über mir. Und so geht es weiter: in der Berufsschule, an der Universität, im Bürgeramt oder natürlich im Job. Überall gibt es Menschen, deren Meinungen ein anderes Gewicht haben, anders Gehör finden, egal ob wir in der Vorlesung sitzen oder Arbeitslosengeld beantragen. Fachliche Hierarchie entsteht. Denn jede Person bringt ein einzigartiges Set an Perspektiven und Erfahrungen mit. Es gibt Bereiche und Aufgaben, in denen Einzelne immer qualifizierter oder kompetenter sind als andere. Das liegt in der Natur der Sache und begründet auch ein vielfältiges Miteinander.

Doch was wir leicht verwechseln und worüber es aus Unwissenheit oder Unachtsamkeit in den vielen Kontexten keine Klarheit gibt: Fachliche Hierarchie muss nicht unmittelbar zu einer menschlichen Hierarchie führen. Nur weil ich zu einem Thema mehr weiß, mehr kann oder einfach mehr entscheiden darf, heißt das nicht, dass ich menschlich wertvoller bin. Hier liegt eine Gefahr in der gelebten Realität des hierarchisch organisierten Miteinanders. Wenn es nicht alle Beteiligten in dieser Dynamik schaffen, bewusst Augenhöhe und damit gegenseitigen menschlichen Respekt zu wählen, entsteht in einer fachlichen Hierarchie auch eine menschliche Hierarchie.

Menschliche Hierarchie ist entwürdigend, denn sie vermittelt: Ich bin wichtiger beziehungsweise unwichtiger, ich stehe weiter oben beziehungsweise unten in der Pyramide. Es unterstellt in der Konsequenz: Einige sind menschlich wertvoller als andere.

Hierarchische Systeme müssen nicht, können aber eine Dynamik erzeugen, in der Macht als Teil eines Nullsummenspiels verstanden wird. Diese Perspektive lässt sich gut beschreiben mit dem Konzept, das die Professorin für soziale Arbeit Brené Brown »Macht über« (power over)[15] andere nennt. Aus diesem Blickwinkel sehen wir Einfluss als endlich. Gewinne ich, verliert jemand anderes. Angst vor Verlust und Schutz des Status quo spielen dann unweigerlich eine zentrale Rolle.[16] Wer einen Status und damit Einfluss erreicht und gesichert hat, verwendet dann in der Regel Energie darauf, ihn zu erhalten. Denn aus dieser Perspektive sind Wert und Macht untrennbar verknüpft. Abstieg in der Hierarchie bedeutet Verlust.

Wer sich fachlich oder menschlich nicht einfügt, wer nicht den Anweisungen folgt, dem drohen Strafen im hierarchischen Miteinander: Das können schlechte Noten sein, Abmahnungen, Ausgrenzung oder Ablehnung. Kurz: das, was wir als soziale Wesen zutiefst fürchten, nämlich nicht dazuzugehören (siehe Kapitel 1). Doch droht nicht nur der Ausschluss aus einer Gruppe, sondern damit verbunden auch der Zugang zu Macht innerhalb dieser Gruppe. Wird mir beispielsweise in einer Führungsposition gekündigt, bin ich nicht nur nicht mehr Teil des Unternehmens und Teams, sondern ich kann auch nicht mehr im Rahmen meiner Rolle Einfluss nehmen.

Es ist nicht verwunderlich, dass viele, wie auch ich, unbewusst oder bewusst Strategien entwickelt haben, um sich zu schützen. In meinem Fall zum Beispiel, indem ich mich zurücknehme und sehr genau überlege, was ich sage. Was ich auf der Bühne erlebe, ist auch die Wirkung dieser Strategien. In unzähligen Situationen habe ich gelernt: Wenn ich nicht anecke, gefalle ich. Und wenn ich gefalle, wird mir eher zugehört, und ich kann Einfluss nehmen. Im Proberaum also lächle ich viel, bin nicht zu laut oder zu raumgreifend, denn mein Frauenkörper und ich wissen: Wenn wir gemocht werden, ist das die erfolgversprechende Strategie, um nicht an Einfluss zu verlieren.

Perspektiven auf Macht

Ich habe tief verinnerlicht: Wer sich nicht einfügt, wird bestraft. Natürlich muss das überhaupt nicht der Fall sein. Doch ich kenne diverse Formen von subtilen Zurückweisungen. Andere reden, belächeln und grenzen aus. Das Signal: Wenn du dazugehören möchtest, dann bitte so, dass es auch wirklich reinpasst. Diese Reaktion, sei sie von Vorgesetzten, Kolleg*innen, Freund*innen oder im Bekanntenkreis, ist in der Logik der beschriebenen Dynamik nachvollziehbar: Wer aneckt, sich nicht wie vorgesehen verhält, stellt infrage, was ist – den stabilen Status quo, die Pyramide mit klaren Positionen, wo wir uns einzufinden haben. Im hierarchischen Miteinander sind sie der Orientierungspunkt. Das, was wir immer schon so gemacht haben, gibt Halt. Wer das infrage stellt, kann ablehnende Reaktionen provozieren.

Was können wir unabhängig von unserem Einfluss auf Strukturen tun, wenn uns diese Dynamik begegnet? Wenn wir in unseren Umfeldern durch Handlung anecken möchten, ist die Antwort auf diese Frage wichtig. Denn die Widerstandskraft des Status quo wird uns sehr wahrscheinlich begegnen.

Aus meiner Perspektive kann dazu ein Umdenken ein erster hilfreicher Ansatzpunkt sein, den ich in veränderte Handlung übersetzen kann. Damit lässt sich etwas für uns individuell umsetzen, das wir so aber auch ins kollektive Miteinander tragen.

Denn nach Brown gibt es einen Gegenentwurf zu der (ich nenne sie) hierarchischen Dynamik von »Macht über«. Brown hat dazu ein Konzept des Frauenkollektivs Just Associates (JASS) zusammengefasst und formuliert drei alternative Blickwinkel auf das Konzept von Macht:

Macht mit (»power with«) bündelt individuelle Stärken zu kollektiven.

Macht für (»power to«) gibt anderen die Unterstützung dabei, das individuelle Potenzial zu nutzen und zu entwickeln.

Macht innerhalb (»power within«) gibt jedem*jeder die innere Stärke, mit Unterschieden umzugehen und den Status quo zu verändern vor dem Hintergrund von Gemeinsinn.[17]

Zusammengefasst nennt Brown diese ändernde Perspektive »Macht mit/für/innerhalb«. Dabei können alle drei Perspektiven nebeneinander existieren und geben uns die Möglichkeit, sie als Gegenentwurf zu »Macht über« zu nutzen.

Sie eint, dass, wenn wir so auf Macht blicken, diese unbegrenzt ist. Kein Nullsummenspiel, sondern etwas, das wächst und sich ausdehnt, wenn wir es mit anderen teilen. Brown schreibt, dass Menschen, die Macht so verstehen »Diskomfort normalisieren und sich von Scham und Schuld zu Verantwortung und bedeutsamer Veränderung bewegen«.[18]

Dieses neue Machtverständnis hilft dabei, ins Handeln zu kommen. Während »Macht über« schwächt, fördert diese Denkweise, proaktiv Veränderung anzustoßen, mich empowert zu fühlen, wirklich etwas bewegen zu können. Werde ich, weil ich anecke, zum Beispiel mit Dynamiken von »Macht über« konfrontiert, gibt mir diese andere Definition von Macht nicht nur Halt, sondern auch Ansatzpunkte, um gestärkt in die Reibung zu gehen. Es hilft mir, mir meiner Macht abseits einzelner Konflikte und systemischer Dynamiken bewusst zu werden. Und zusätzlich bestärkt es mich, mich als Mensch von der Reaktion abzugrenzen, die mein Verhalten provozieren kann.

Vier Quadranten der Veränderung

Die innerlichen Perspektiven, die wir beispielsweise wie vorgenannt zum Thema Macht einnehmen, sind von entscheidender Bedeutung für die Veränderung, die wir bewirken können. Denn sie prägen unsere Haltung.

Das Modell der »Vier Quadranten der Veränderung« des Philosophen Ken Wilber veranschaulicht Dynamiken, mit denen wir arbeiten können, um Veränderungen zu erreichen.[19] Es sieht das Leben als einen fortlaufenden Veränderungsprozess, in dem Wechselseitigkeiten bestehen.

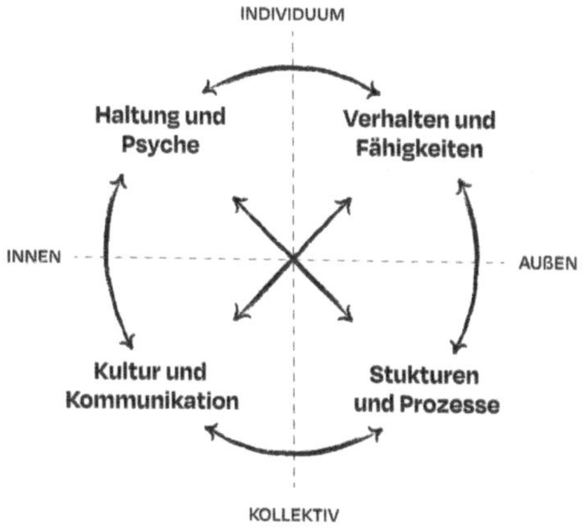

Das AQAL-Modell (All Quadrants, All Levels)
Keks Ackermann CC BY-NC, basierend auf Ken Wilber[20]

In jedem Transformationsprozess gibt es demnach eine Wechselwirkung zwischen dem Innen, dem Außen, dem Individuum und der Gemeinschaft (siehe Grafik). Alles ist in Bewegung, alles steht in einer wechselseitigen Beziehung zueinander. Über unser

Denken und Verhalten wirken wir als Einzelpersonen auch auf die Gruppe – und anders herum beeinflussen Kultur und Strukturen der Gruppe uns als Einzelpersonen.

Im Innen gibt es die Dimension »Haltung und Psyche« auf individueller Ebene. Sie ist geprägt durch meine Erfahrungen, Werte und Bedürfnisse – und damit auch durch mein Denken (siehe Kapitel 2). Auf kollektiver Ebene gibt es die innere Dimension der »Kultur und Kommunikation«. Sie umfasst unser Selbstverständnis in der Gruppe, darüber, wie wir miteinander und anderen als Gemeinschaft umgehen. Beide inneren Dimensionen stehen in Wechselseitigkeit zueinander, aber auch jeweils zu den beiden äußeren Dimensionen »Verhalten und Fähigkeiten« (individuell) und »Strukturen und Prozesse« (kollektiv).[21]

Das Modell ist für unsere Überlegungen vor allem deshalb interessant, weil es Wirkräume veranschaulicht, in denen wir direkt oder indirekt Veränderung gestalten können.

Will ich etwas verändern, kann ich direkt hier bei mir im Kleinen, im Inneren, beginnen. Trete ich auf die Bühne mit der inneren Haltung, die auf gegenseitigen Respekt ausgerichtet ist, werde ich mich anders verhalten, als wenn ich mich darauf konzentriere, gemocht zu werden.

Wie ich mich verhalte, wirkt wiederum auf die Kultur der Kommunikation in der Situation. Denn meine innere Haltung und auch mein Verhalten wirken auf die Gruppe und prägen, nach welchen Vorstellungen die Gruppe (in meinem Vortragsbeispiel im Saal) sich gegenübertritt. Ist meine Gestik einladend oder abwertend? Ist der Tonfall warm oder abweisend? Ist die Stimmung offen oder aggressiv?

Diese Auswirkungen sind vielleicht nicht unmittelbar ablesbar. Gerade aber bei Gruppen, die über längere Zeit zusammen sind, ist es interessant zu beobachten, was sich verändert. Wie äußern sich Haltung, Handlung und Kultur in Strukturen und Prozessen?

Energie und Disziplin

»Du machst dich klein, Vera. Nimm dir den Raum. Er gehört dir«, sagt meine Trainerin. Ich mache mich klein?! Ich spüre Widerstände in mir. Würde am liebsten abbrechen, denn es ist so unangenehm, den Spiegel vorgehalten zu bekommen. Es braucht Disziplin, um sich Problemen zuzuwenden – und um dranzubleiben. Das Wort Disziplin hat nicht den besten Ruf. Eine meiner ersten Assoziationen sind die preußischen Tugenden, Härte, Durchhaltevermögen. In mir ruft das Bilder von strengen Befehlen und ungesunder Leistungsbereitschaft hervor, von denen ich mich befreien möchte, weil ich sie im ersten Moment mit dem Gegenteil von Freiheit verbinde.

Doch eigentlich ist meine Einschätzung von Disziplin zu Unrecht mit Unbehagen behaftet. Denn wir alle haben nur begrenzt Zeit auf diesem Planeten. Jede*r von uns stirbt irgendwann und das macht unsere Lebenszeit zu einem kostbaren Gut. Mit der Aufmerksamkeit, die wir Menschen und Dingen ungeteilt zukommen lassen, geben wir das Wertvollste, was wir haben.

Damit unsere Aufmerksamkeit wirklich bei etwas bleiben kann, braucht es Konzentration, und die wiederum erfordert Disziplin. Denn es ist anstrengend für uns, konzentriert bei einer Sache zu bleiben.[22] Es ist zusätzliche Energie nötig, die wir aufwenden müssen. Das ist etwas Wertvolles, und Disziplin, wenn mit Intention eingesetzt, ist ein Zeichen von Liebe in Aktion – in Erziehung, Erwerbsarbeit, Politik, Engagement, persönlicher Entwicklung. Disziplin ist Ausdruck von Liebe.[23]

Es ist hart, konsequent mit sich zu sein. Ablenkung ist eine Ausrede. Es ist ein Weglaufen und Wegsehen von dem, was unangenehm ist. Eine der vielleicht wichtigsten Fragen, die wir uns stellen können, lautet: Mit welcher Intention möchte ich mein Leben und die Gesellschaft gestalten? Wenn ich diese Frage stelle, kann ich meine innere Argumentation bewusster und zielgerichteter hinterfragen und anpassen. Wer mit den eigenen Werten stimmig leben möchte, braucht Disziplin – und zwar eine Menge davon. Das bedeutet ganz praktisch: hinzusehen, wenn ich Ausreden vorschiebe.

Der Broadway-Autor Steven Pressfield beschreibt den Kampf gegen den (inneren) Widerstand als die zentrale Herausforderung für jede kreative Aufgabe. Dabei sind Ausreden die angenehme Möglichkeit, den bequemen undisziplinierten Weg zu wählen.

Beispiele für Ausreden:[24]

- **Drama:** Wer das eigene Leben zur Seifenoper macht, hat keine Zeit, sich mit dem zu beschäftigen, was eigentlich wichtig ist.
- **Probleme:** Wer sich mit Problemen (anderer) beschäftigt, verliert die eigenen aus dem Blick.
- **Kritik:** Wer andere kritisiert, trägt Unzufriedenheit über das eigene Leben mit sich herum. Statt sich dieser Unzufriedenheit zu widmen, ist es bequemer, über andere statt mit ihnen zu sprechen. (Dazu gibt es ein Sprichwort: »Was Peter über Paul sagt, sagt mehr über Peter als über Paul.«)

Pressfield schreibt über die Unbequemlichkeit, die die Überwindung mit sich bringt, sich an die Arbeit zu setzen: Widerstand ist proportional zur Liebe.[25] Je mehr Widerstand wir spüren, desto wichtiger ist uns etwas. Das gilt für Aufgaben, die ich mir aktiv suche, ebenso wie für Aufgaben, die andere beeinflussen. Bekomme ich beispielsweise im Job etwas zugewiesen, das ich als nicht notwendig erachte, kann ich großen Widerstand spüren, weil der sinnvolle Einsatz meiner Zeit mit wichtig ist.

Trotz des Widerstands an dem, was uns wichtig ist, dranzubleiben, aufmerksam zu bleiben, das ist die Essenz von Disziplin. Denn wir alle (er)finden Ausreden, um den Aufgaben und Dingen, die uns eigentlich wichtig sind, auszuweichen. Widerstände als solche zu identifizieren kann ein ganz praktischer Ansatz sein, um mehr Disziplin zu leben.

Disziplin umarmen

Was kann ich tun, um Disziplin zu entwickeln? In Anlehnung an Pressfields Arbeit habe ich ein paar Grundsätze abgeleitet, die dabei helfen können:

Den Moment erkennen: Ich kann jeden Moment entscheiden, mich anders zu verhalten. Ich kann Scham und Schuld loslassen und, auch wenn ich mich gerade noch anders verhalten habe, jetzt den Weg einschlagen, den ich eigentlich gehen möchte.

Balance halten: Anspannung und Entspannung dürfen koexistieren. Wenn ich achtsam Entspannungs- und Erholungszeiten für mich möglich mache, wird es leichter, Energie für Disziplin aufzubringen.

Humorvoll sein: Wir dürfen freundlich und wohlwollend mit uns und anderen im Prozess sein. Der Sinn eines Lebens ist nicht, immer alles richtig und nach Plan auszuführen.

Klarheit schaffen: Was will ich eigentlich? Diese Frage kommt immer wieder auf das Wesentliche zurück und hilft mir, mit Intention meine nächste Handlung zu gestalten.

Stolz sein: Ich darf meine Erfolge feiern und stolz darauf sein, wenn ich mir, anderen und den Dingen, die wichtig sind, meine ungeteilte Aufmerksamkeit, meine Disziplin, geschenkt habe.[26]

Mit Fehlern und Kritik umgehen

Wenn wir aktiv werden, passieren immer auch Patzer, und Dinge laufen nicht wie geplant. Wer greifbar ist, wird angreifbar. Dabei ist wichtig zu sagen, dass die Definition von »Fehler« relativ und individuell ist, weil sie unserer Interpretation unterliegt. Es gibt häufig kein eindeutiges Richtig oder Falsch, sehr wohl aber Momente, die ärgerlich sind, weil Erwartungen nicht erfüllt werden. Wir können aus diesen Momenten lernen, wenn wir wollen.

Ich erinnere mich sehr gut an ein Event, bei dem ich vor vielen Hundert Leuten digital auftreten wollte. Trotz Proben und sehr aufwendiger Vorbereitung mit einem mehrköpfigen Team kam es während des Vortrags zu diversen unerwarteten technischen Problemen. Das Ergebnis: Nach den ersten zehn Minuten mussten wir die Veranstaltung abbrechen. Das war verdammt unangenehm. Große Enttäuschung bei den Teilnehmer*innen, beim Team, bei mir. Es war einfach sehr ärgerlich und tat mir leid. Die anderen taten mir leid, und ich selbst tat mir leid.

Laufen Dinge nicht wie geplant, entstehen innere und äußere Reibungen, die Raum für Erkenntnisse eröffnen. Denn auch wenn ich das in diesem konkreten Moment noch nicht sehen konnte: Im Scheitern lag eine Chance.

Weil das leichter gesagt als getan ist und die Angst vor Fehlern viele Menschen daran hindert, loszugehen und anzuecken, habe ich ein paar Gedanken und Impulse zusammengetragen, die dabei helfen können, mit (vermeintlichen) Fehlern umzugehen:

1. **Fehler passieren, und zwar allen:** So sehr wir es uns anders wünschen und unser Bestes geben, Fehler gehören dazu. Abgesehen davon ist die Frage spannend, was genau ein Fehler ist und wem ich die Deutungshoheit gebe, ihn als einen solchen zu definieren. Wenn mir ein Fehler unterlaufen ist, ist das auch ein gutes Zeichen, denn es bedeutet, dass

ich aktiv geworden bin. Hätte ich mich nicht entschieden, den Vortrag, der mir viel bedeutet, zu halten, wäre es nicht zu dem Fehler gekommen.

2. **Gefühle sind wertvoll:** Gefühle wie Schmerz oder Angst sind ein Zeichen dafür, dass uns der Fehler und damit das, was wir tun, etwas bedeutet. Statt unsere Zeit mit wenig riskanten Themen und Unwichtigem zu verbringen, sind wir auf einem bedeutsamen Weg. Das ist etwas, das gut ist und für das wir dankbar sein können.

Außerdem können wir dem Gefühl nachgehen und besser verstehen, was genau uns so wichtig ist. Mir ist es sehr wichtig, viele Menschen mit meiner Arbeit zu erreichen, weil ich konkret dabei helfen möchte, das, worum es in diesem Buch geht, in der Praxis zu begleiten – weil ich weiß, wie groß die Herausforderungen für die Zukunft sind, und ich einen Beitrag dazu leisten möchte, dass wir wirklich etwas verändern.

3. **Gemeinschaft nutzen:** Es tut gut, nicht allein zu sein. Wenn einschneidende Ereignisse eintreten, ist es sehr heilsam, vertraute Gesichter zu sehen, mit Menschen zu sprechen, denen wir uns nah fühlen, in den Arm genommen und gewiegt zu werden.[27] Fehler können Kleinigkeiten sein, aber auch große Ereignisse, die uns erschüttern. Die Nähe von unseren Lieben zu suchen ist immer eine gute Idee, wenn es uns schlecht geht. Vor allem dann, wenn wir ein Gefühl von Scham empfinden sollten, ist es wichtig und heilsam, uns mit anderen darüber auszutauschen (siehe Kapitel 3).[28] Ich weiß genau, welche Menschen in meiner Familie und meinem Freundeskreis mir in solchen Momenten guttun und mich halten. Schon ein Anruf ist wohltuend und heilsam.

4. **Aktiv werden:** Heilsam und hilfreich zugleich ist die Strategie, sich auf Lösungen zu konzentrieren, nicht in Starre zu verfallen, sondern stattdessen aktiv zu werden. Fehler passieren, und nicht immer können wir etwas dafür. Werde ich aktiv, spüre ich meine Selbstwirksamkeit und zeige mir selbst und anderen den Optimismus, dass eine Lösung möglich ist. Mit dieser Haltung lassen sich viele Fehler in ihrer Wirkung reduzieren oder ganz beheben. Auf mindestens drei Ebenen können wir aktiv werden, indem wir (A) an einer akuten Lösung des Problems arbeiten und (B) im zweiten Schritt analysieren, wie es dazu kommen konnte. Manchmal kann eine Aktion auch sein, dass wir (C) uns bewusst entscheiden, ein Thema loszulassen und weiterzugehen, indem wir uns auf andere Dinge konzentrieren.

5. **Lernen statt Schuld fokussieren:** Unterläuft uns ein Fehler, ist der erlernte Reflex häufig, Schuldige zu suchen. Als Abwehrmechanismus kann das nachvollziehbar sein, zur Lösung und Weiterentwicklung trägt diese Reaktion allerdings nicht bei. Statt uns mit Fragen nach der Schuld aufzuhalten, können wir uns auf Lösungen konzentrieren. Das Ziel ist es zu verstehen: Was genau hat dazu geführt? Wer kann was anders machen? Wenn ich möchte, kann ich mir diese Fragen stellen. Dazu besteht natürlich kein Zwang, wir müssen nicht krampfhaft aus jedem Fehler lernen.

Verändern: Spannungen und Konflikte zulassen

Fehler, Kritik, Widerstand, Konflikt – alles unbequeme Worte, unangenehme Themen, mit denen ich mich nicht sehr gerne beschäftige. Sie machen mir manchmal sogar Angst. Sie alle eint, dass ich einen gewissen Kontrollverlust spüre. Wenn ich könnte, würde ich am liebsten kontrollieren, was passiert. So auch, wenn ich auf die Bühne trete.

Die Psychologin und Co-Erfinderin des Konzeptes vom »Inneren Kind« Margaret Paul sagt mir dazu in unserem Gespräch für dieses Buch, dass das ein gängiges Phänomen sei.[29] Der Wunsch nach Kontrolle, der vor allem in Konflikten zutage trete, sei an die folgende Überzeugungskette geknüpft: Ich meine, dass, wenn ich die Kontrolle habe, ich alles richtig mache, und wenn ich alles richtig mache – nur dann –, sei ich geliebt.

Hier ließe sich nach Paul ansetzen, um das Bedürfnis nach Kontrolle loslassen zu können. Wenn ich weiß, und wirklich verinnerlicht habe, dass ich als Mensch liebenswert und wertvoll bin – unabhängig davon, wie ich mich verhalte –, dann ist es okay, nicht alles zu kontrollieren. Wenn ich diese Selbstliebe spüre, brauche ich die Kontrolle nicht mehr.[30]

Durch anderes Handeln erleben wir uns anders und machen neue Erfahrungen. Die wiederum führen zu einem veränderten Selbstverständnis. Durch Übung und Praxis entwickeln wir uns in neuen Erfahrungen – individuell und gemeinschaftlich.

Dabei findet Veränderung immer auch im Kontext der Systeme statt, in denen wir uns bewegen. Sie prägen den Widerstand, der uns im Aktivwerden begegnet. Mir hilft diese Erkenntnis. Denn Widerstand gegen Veränderung zeigt, dass das System uns behindern kann und Reaktionen manchmal mehr mit dem System als mit uns zu tun haben. Gleichzeitig führt es mir vor Augen, wie wichtig die Arbeit am System für Veränderung ist. Darauf gehe ich in Kapitel 7 ausführlicher ein.

Wir dürfen die Kontrolle abgeben und Reibung zulassen. Wir dürfen – wir sind sogar gefordert – uns von dem Märchen der Konfliktfreiheit für gesunde Beziehungen verabschieden, und es braucht die Erkenntnis: Das Gegenteil ist der Fall. Reibung schafft Nähe, Verbindung und stärkt das Miteinander – wenn wir sie angehen und lösen können. Wie das gelingen kann, sehen wir uns im nächsten Kapitel an.

Am Abend meines Vortrags auf der Bühne habe ich eine Hürde angenommen. Ich habe nicht gekämpft, sondern mit Disziplin und Liebe etwas riskiert: vermeintliche Fehler, Widerstand, Konflikte. Ich habe mich ein kleines bisschen weniger für die Bequemlichkeit anderer verbogen, weil ich (anders) aktiv geworden bin.

Dabei war ich nicht perfekt auf der Bühne vor dem Publikum. Es war nicht der beste Vortrag, den ich je halten werde – und das ist gut so. Es war ein Moment des Muts, der unbequem war, in dem ich etwas riskiert habe für Veränderung. Als ich unter Applaus die Treppen der Bühne hinabsteige, spüre ich, wie ein kleines bisschen mehr Aufrichtigkeit sich den Weg aus mir gebahnt hat. Ich frage mich: Was würde sich verändern, wenn wir häufiger Liebe in Aktion übersetzen würden?

5. SPRECHEN: HEIKLE THEMEN ANSPRECHEN

> *»Jenseits von Richtig und Falsch liegt ein Ort. Dort treffen wir uns.«* [31]
>
> Rumi

Im Kommunizieren anzuecken ist auf vielen Ebenen anspruchsvoll. Es fällt oft schwer, etwas Unangenehmes anzusprechen, anderer Meinung zu sein oder in seinen Reaktionen nicht den Erwartungen der Gesprächspartner*innen zu entsprechen. Ich erinnere mich gut an einen Montagmorgen im Büro. Ein Konflikt im Team war schon seit Tagen spürbar, allerdings hatte ihn bisher niemand angesprochen. Bei einer Besprechung ergriff eine Kollegin das Wort und benannte souverän, kurz, auf den Punkt und – zumindest äußerlich – ohne Furcht, worum es ging. Das Beobachten der Situation war mir unangenehm. Allerdings nur einen kurzen Moment. Sobald es geäußert war, entwickelte sich ein Gespräch über das Gesagte. Perspektiven wurden geteilt, die Spannung sachlich eingeordnet, und nach nicht mal fünfzehn Minuten war gelöst, was seit Tagen in der Luft lag.

Allein schon der Gedanke an Konflikt erweckt in vielen Unbehagen. Die meiste Zeit meines Lebens habe ich es vermieden,

Unangenehmes direkt anzusprechen: vom Essen, das zwischen den Zähnen meines Gegenübers hing, über meine Bedenken zur Partner*innenwahl meiner Freund*innen bis hin zur Kritik an Kolleg*innen. Ich hatte Angst vor der Eskalation, wollte andere nicht bloßstellen oder verletzen – nicht die Beziehung gefährden. Gemocht zu werden war in meiner Wahrnehmung lange die Voraussetzung für eine gute Beziehung, und die wiederum zeichnete sich für mich auch durch Konfliktfreiheit aus.

»Das ist wie das Abziehen eines Pflasters«, sagte meine Schwester, als ich ihr von meiner Kollegin und ihrem souveränen Umgang in der Situation erzählte. »Ganz kurz musst du dich überwinden, es ansprechen. Du spürst den Schmerz – und dann lässt er sofort nach. Es wird direkt besser, wenn es raus ist.« Was für ein mutiger Schritt und was für ein wichtiges Verhalten für uns alle: was für ein gutes Beispiel für die Kraft des Unbequemen. In diesem Gespräch mit meiner Schwester wurde die Idee zu diesem Buch geboren. Ich machte mich auf die Reise zu Erkenntnissen über das Unbequeme und kam sehr schnell bei der Sprache an.

Eine Zwischenstation auf meiner Reise war eine Fortbildung zu Mediation und Konfliktlösung, die ich vor ein paar Jahren besuchte. Ich nahm an dem mehrtägigen Seminar für Psycholog*innen und Psychotherapeut*innen teil und erinnere mich gut, wie begeistert, lebendig und gleichzeitig entspannt der Dozent im Umgang mit dem Thema auf mich wirkte. Wie gegensätzlich diese Energie zu allem war, was ich mit dem Wort Konflikt verband. Mich bewegte diese Art der Akzeptanz von Kontrollverlust, die er ausstrahlte. Die Klarheit, dass es weder möglich, noch hilfreich ist, das Verhalten der Beteiligten zu kontrollieren.

Stattdessen verstand ich im Kern, welche tragende Rolle die sprachlichen und situativen Rahmenbedingungen spielten, um dem Gespräch eine konstruktive Richtung geben zu können. Diese konnte ich durch mein eigenes Verhalten beeinflussen und trug daher auch Verantwortung für die Situation.

Was im Miteinander passiert, liegt aber nicht nur in meiner Verantwortung. Dieser Satz löst jedes Mal wieder aufs Neue ein Gefühl der Befreiung in mir aus. Denn es liegt nicht nur in meiner Hand, Spannungen zu lösen, sondern bei allen, die beteiligt sind.

Vieles, was in meiner nicht zu Ende gedachten Angstvorstellung zu Streit, Eskalation, Beziehungsabbruch führen könnte, ist zunächst nichts anderes als eine Spannung. Im eigentlichen, physikalischen Sinne des Wortes:[32] Es ist ein Energiepotenzial vorhanden, das nicht freigesetzt wurde. Diese Arten von Spannung tragen wir alle in uns, beispielsweise wenn wir etwas fühlen, einen Gedanken oder eine Idee haben. Es liegt etwas in der Luft, und das ist in erster Linie Energie. Kommt es nicht zur Entladung der Spannung, besteht das Potenzial eines Konflikts (zu Konflikten mehr in Kapitel 6).

Wird die Spannung nicht unterdrückt, sondern angenommen, kann die bei der Entladung freigesetzte Energie konstruktiv auf etwas verwendet werden. Dazu ist es hilfreich, sie zum einen aktiv einzusetzen, und zwar mit einer klaren Zielstellung. Mit diesen beiden Variablen lässt sich arbeiten, wenn wir Konflikte vor ihrer Eskalation lösen wollen.

Die Kraft heikler Momente

Der Autor und Dozent Kerry Patterson untersuchte in einer Forschungsgruppe über einen Zeitraum von mehr als zwanzig Jahren mit über 100.000 Proband*innen heikle Gesprächssituationen. Situationen also, die vor einem Konflikt stehen (können). Die Ergebnisse zeigen, dass der gekonnte Umgang mit heiklen Situationen eine elementare Fähigkeit von Führungspersönlichkeiten, Gruppenmitgliedern, Partner*innen und Eltern ist.[33]

Im professionellen Miteinander in Wirtschaft, Politik, Gesellschaft, aber auch im Privaten haben die Personen den größten

Einfluss, die in der Lage sind, Unbequemes anzusprechen und zu lösen, ohne andere vor den Kopf zu stoßen. Diese Menschen arbeiten effektiv und entwickeln gleichzeitig starke Beziehungen. Sie können beispielsweise auch Vorgesetzten widersprechen, ohne dass dies ihrer Karriere schadet. Im Gegenteil: Sie stärken ihre Verbindungen dadurch. So wie meine Kollegin, die das heikle Thema angesprochen hat und es damit ermöglicht hat, dass die Gruppe am Ende gefestigt aus der Situation heraustreten konnte.

Diese Fähigkeit ist eine wichtige Eigenschaft und gewissermaßen die Essenz des konstruktiven Aneckens. Wir können sie alle lernen und ausbauen, wie wir in diesem Kapitel sehen werden. Es sei trotzdem auch hier angemerkt, dass es für diejenigen leichter ist, erfolgreich heikle Situationen anzusprechen, die ohnehin gehört werden, weil sie Privilegien und damit Einfluss haben, und für diejenigen schwieriger ist, die marginalisiert sind.

Gleichrangigkeit ist eine Voraussetzung für Kommunikation auf Augenhöhe. Menschliche Hierarchie muss sich nicht aus fachlicher Hierarchie ergeben. Es kann also auch, wenn formelle Machtunterschiede bestehen, Gespräche auf Augenhöhe geben. Implizite Hierarchien aufgrund von Diskriminierungsmerkmalen allerdings sind etwas, was unseren besonders achtsamen Umgang erfordert.

Heikle Situationen entwickeln sich dann, wenn etwas Wichtiges auf dem Spiel steht. Etwa wenn ich etwas Unangenehmes thematisiere, jemandem widerspreche, eine Spannung oder einen Konflikt lösen möchte oder beispielsweise eine Verhandlung führe.

Was wir als heikel empfinden, ist, wie das Unbequeme, individuell und kann deshalb sehr unterschiedlich sein. Es zeichnet sich aber vor allem durch die folgenden drei Kriterien aus:

1. Es steht etwas auf dem Spiel.
2. Es stehen verschiedene Auffassungen im Raum.
3. Es gibt starke Gefühle.[34]

Situationen mit diesen Bedingungen sind emotional aufgeladen. Wir spüren an unserer physischen oder psychischen Reaktion, dass eine Spannung im Raum liegt. Das Herz schlägt schneller, die Hände beginnen zu schwitzen, die Wangen röten sich. Wir verhalten uns anders als in entspannten Situationen, werden beispielsweise stiller oder sprechen lauter. Energie wird freigesetzt. Auch wenn die individuellen Reaktionen sehr unterschiedlich sein können, zeigen sie uns eines mit Klarheit: Es geht um etwas. Etwas ist uns wichtig. Was bisher nur eine unausgesprochene Spannung war, könnte in diesem Moment zu einem Konflikt werden.

Eine Strategie, die wir häufig unbewusst wählen, um mit diesen heiklen Situationen umzugehen, ist die Vermeidung. Wir schicken lieber eine E-Mail, statt zur Kollegin ins Büro zu gehen oder kurz anzurufen. Wechseln in der Familie lieber das Thema, sobald es brenzlig wird. Oder schlucken Widerworte runter und ärgern uns im Stillen, statt ein unangenehmes Gespräch in der Beziehung anzustoßen. Heikles anzusprechen ist eine Essenz des Unbequemen. Mit wirkungsvollen Instrumenten ausgestattet kann es allerdings weniger angsteinflößend sein und so den Weg zu unbequemen Handlungen ebnen.

Ich habe festgestellt, dass es bei mir vor allem auch mein mangelndes Wissen über Konflikte war, das meine Angst vor ihnen schürte. Ging es um heikle Themen, dachte ich lange, es gäbe vor allem zwei Wege, um damit umzugehen: Entweder ich lasse mein Anliegen ungefiltert raus, oder ich vermeide es und spreche etwas einfach nicht an. Ich habe gelernt, dass das die denkbar ungünstigsten Herangehensweisen sind.[35]

Denn stattdessen gibt es einen sehr wirkungsvollen dritten Weg, den wir uns hier als grundsätzliche Strategie für jede Form der heiklen Situation ansehen werden. Ich kann meine Perspektive ehrlich darlegen und gleichzeitig sicherstellen, dass die beteiligten Parteien angstfrei zuhören können. Das setzt Offenheit, kommunikative Sensibilität und Respekt voraus.[36]

Dieser im nachfolgenden Text beschriebene Weg ist der idealtypische. Es ist natürlich so, dass das nicht immer in allen Situationen umsetzbar ist, vor allem nachvollziehbarerweise dann nicht, wenn Menschen mit starken inneren Vorverletzungen in Kommunikationssituationen gehen (siehe dazu auch Kapitel 6).

Spannungen können sich konstruktiver entladen, solange sie noch niedrig sind. Wir können frühzeitig die sich anstauende Energie aufnehmen und in eine Richtung lenken. Nur weil jemand etwas Heikles anspricht, bedeutet das nicht, dass es zu einem Konflikt kommen muss. Denn ein weiterer wichtiger Aspekt der Lösung ist auch, dass wir erkennen, worüber wir uns überhaupt uneinig sind. Denn auch darüber gibt es häufig unterschiedliche Auffassungen.

Ich unterteile die Kommunikation in heiklen Momenten in drei Phasen, die wir uns im Folgenden detailliert ansehen werden. Die erste Phase ist das Ansprechen eines unbequemen Themas, der Widerspruch oder das auf unerwartete Weise Reagieren.

Die zweite Phase umfasst das Halten der Spannung, die entsteht, und damit das kommunikative Sichern des Vertrauens und Respekts. Das heißt, einen Austausch real entstehen zu lassen, der menschlich und inhaltlich auf allen Seiten Erkenntnisgewinn fördert und Bindung stärkt, weil wir die Energie in Richtung eines Ziels lenken – statt gegeneinander anzutreten.

Die dritte Phase ist das Abschließen der Situation, das sich auf die Bindung in der Zukunft fokussiert, verbindlich Absprachen festhält oder sichergestellt, dass der Austausch an anderer Stelle fortgesetzt werden kann. Diese letzte Phase zeigt: Es geht um etwas, das mehr ist als der eine Moment, das eine Gespräch. Sie kann, muss aber nicht stattfinden.

Kern all dessen ist es, auf der Metaebene Spannungsdynamiken besser zu verstehen und gleichzeitig konkrete Impulse zur Anwendung von Lösungen im Umgang mit ihnen zu entwickeln.

Trotz des Wissens, das ich mir auch für das Schreiben dieses Buches angeeignet habe, erlebe ich mich im Alltag in angespannten Situationen häufig immer noch als Anfängerin, die sich zum Teil sehr unsouverän fühlt, Fehler macht und ständig Neues lernt. Denn Kommunikation ist kein theoretisches Modell, sondern eine lebendige Dynamik, die wir nur im Anwenden wirklich begreifen und lernen können.

Der erste unverzichtbare Schritt ist, dass wir Spannungen überhaupt den Raum geben, um mit ihnen etwas tun zu können, und in die erste Phase eintreten. Dass wir nicht so lange weggucken, runterschlucken, uns zurücknehmen, bis es aus uns rausbricht und wir nicht mehr können oder wollen. Sondern, dass wir stattdessen das Gespräch suchen, andere ermutigen und ihren Bedürfnissen wirkliche Aufmerksamkeit schenken. Diese Erkenntnis ist eine Grundvoraussetzung und hat einen elementaren weiteren Effekt. Denn wenn wir ein Verhalten kultivieren, in dem Reibungen im Miteinander beherzt angesprochen werden, entspannen sich solche Situationen sofort spürbar. Statt eines irgendwann unvermeidbaren riesigen Krachs, des dramatischen Trennungsgesprächs und dieser kriegsähnlichen Feindseligkeit, die viele mit Konflikten assoziieren, schaffen wir etwas anderes. Im Idealfall entsteht ein Dialog.

Dialoge und Debatten

Es ist eine Tatsache, dass es auf viele Fragen keine einfachen, eindeutigen Antworten gibt. Es gibt oft kein klares Gut oder Böse, selten ein eindeutiges Richtig oder Falsch, Schwarz oder Weiß. Eigenverantwortung als Bürger*in übernehmen zu können bedeutet, dass ich in der Lage bin, mich zu informieren, die Quellen meiner Information zu hinterfragen, mit einem kritischen und konstruktiven Blick auf die Komplexität von Gesellschaft und auch auf das eigene Leben zu blicken (das setzt voraus, dass ich Privilegien genossen habe, die mich in diesen Zustand versetzt haben). Oft keine auf der Hand liegenden Antworten zu haben, ist unbequem. Denn wir sind ohne Unterlass gefragt, die Anstrengung aufzubringen, uns ein eigenes Bild zu machen und zu riskieren, dass wir uns irren.

Bequemer ist es, wenn ich mich im Recht fühle. Wenn ich vollkommen überzeugt von meinem Standpunkt bin, kann ich es mir dort gemütlich machen. Ich kann mich zurücklehnen und mit (unter Umständen abgehobener) Distanz auf diejenigen blicken, die aus meiner Sicht im Unrecht sind.

Ich komme noch einmal auf das Gespräch über Geschlechterrollen zurück, von dem bereits in Kapitel 2 die Rede war. »Natürlich bin ich Feministin! Ich gehe davon aus, wir alle hier sind es«, hatte ich an dem Abend entschlossen zu einem Freund gesagt. Er, offen, politisch sehr interessiert und jemand, der sich für Gerechtigkeit in der Gesellschaft engagiert, fühlte sich davon allerdings angegriffen. Also diskutierten wir. Es war ein Schlagabtausch.

Das ist der Kern von Debatten: Argumente werden in den Raum geworfen, und man ist gefordert, den eigenen Standpunkt zu erklären oder zu verteidigen. Ich werfe meine Position der anderen Seite entgegen und erwarte gar nicht unbedingt, dass sie sie annimmt. Es geht vor allem darum, im Recht zu sein. Es geht um mich. Die andere Partei macht es genauso: Sie wirft mir ihre Punkte entgegen. Es geht um sie. Das sprachliche Bild »sich etwas an den Kopf werfen« passt hier gut. So war es in dem Moment auch bei uns beiden: Ich warf meine Argumente und das Wissen über Feminismus meinem Freund quer über den Tisch an den Kopf. Angereichert mit viel aufgestauter Wut, Empörung und Enttäuschung.

Debatten werden leicht zum Gefecht: Wir steigen in den Ring und kämpfen. Das Ziel? Eine*r gewinnt. Eine*r ist im Recht. So auch in meiner Situation: Ich schlug. Der Freund schlug. Ich schlug zurück. Er schlug zurück. Wir beide wollten, dass am Ende unsere Position für richtig befunden würde. Unverändert in ihrer Ausrichtung, genauso wie wir in die Diskussion gestartet waren. Das Ergebnis: Wir gingen auseinander, ohne dass sich wirklich etwas verändert hatte. Es gab auch keine*n klare*n Gewinner*in. Denn anders als beim Boxkampf waren keine Regeln definiert. Ebenso gab es keine*n Schiedsrichter*in, um die Siegerpartei zu küren. Darin liegt das Dilemma der Debatte. Es wird zwar viel gekämpft, aber am Ende gibt es selten echte Gewinner*innen.

Im politischen Raum haben Debatten als Teil unserer Demokratie eine tragende Rolle. Das ist gut so.[37] Im Bundestag etwa ist das Ziel selten, die andere Seite zu überzeugen, sondern den eigenen Standpunkt – vor allem auch der Öffentlichkeit – zu erklären. Eine Rede zu halten, die informiert, etwas ans Licht bringt oder anstößt – so verstanden ist die Debatte wirkungsvoll. An anderen Stellen, an denen es um Miteinander, Beziehungen und Gemeinschaft geht? Weniger.

Wird mir etwas an den Kopf geworfen, habe ich wenig Lust, mich dafür zu öffnen. Im Gespräch mit dem Freund waren meine Argumente stichhaltig und das Wissen zum Thema überzeugend. So meine Perspektive. Das ist erst mal ein angenehmes Gefühl: Eingebettet in das, was vermeintlich richtig ist, fühlte ich mich überlegen und zufrieden – auch wenn ich gleichzeitig wütend und enttäuscht über ihn und sein Verhalten war. Ich fühlte mich im Recht, und das war angenehm. Doch wenn ich heute ehrlich hinsehe, war das Angenehme eine Selbsttäuschung, denn eigentlich war ich allein und unverstanden.

Es ist unangenehm zu erkennen, dass die oberflächlichen Kämpfe, die wir wie selbstverständlich im Alltag erleben, menschlich unbefriedigend sind und einsam machen können. Dass sie nicht genug sind, um uns verbunden zu fühlen. Denn sie führen nicht dazu, dass wir uns gesehen fühlen.

Was die Debatte nicht leisten kann

Nicht wahrgenommen zu werden trifft uns. Es ist ein grundlegender Teil unseres Menschseins, dass wir uns in Resonanz mit anderen erleben. Wir wünschen uns, dass die Gemeinschaft uns nicht nur duldet, sondern annimmt. Dass andere Menschen uns wahrnehmen und auf uns und unsere Bedürfnisse eingehen, war Jahrtausende unverzichtbar für unser Überleben. Dafür gibt es gute Gründe: In hilflosen Momenten, zum Beispiel bei Krankheit, brauchten wir andere, die uns wahrnehmen, zuhören und auf uns eingehen, um uns zu helfen (siehe Kapitel 1).[38]

Der ehemalige FBI-Verhandler Christopher Voss, der bei zahlreichen Geiselnahmen vermittelte, beschreibt diese Erkenntnis als wichtigste Einflussgröße in angespannten Gesprächssituationen: der anderen Seite das Gefühl zu geben, dass sie gehört wird.[39] Es ist ein mächtiges Instrument, das jede Person in heiklen Situationen nutzen kann. Wenn jemand in einem Streit meine Seite anerkennt und mir wirklich zuhört, spüre ich Ruhe und weniger Druck, dagegenhalten zu müssen.

Der Schlagabtausch der Debatte kann das nicht leisten. Er kann uns nicht berühren. Denn um berührt zu werden, muss ich gesehen werden. Nicht nur meine Oberfläche muss wahrgenommen werden, sondern das, was dahinterliegt. Dazu braucht es die Öffnung von beiden Seiten: das buchstäbliche Aufmachen, um hinter die Fassade zu blicken. In der Unterhaltung mit dem Freund konnte ich zwar oberflächlich lächeln und feministische Aktivist*innen zitieren. Doch hinter dem Lächeln lagen Schmerz, Enttäuschung und Wut, die sich aus über Jahre angehäuften persönlichen Erfahrungen und Geschichten anderer speisten. Doch sie waren unsichtbar für jede Person, der ich mich nicht öffnete.

Denn wer steigt in den Ring, um sich verletzlich zu machen? Wer würde die Arme öffnen, statt die Fäuste zur Verteidigung zu heben? Die Atmosphäre, die eine Debatte schafft, ist nicht darauf angelegt, dass ich mich öffne für die Perspektive der anderen

Seite. So kann sie mich nicht berühren und mich nicht innerlich bewegen. Gleiches gilt für die andere Seite. Wir bleiben beide zurück an der Stelle, von der wir gekommen sind. Wir haben uns nicht angenähert, sondern die Energie der Spannung gegeneinander verwandt, statt sie auf ein gemeinsames Ziel auszurichten.

Phase 1: Dialoge eröffnen und führen

Wenn wir über den Schlagabtausch hinausgehen wollen, in dem Informationen genannt, aber nicht angenommen werden, brauchen wir ein anderes Format als die (einseitige) Debatte: den Dialog. Hätte ich damals im Gespräch mit meinem Freund statt einer Debatte einen Dialog initiiert, wären wir vermutlich zu einem anderen Ergebnis gekommen.

Dialog darf etwas bewegen, etwas verändern. Er steht für Öffnung, Respekt und Verständnis. Denn es entwickelt sich eine vollkommen andere Dynamik, wenn ich in Kauf nehme, eventuell falschzuliegen. Allein der Gedanke bedeutet, dass ich mich empfänglich zeige für andere Blickwinkel. Das ist unbequem. Gleichzeitig aber ist es die Grundlage für Transformation, für Einigung, für Nähe und für das Lösen von Spannungen und Konflikten. Dialog bedeutet, dass wir Informationen sammeln, einander wirklich verstehen wollen und daraus etwas Gemeinsames machen.

Den Dialog zu initiieren und mit Menschen, die mit Debatten vertraut sind, ein ehrliches, unter Umständen verletzendes unbequemes Gespräch zu führen, fällt in vielen Situationen schwer: vor allem wenn polarisierende Themen, starke Gefühle oder verhärtete Meinungen Teil der Dynamik sind. Doch jede*r kann lernen, heikle Themen in Dialogen anzusprechen und Spannungen zu lösen.[40]

Im Zentrum effektiver Kommunikation steht der freie Informationsfluss. Dialog bedeutet dabei Meinungsaustausch zwischen zwei oder mehreren Personen.

> »Im Dialog wird nicht versucht, Punkte zu machen oder den eigenen Standpunkt durchzusetzen. Vielmehr gewinnen alle, wenn sich herausstellt, daß irgendeiner einen Fehler gemacht hat. Es gibt nur Gewinner, während das andere Spiel Gewinnen-Verlieren heißt – wenn ich gewinne, verlierst du. Aber ein Dialog hat eher etwas von gemeinschaftlichem Teilhaben, bei dem wir nicht gegeneinander spielen, sondern miteinander. Im Dialog gewinnen alle.«[41]

Menschen, die dialogfähig sind, ermöglichen es anderen, ihre Perspektiven einzubringen. Sie sind deshalb nicht unkritisch oder naiv, sondern sie sorgen dafür, dass jede*r Gehör findet. Die folgenden Elemente[42] habe ich als hilfreich erlebt, um einen Dialog zu initiieren und aufrechtzuerhalten.

Im Ich und Du sprechen: Meine Art zu sprechen beeinflusst den Dialog. Sie ist Ausdruck meiner Haltung. Sie ist die kommunikative Infrastruktur, die wir nutzen, um einander zu erreichen. Wie gut, wie schnell, wie leicht wir zueinanderkommen können, wird maßgeblich dadurch geprägt, welche (An-)Sprache wir wählen. Im Dialog ist mein Ich im Austausch mit deinem Du. Diese Haltung schafft eine vollständig andere Dynamik, als wenn ich über etwas spreche.[43] Der Weg meines Sprechens führt von mir zu dir – nicht von mir an einen neutralen Ort entfernt von dir. Sage ich beispielsweise »man«, meine aber »du«, hat das eine andere Wirkung, als wenn ich präzise benenne, was ich sagen möchte. Auch ein klares »ich« zu wählen, kann verletzlich machen und unbequem sein. Denn ich beginne bei mir und nicht an einem vermeintlich neutralen Ort. »Ich« empfinde etwas, wenn »du« etwas tust. Nicht »wir«, »man« oder »es«. Dieser Akt der Öffnung ist auch Ausdruck von Vertrauen. Statt die Boxhandschuhe anzuziehen, reiche ich die Hand, damit eine wahrhaftige Beziehung entstehen kann.

Tatsachen ins Zentrum stellen: Vor allem zum Einstieg in einen Dialog kann es hilfreich sein, die Aspekte in den Blick zu nehmen, über die Einigkeit besteht: das Verbindende zu benennen oder zu suchen und dort einzusteigen, wo es am wenigsten Diskussionsbedarf gibt. So kann ein Start der Unterhaltung mit Leichtigkeit und Beziehung zueinander gelingen, auch in unbequemen Gesprächssituationen. Ich lege damit eine Grundlage für unser weiteres Gespräch. Diese Basis ist besonders kraftvoll, wenn es sich dabei um Fakten handelt. Dieser abgesteckte Rahmen der Tatsachen, auf die wir uns geeinigt haben, unterstützt einen sachlichen Austausch.

Interpretationen teilen: Erläutere ich die Schlussfolgerungen, die ich aus den Fakten entwickele, teile ich meine Perspektive. Das ist ein Geschenk für die andere Seite. Gleichzeitig kann es für sie eine Einladung sein, die eigene Wahrnehmung auch zu teilen. Statt anderen etwas an den Kopf zu werfen, beziehe ich mich auf die Grundpfeiler, die Fakten, auf die wir uns geeinigt haben. Ich beginne an dem Ort, an dem wir uns begegnet sind, und schildere von dort, wie es zu meinem Standpunkt jetzt kommen konnte. Ich zeige den Weg auf und nehme die andere Seite dazu an meine Seite. Das ist deutlich anstrengender, als einfach ein Argument in den Raum zu werfen. Es ist zuweilen mühevoll und gleichzeitig ein Weg, der öffnet, der einlädt, mich zu sehen, wie ich bin.

Achtsam formulieren: Interpretationen sind keine Fakten. Es ist ein Zeichen des gegenseitigen Respekts, Fakten und individuelle Wahrnehmungen klar sprachlich zu trennen. Unsere Deutung dessen, was passiert, findet in engen Grenzen statt. Denn unser Blick auf die Welt ist immer limitiert. Die Art und Weise, wie ich etwas erlebe, unterscheidet sich von der Art und Weise, wie andere dieselbe Situation erleben. Diesen Umstand kann ich berücksichtigen, indem ich meine Wortwahl dem*der anderen gegenüber anpasse.

Wenn ich sprachlich deutlich mache, dass meine Perspektive begrenzt ist, ist das ein vertrauensbildendes Element, das nicht zu unterschätzen ist. Denn es zeigt, dass ich wohlwollend und vor allem ehrlich in das Gespräch gehe. Da das ohne gute Intentionen nicht möglich wäre, setzt es einen atmosphärischen Rahmen und schafft so Regeln für die Kultur unserer Unterhaltung. Statt zum Schlag auszuholen, lege ich ehrlich getrennt Tatsachen und Interpretationen vor uns aus. Statt »immer machst du« zu sagen, kann ich beispielsweise sprachlich präziser sein: »Ich beobachte, dass du …«. Dadurch, dass ich etwas beobachte, wahrnehme, sehe, interpretiere, verdeutliche ich die Limitierung meiner Perspektive.

Meinungen erfragen: Wenn ich die Einladung ausspreche, Meinungen zu teilen, öffne ich mich. Ich zeige: Ich möchte dich sehen. Die Voraussetzung ist, dass ich ehrlich interessiert und bereit bin, wirklich zuzuhören, auch wenn es unbequem ist. Es setzt eine demütige, wohlwollende Haltung voraus, denn ich verdeutliche, dass ich weiß, dass andere Perspektiven mich erreichen dürfen, dass ich es mir nicht gemütlich machen möchte an dem Ort, an dem ich immer recht habe, sondern, dass ich offen bin für eine gemeinsame, womöglich etwas beschwerliche Reise des Dialogs.

Widersprüche zulassen: Der vielleicht unangenehmste Aspekt, um einen Dialog zu ermöglichen, ist es, Widerspruch zuzulassen und sogar einzufordern. In der Praxis lässt sich das sehr schön in einem Experiment üben: Wir neigen dazu, Menschen zu unterbrechen, wenn sie Meinungen äußern, die uns widerstreben.[44] Es ist schwer auszuhalten, etwas zu hören, das gegen unsere Überzeugungen läuft. Doch genau das macht den Dialog aus.

Jede*r kann im Alltag üben, andere nicht zu unterbrechen: sich selbst zurückzuhalten und wirklich zuzuhören, was die andere Person sagt. Wenn ich einen Dialog initiieren und aufrechterhalten möchte, kann ich andere ermutigen, auch widersprüchliche Gedanken zu teilen. Ich kann der anderen Person zusichern, dass sie ohne Gefahr teilen kann, was kontrovers ist. So stärke ich eine Kultur in unserem Miteinander, die auf Offenheit, Aufrichtigkeit und Vertrauen basiert.

Ruhe in die Situation bringen: Mit ruhiger Stimme zu sprechen beruhigt nicht nur mein Gegenüber, sondern hat auch einen Effekt auf mich selbst. Unser Gehirn arbeitet besser, wenn die Rahmenbedingungen angenehm sind.[45]

Mit einem Ziel arbeiten: In angespannten Situationen kann ich mit dem Ziel etwas ansprechen, meinem Gegenüber ein gutes Gefühl zu geben, und zwar nicht mit der Intention, etwas zu vermeiden oder Harmonie zu wahren, sondern um dem Gespräch eine andere Qualität zu verleihen: um eine Öffnung und damit einen Dialog möglich zu machen. Der Kommunikationspsychologe Friedemann Schulz von Thun unterscheidet drei Aspekte des aktiven Zuhörens und der Kommunikation, die ich senden kann: (1) Verstehen, (2) Verständnis und (3) Einverständnis.[46]

Auch wenn ich nicht einverstanden bin, kann ich im Gespräch signalisieren und erklären, dass ich Verständnis für das Verhalten und die Gedankengänge meines Gegenübers habe. Das kann ein Weg sein, um auch bei großen inhaltlichen Differenzen aufrichtig zu kommunizieren und der anderen Person den Eindruck zu vermitteln, verstanden zu werden.

Andere Perspektiven aussprechen: Ein großes Bedürfnis bei Widersprüchen ist es, gehört zu werden. Das ist ein entscheidender Hebel für eine andere Qualität des Austauschs in heiklen Situationen.[47] Wir verstehen in der Regel, was die andere Person sagen möchte, wollen es nur nicht unbedingt wahrhaben, weil es unbequem ist und unseren Meinungen oder Interpretationen entgegenläuft.

In solchen Momenten genau das zu sagen, zu paraphrasieren oder vorwegzunehmen, kann ein kraftvolles Element sein, um der Situation eine andere Dynamik zu verleihen. Denn diese Überraschung führt in der Regel nicht dazu, dass jemand eine noch stärkere Angriffshaltung einnimmt, sondern sich öffnet, zuhört, interessiert ist, was als Nächstes gesagt wird. Außerdem schafft dieses Anerkennen eine Verbindung, auf der das weitere Gespräch aufbauen kann. Je präziser und damit mutiger ich in der Sprache bin, umso verstandener können sich andere fühlen. Das ist ein wahrhaft unbequemes Vorgehen, das wir selten erleben – und das gerade deswegen in seiner Wirkung so kraftvoll für die andere Seite sein kann.[48]

Um das Gespräch zu beginnen, kann ich beispielsweise genau mit der vorgenannten Technik einsteigen. Ich kann gleich zu Beginn der Unterhaltung der anderen Person das Gefühl geben, dass ich sie höre und verstehe. Das kann bedeuten, dass ich beispielsweise zum Einstieg ihre Sorgen, Bedenken, negativen Gedanken über die Situation oder vielleicht auch mich anspreche. Dass ich gedanklich dort beginne, wo die Person sich auch befindet. »Jetzt gerade denkst du vermutlich, dass ich mich nicht für dich einsetze, und bist enttäuscht von mir.« Um solch einen Satz sagen zu können, braucht es Mut und innere Größe.

Damit kann ich auch präventiv arbeiten: Bevor oder direkt nachdem ich etwas anspreche beziehungsweise angesprochen habe, das unangenehm ist, kann ich genau das auch thematisieren. »Ich vermute, dass dich das jetzt wütend macht« oder »Ich bin vielleicht nervig, denn du hast so viel anderes zu tun, dass du dieses Thema gerade wahrscheinlich nicht auch noch gebrauchen kannst«. Wann immer Negativität ein Thema ist oder wird, kann ich diese Technik nutzen und benennen, was ist, um so den

Weg für einen Dialog zu ebnen, der weniger emotional verstellt ist.[49]

Wenn eine Unterhaltung hitzig wird, liegt das in der Regel daran, dass Menschen sich nicht mit ihrer Perspektive gesehen fühlen. Deswegen lohnt es sich auch hier: »Ich bin stur und gemein.« Starke Worte, wie fies, gemein, unzuverlässig, sind besonders wirkungsvoll. Dabei geht es nicht um Sarkasmus, sondern darum, dass ich aufrichtig anerkenne, dass die Situation negativ wahrgenommen wird.

Gerade weil ich in dem Moment vielleicht nicht der gleichen Meinung wie mein Gegenüber bin, ist dieser Punkt so stark. Ich nehme den Standpunkt der anderen Partei ein und befriedige so das Bedürfnis, gesehen zu werden.[50] Wenn der Ärger in mir selbst hochkocht, kann ich mich darauf konzentrieren, der anderen Seite zu zeigen, dass ich sie höre. Das kann mich ruhig halten. Denn es versetzt mich in einen anderen gedanklichen und emotionalen Zustand.[51]

Genauso kann ich auch meine Gefühle ansprechen. Wenn ich zum Beispiel laut werde, kann ich das auch erklären. »Mich bewegt das Thema sehr. Ich merke, wie ich gerade lauter werde. Und ich weiß, dass es der Situation nicht hilft, es ist mir nur sehr wichtig.« Ich kann so Dinge offen ansprechen und benennen und so Nähe und Verständnis fördern – und mich selbst beruhigen.

Auch wenn wir keine praktischen Vorbereitungen treffen, unbewusst bringen wir uns automatisch vor schwierigen Gesprächssituationen in Stellung, wenn wir darüber nachdenken, etwas anzusprechen. Beispielsweise stellen wir uns vor, wie wir traurig oder wütend werden. Was wir in den Fokus nehmen, dem widmen wir Energie. Wenn ich anecke, weil ich eine Spannung anspreche, etwas Heikles thematisiere oder eine Spannung lösen möchte, kann dieses Bewusstsein helfen. Wenn ich mich auf das Wort Konflikt mit seiner negativen Konnotation konzentriere, setzt das eine andere Energie frei, als wenn ich ein anderes innerliches Ziel in den Fokus nehme. Das könnte beispielsweise das Wort »Dialog« sein.

Dieses Bewusstsein zu entwickeln und die Verantwortung dafür zu erkennen, dass ich als Teil der Unterhaltung gestalte, wohin wir gemeinsam blicken, kann ein wertvoller Schlüssel sein zum konstruktiven Anecken.

Phase 2: Während des Gesprächs – wenn Vertrauen in Gefahr gerät

Wenn wir konstruktiv in angespannten Kommunikationssituationen vorgehen und einen Dialog ermöglichen wollen, ist vor allem eines notwendig: Vertrauen. Das bildet die Grundlage, damit wir zueinanderfinden, menschlich und thematisch. Wenn ich merke, dass andere in einen innerlichen Angriffs-, Rückzugs- oder Abwehrmodus schalten, ist das ein Zeichen dafür, dass wir in eine Kampfhaltung wechseln: dass das Vertrauen verloren zu gehen scheint, das unverzichtbar ist, um einen aufrichtigen Dialog zu führen, in dem alle Beteiligten offen sind.

Ist Vertrauen vorhanden, ist es meist unsichtbar. Es kommt erst dann zum Vorschein, wenn es bröckelt. Wer für diese Tatsache sensibilisiert ist, kann Methoden nutzen, die kommunikativ Vertrauen sichern. Zwei wesentliche Komponenten spielen dabei eine Rolle: (1) das Vertrauen in gegenseitigen Respekt und (2) das Vertrauen in ein gemeinsames Ziel. Wenn die beteiligten Parteien keinen Zweifel haben, dass sie sich gegenseitig respektieren und sie gemeinsame Interessen verfolgen, wird Vertrauen möglich.[52]

Gerät gegenseitiger Respekt in Gefahr, spüren wir das in der Regel körperlich, werden emotional und nehmen es an der Wortwahl und Sprechweise wahr. »Warum hast du dich nicht gemeldet?! Wir hatten das verabredet, und ich habe den ganzen Tag auf Rückmeldung gewartet« oder »In diesem Ton lasse ich nicht mit mir sprechen!«. Gespräche können besonders heikel werden, wenn die Parteien beginnen, um Respekt zu kämpfen.

Wenn wir erkennen, dass eine Situation zu kippen droht, gibt es Methoden, um den gegenseitigen Respekt zu wahren:[53]

Entschuldigung aussprechen: »Ich hätte mich bei dir melden sollen. Es tut mir leid, dass ich das nicht getan habe.« Eine aufrichtige Entschuldigung ist eine Möglichkeit, um Respekt zu sichern. Wenn ich erkenne, dass ich einen Fehler gemacht habe, kann ich mich dafür entschuldigen. Die Entschuldigung leistet einen Beitrag zur Deeskalation.[54]

Das funktioniert nicht nur im Nachhinein, sondern auch präventiv, um unangenehme Fakten oder schlechte Neuigkeiten vorzubereiten. Denn sie gibt der anderen Seite Raum, um sich vorzubereiten. Es ist erstaunlich, womit Menschen gut umgehen können, wenn ihnen die Chance gegeben wird, sich innerlich darauf einzustellen.[55] Sich zu entschuldigen hat allerdings nur dann eine Respekt wahrende Wirkung, wenn die Entschuldigung aufrichtig ist. Wenn sie nicht vom Herzen kommt, ist die Entschuldigung keine Entschuldigung.

Intention im Kontrast aufzeigen: Sollte ich keinen Anlass für eine aufrichtige Entschuldigung sehen, kann ich die Methode des Kontrastierens nutzen und auf meine Absicht Bezug nehmen. »Ich wollte dir nicht den Eindruck vermitteln, dass deine Arbeit mir nicht wichtig ist. Im Gegenteil, sie bedeutet mir sehr viel.« Über Sätze wie diesen kann ich das Vertrauen in den gegenseitigen Respekt wiederherstellen, indem ich auf das Bedürfnis nach Wertschätzung eingehe.[56]

Anknüpfend daran könnte ich dann weiter erklären: »Ich habe mich nicht gemeldet, weil ein dringender Termin dazwischengekommen ist und ich unsere Verabredung nicht im Kalender stehen hatte. Was wäre, wenn wir jetzt gleich den nächsten Termin vereinbaren, damit das nicht wieder passiert?« Dadurch, dass ich mit dem Teil beginne, der klarmacht, was nicht meine Absicht war, gehe ich auf die Person zu. Ich versetze mich in ihre Lage und öffne mich für die Bedürfnisse, die auf ihrer Seite verletzt worden sein könnten. Ich nehme sie ernst. Zu kontrastieren kann eine sehr wirksame Methode sein, um Kontext zu schaffen und auch widersprüchliche Perspektiven beider Seiten in ein Verhältnis zueinander zu stellen.

Ein gemeinsames Ziel finden: Entschuldigungen und Kontrastierungen wirken vor allem, wenn aufgrund eines Missverständnisses das Vertrauen in den Respekt verloren zu gehen droht. Heikle Situationen können aber auch dann kippen, wenn wir schlicht widerstrebende Interessen oder Bedürfnisse haben. Dann ist das Vertrauen in Gefahr, weil wir Zweifel an den Motiven der anderen Parteien haben. In dem Fall kann es sich lohnen, sich auf die Suche nach einem gemeinsamen Ziel zu begeben und sich mit dem zu verbinden, was alle Beteiligten motiviert, respektvoll im Austausch zu sein. Sollte es nur gegenläufige Ziele geben, ist es notwendig, dass wir die Suche nach einem gemeinsamen Ziel ins Zentrum unseres Dialogs rücken. Denn ohne das Vertrauen in die gegenseitigen Intentionen ist kein Vertrauen in den Prozess und damit kein offener Austausch möglich.

Andere überzeugen wollen

In hitzigen Diskussionen, wie der am Küchentisch, beobachte ich mich immer wieder dabei, wie ich in Muster verfalle, andere überzeugen zu wollen. Mein erster Impuls ist dann zu erzählen, warum ich definitiv richtigliege und eine andere Position in meinen Augen verkehrt ist. Untersuchungen zeigen allerdings, dass dieser Reflex des Predigens und Anklagens in der Regel nicht erfolgreich ist, sondern das Gegenteil bewirkt: Es festigt die Position der Person, die wir zu ändern versuchen.[57]

In den neunziger Jahren entwickelte eine Gruppe von Psycholog*innen die Technik »Motivational Interviewing« für den Umgang mit Drogenabhängigen.[58] Statt Menschen zu zwingen oder von außen zur Veränderung zu bewegen, sollte dieses Vorgehen dabei helfen, die eigene intrinsische Motivation zu finden, um diese zu nutzen. Teil der mittlerweile bewährten und anerkannten Technik sind offene Fragen und aufmerksames Zuhören.

Die interviewende Person hilft so dabei, die eigenen Gedanken, Gefühle und Bedürfnisse zu verstehen. Das Ergebnis des Prozesses kann der Wunsch nach Veränderung sein. Wenn der geäußert wird, unterstützt im Rahmen der Methode der*die Interviewer*in bei der Umsetzung eines Plans. Untersuchungen zeigen signifikante Effekte, die dieser Technik im Vergleich zu konventionellen Methoden im klinischen Kontext zukommen.[59] Hierbei findet die Technik nicht nur im Umgang mit Krankheiten Anwendung, sondern wird auch bei Verhaltensproblemen angewendet.

Die Vordenker des »Motivational Interviewing«, William Miller und Stephen Rollnick, warnen allerdings davor, den Ansatz manipulativ einzusetzen.[60] Er ist auf das aufrichtige Interesse an den Menschen und auf den Willen, ihre Motivation wirklich verstehen zu wollen, angewiesen. Mit der Absicht, ihnen dabei zu helfen, ihre eigenen Ziele erreichen zu wollen. Psychologische Untersuchungen zeigen, dass sich Positionen seltener verhärten und Menschen offener in ihren Blickwinkeln werden, wenn wir ihnen genau zuhören und wirklich aufmerksam sind für die Details und Nuancen in ihrem Denken.[61]

Im Gespräch mit dem Freund merke ich, dass ich, obwohl wir beide uns eine gerechtere Gesellschaft wünschen, bisher nicht versucht habe, seinen Blick auf Chancengerechtigkeit zu verstehen. Also achte ich bei unserem nächsten Gespräch ein paar Wochen später genau darauf. Ich weiß, dass meine innere Haltung und meine Worte, vor allem die Fragen, die ich stelle, dem Gespräch eine andere Dynamik geben.

Sozialwissenschaftliche Studien zeigen, dass Fragen zur konkreten Umsetzung wie beispielsweise »Wie wird das in der Praxis umgesetzt?« oder »Wie wirkt das im Alltag?« wirksamer sind, statt sich auf Positionen zu konzentrieren. Wenn ich den Fokus darauf lege zu fragen, warum mein Gegenüber diese oder jene Position hat, wird es abstrakt. Viel effektiver ist es allerdings, konkret zu werden und so eine Abkehr von verhärteten Positionen zu erzielen.[62] Gerade bei moralischen grundlegenden Überzeugungen, die sich widersprechen.

Statt »Warum?« zu fragen, kann ein »Wie?« effektiver sein. Statt den Blick auf die Ideologie, die Werte, die Angst um Werteverlust zu lenken, könnten wir den Blick nach vorne und auf die Umsetzung, die Anwendung, das Tun und die Wirkung ausrichten. Denn es bringt Menschen gerade bei politischen Fragestellungen vielleicht in die Situation, dass sie beim Erzählen feststellen, dass ihnen Details der bildungspolitischen Umsetzung oder der steuerlichen Gesetzgebung beispielsweise nicht bekannt sind.[63] Es kann eine Öffnung für die Komplexität der Fragestellung oder des Problems möglich machen, Wissenslücken aufzeigen, und dazu beitragen, dass eine Reflexion über die eigene Perspektive und ihre Begrenztheit möglich wird.

Was ich in Unterhaltungen wie diesen spüre: Es ist ein erschöpfendes, weil manchmal weit entferntes Ziel, andere zu überzeugen. Es kostet mich viel Kraft und, wenn ich ehrlich zu mir bin, es widerspricht meiner Haltung und meinem Wunsch für diese Welt: Ich möchte nicht, dass alle immer einer, das heißt meiner, Meinung sind. Was ich hingegen leisten kann und möchte: Ich kann versuchen, das Denken der anderen zu verstehen, und Fragen stellen, ob sie auch offen dafür sind, andere gedankliche Routen mit mir einzuschlagen. Aber ihre Gedanken, den Weg, den wir gemeinsam gehen oder nicht, liegen nicht in meiner Verantwortung. Und das ist auch gut so.

Phase 3: Dialoge aufrechterhalten und Zukunft verhandeln

Wie geht es weiter? Wenn wir durch ein schwieriges Gespräch navigieren, kann es Momente geben, in denen wir festzustecken scheinen oder ein Ende finden möchten. Wenn es herausfordernd ist, einen Weg nach vorn zu sehen oder die nächsten Schritte festzulegen, können wir uns auch hier auf das Angebot zum Dialog beziehen. »Wie wollen wir weitermachen?« ist die Einladung, zusammen den Weg zu definieren. Die Antwort ist weniger wichtig als der Prozess an sich, den diese Frage auslöst. Denn sie lädt alle Beteiligten ein, den Blick zu weiten und auch die eigene Verantwortung für die Gestaltung der Situation zu erkennen.

Meinen in schwierigen Momenten besonders ausgeprägten Kontrollwunsch lege ich nur langsam ab. Doch mit der Zeit merke ich, wie es leichter wird loszulassen. Die Verantwortung nicht allein tragen zu wollen, sondern zu teilen. Dem Prozess und den anderen Beteiligten auch so Vertrauen zu schenken. Ich beobachte mich dabei, wie ich bisher viel mit geschlossenen Fragen gearbeitet habe. Wenn ich im Unternehmen zum Beispiel ein Meeting leite, Ergebnisse zusammenfasse oder Vorschläge zum weiteren Vorgehen ans Team gebe, neige ich dazu, am Ende meines Monologs nur kurz in die Runde zu fragen: »Passt euch das so?« Eine geschlossene Frage, auf die jede*r mit ja oder nein antworten kann.

Was ich aber mit der Zeit gelernt habe, ist, wie wirkungsvoll offene Fragen sein können. Eine offene Frage, beginnend mit einem »Wie« (»Wie siehst du das?« oder »Wie würdest du vorgehen?«), wirkt Wunder, wenn wir uns Partizipation wünschen und das Verantwortungsbewusstsein für den weiteren Prozess stärken wollen. Besonders bei Menschen, die dazu neigen, kontrollieren zu wollen oder dominant aufzutreten – Menschen wie ich also –, ist es eine wesentliche Führungsaufgabe, das bei sich selbst zu regulieren.[64]

Denn so entsteht Raum für andere, sich einzubringen. Offene Fragen helfen dabei, die Konsequenzen des Handelns zu reflektieren, und in Gesprächssituationen, in denen wir festzustecken scheinen, lassen sie allen Beteiligten Raum, um Verantwortung für den weiteren Prozess zu übernehmen.[65]

Sachbezogen verhandeln und im Gespräch bleiben

In heiklen Situationen verhandeln wir. Über inhaltliche Lösungen, das zwischenmenschliche Miteinander und darüber, was in der Zukunft sein wird. Auch wenn es keine formelle Verhandlung ist, sondern ein Gespräch am Küchentisch oder eine Unterhaltung in der Videokonferenz lässt sich viel aus der Verhandlungstheorie lernen, um gute Lösungen zu finden – und auch weiter im Gespräch bleiben zu können. Denn der Dialog muss nicht aus einer einzigen Unterhaltung bestehen, sondern darf sich aus vielen Momenten des Austauschs zusammensetzen.

Ich treffe regelmäßig Menschen, die sich nicht als kompetente und erfahrene Verhandler*innen bezeichnen würden. Dabei verhandeln wir schon als Kinder alle routiniert – über Schlafenszeiten, Ernährung, Taschengeld. Als Erwachsene ändert sich das nicht, bei der Arbeit und zu Hause verhandeln wir ununterbrochen. Nicht nur über unsere Positionen, Gehälter und Entwicklungsperspektiven: Wir verhandeln auch über Aufgabenverteilung, nächste Schritte, das Abendessen und darüber, wer wann den Abwasch macht. Wenn es um formelle Verhandlungen geht wie etwa um das eigene Gehalt, empfinden dann allerdings viele Angst oder wenigstens großen Respekt davor. Doch warum eigentlich, wenn wir im Grunde tagtäglich unseren Verhandlungsstil üben und intuitiv weiterentwickeln?

Ein Grund ist vielleicht, dass sich Verhandlungen anfühlen, als müssten wir wählen – zwischen den Ergebnissen, die wir uns wünschen, und gesunden Beziehungen zu Menschen, die uns wichtig sind. Viele meinen sich entscheiden zu müssen, wer sie sein möchten: die hart verhandelnde Person, die um jeden Preis gewinnen will, und die weich verhandelnde, die zwar ein Ziel erreichen, allerdings um keinen Preis die Beziehung gefährden möchte.

Die Methode des sachbezogenen Verhandelns kann einen Ausweg aus dieser gedanklichen Falle bieten. Denn sie beruht auf der Hypothese, dass es einen dritten Weg gibt, der deutlich effektiver ist: Wir können hart in der Sache und weich gegenüber den Menschen sein. Dieses Konzept ist ein Klassiker der Verhandlungstheorie und wurde unter anderem von Roger Fisher, emeritierter Professor der Harvard Law School und langjähriger Direktor des Harvard Negotiation Projects, entwickelt. Auf der Grundlage von vier Prinzipien geht es beim sachbezogenen Verhandeln darum, eigene Interessen zu wahren, ohne grob mit anderen umzugehen.[66]

Diese Perspektive kann auch beim Aushandeln von Lösungen oder beim weiteren Vorgehen in angespannten Gesprächssituationen helfen. Die vier Prinzipien lauten:

1. Prinzip: Menschen und Probleme voneinander getrennt betrachten und behandeln.
2. Prinzip: Interessen statt Positionen in den Mittelpunkt stellen.
3. Prinzip: Verschiedene Wahlmöglichkeiten entwickeln, bevor eine Entscheidung getroffen wird.
4. Prinzip: Objektive Entscheidungskriterien entwickeln und das Ergebnis darauf aufbauen.[67]

Menschen, die einen weichen Verhandlungsstil anwenden, konzentrieren sich primär auf die zwischenmenschliche Beziehung, die nicht unter der eigenen Position leiden soll. Sie geben Druck nach und machen Zugeständnisse, um eine Einigung zu erzielen.

Hart verhandelnde Menschen hingegen sehen ihr Gegenüber nicht freundschaftlich, sondern gegnerisch. Sie fordern Zugeständnisse, wollen die andere Seite besiegen und beharren auf ihrer Position.

Wähle ich den sachbezogenen Ansatz, gehe ich anders vor: Ich trenne Menschen von Problemen (Prinzip 1) und sehe alle involvierten Personen als Problemlöser*innen, die zu einem gemeinsamen Ergebnis beitragen, das alle Interessen im Blick hat. Das Ziel ist, ein für alle vernünftiges Ergebnis zu erzielen, statt jemanden besiegen zu wollen oder um jeden Preis die Harmonie zu wahren. Dazu stehen Interessen statt Positionen im Mittelpunkt (Prinzip 2). Wenn andere Druck aufbauen und Zugeständnisse fordern beziehungsweise für eine Einigung zur Bedingung machen, entwickelt dieser Ansatz Wahlmöglichkeiten (Prinzip 3) und öffnet so den Korridor von Optionen, bevor jemand etwas aufgibt. Statt auf einer Einigung zu beharren oder auf der eigenen Position, nimmt der sachbezogene Ansatz konsequent Bezug zu objektiven Entscheidungskriterien (Prinzip 4). Druck wird nicht nachgegeben, sondern nur auf sachliche Argumente eingegangen.

Wenn ich in heiklen Gesprächssituationen anecke und eine Lösung verhandeln möchte, kann ich diese Prinzipien in den Fokus nehmen. Ich kann weich oder, anders formuliert, warm und verständnisvoll mit den Menschen umgehen, ihre Perspektive erfragen, Verständnis zeigen, ihnen ein gutes Gefühl geben, indem ich sie anhöre und ihnen ehrlichen Respekt entgegenbringe. Gleichzeitig kann ich hart oder, anders bezeichnet, klar und verständlich meine Interessen und auch die anderer im Blick behalten. Immer mit dem Ziel eines Ergebnisses, das sich nicht von Positionen unter Druck setzen lässt.

Meine Integrität, meine Werte, Bedürfnisse und Wünsche muss ich nicht aufgeben, um gesunde, starke Beziehungen zu führen. Im Gegenteil: Es braucht genau sie, um in heiklen Situationen zusammenzuwachsen, mich ehrlich zu zeigen und Vertrauen aufzubauen, das über diesen einen Moment des Gesprächs hinausgeht und eine langfristige, belastbare, aufrichtige Beziehung mit immer mal wieder heiklen, aber auch vielen friedlichen Momenten möglich macht.

Verantwortung, Dialogfähigkeit und achtsame Sprache

Dialog ist umso einfacher, je reifer und gefestigter die Beteiligten sind. Wir brauchen die innere Reife, um über uns, unsere Gefühle, Bedürfnisse und Handlungen zu reflektieren und das achtsam in Sprache zu übersetzen. Das bedeutet, dass wir Verantwortung für uns persönlich und auch das soziale Miteinander übernehmen. Nur so können wir es aushalten, Dinge zu hören, die uns nicht gefallen, und die eigene Fehlbarkeit anzuerkennen, und gleichzeitig auch die eigenen Bedürfnisse und Grenzen artikulieren und wahren. Jesper Juul beschreibt zwei Formen der Verantwortung, die für ihn »zwei Seiten derselben Medaille sind«:[68] (1) Soziale Verantwortung, die wir anderen gegenüber haben, und (2) persönliche Verantwortung uns selbst gegenüber.[69]

Wird eine dieser beiden Verantwortungsdimensionen stärker gewichtet, kann das Auswirkungen auf Konfliktsituationen haben. Wurde in der Erziehung beispielsweise die Dimension der sozialen Verantwortung überbetont, kann das dazu führen, dass ich zwar ein sozial verantwortungsbewusster Mensch bin. Allerdings kann es auch bedingen, dass ich mich überverantwortlich für das Miteinander fühle. Das kann zu Frust oder komplett fehlender persönlicher Verantwortung führen.[70]

In erwachsenen Partnerschaften äußert sich ein solches Ungleichgewicht beispielsweise, wenn ich keine Verantwortung für mich übernehmen kann oder will und mich deshalb im Streit zum Beispiel auf die Schuldzuweisung auf meinen*meine Partner*in konzentriere. Statt darüber zu sprechen, was wir konstruktiv verändern könnten, geht es mir dann vor allem darum, die andere Person verantwortlich zu machen.

Für die Entwicklung unserer Dialogfähigkeit spielt also auch die Offenheit eine Rolle, uns als Erwachsene in einem Reifungsprozess zu verstehen und allein oder mit Hilfe anderer über unsere persönliche und soziale Verantwortungsbereitschaft zu reflektieren.

Sprechen: eine konstruktive Haltung einnehmen

Wir verwenden oft unbedarft Redewendungen, Wörter und Formulierungen, die wir kennen, und nicht weiter hinterfragen. Doch Sprache ist ein Ausdruck des Respekts, den ich mir selbst und anderen entgegenbringe, und durch veränderte Sprache verändert sich zugleich das, was ich für mich und andere in unsere kommunikativen Systeme einspeise. Sie kann so auch als ein zentraler, wenngleich mitunter unbequemer, Türöffner für Veränderung gesehen werden.

Unsere Kommunikation prägt, wie wir einander begegnen, uns öffnen und konstruktiv zusammenleben und -arbeiten können. Viele kleine und große Momente entscheiden über die Qualität unserer Beziehungen. Vertrauen wird gestärkt oder geschwächt. Dabei spielen heikle Kommunikationssituationen eine besondere Rolle. Denn wenn wir lernen, konstruktiv mit ihnen umzugehen, erfahren wir im Erleben von Sprache, dass das Unbequeme bereichernd sein kann. Es kann deeskalierend wirken und statt Fronten zu verhärten Spannungen lösen und Verständnis fördern.

Es kann uns auch vor Augen führen und erleben lassen, dass das Anecken uns nicht spalten muss. Sondern im Gegenteil. Jemand, der den Mut aufbringt, etwas Wichtiges anzusprechen, obwohl es unangenehm ist, kann dafür sorgen, dass wir als Gemeinschaft enger zusammenrücken. Vorausgesetzt, die Person schafft es, das auf eine Weise zu tun, die Verständnis ausdrückt, Menschen Respekt zeigt und Dialog fördert. Das stärkt ein Narrativ, das nicht unbedingt weit verbreitet ist. Nämlich die Erzählung, dass das Unbequeme uns näher zusammenbringen und auch wachsen lassen kann.

Das Bewusstsein über den Einfluss, den unsere Worte haben, können wir in Dialoge einbringen – mit der Klarheit darüber, dass diese Achtsamkeit etwas bewirkt. Nicht Perfektion, sondern Offenheit, Verantwortung und Lernbereitschaft könnten das Ziel im Umgang mit unserer Sprache auch in heiklen Momenten sein. Vielleicht ist das der Schlusszustand, eine Tatsache, die es zu akzeptieren und umarmen gilt: Wir werden nicht fertig, wir lernen ständig dazu. Wenn wir uns für die Möglichkeit des nicht endenden persönlichen Wachsens öffnen.

Sprache kann diese Haltung ausdrücken. Es sind die kleinen und großen Momente, in denen wir im Sprechen anecken können. Sie sind entscheidend. Gerade auch weil sie heikel sind. Wenn wir diesen Mut aufbringen, das Risiko einzugehen, und in der Praxis lernen, wie wir aus heiklen Momenten etwas Bereicherndes machen können, wie wir einen Dialog entstehen lassen und fördern können, dann halten wir eines unserer effektivsten Instrumente für nachhaltige Veränderung in der Hand – individuell und kollektiv. Was würde sich verändern, wenn wir mit einer konstruktiven Haltung gemeinsam den Dialog zu heiklen Themen führen würden?

6. STREITEN: KONFLIKTE, VERANTWORTUNG UND EIN FRIEDLICHES MITEINANDER

»Die Schönheit in einem Menschen zu sehen ist dann am nötigsten, wenn er auf eine Weise kommuniziert, die es am schwierigsten macht, sie zu sehen.«[71]

Marshall Rosenberg

»Deep listening is an act of surrender. We risk being changed by what we hear.«[72]

Valerie Kaur

Ich mag keine Konflikte. Sie gehen mir nahe, bereiten mir Kopfzerbrechen und lassen mich häufig enttäuscht, traurig oder wütend zurück. Im Job, in Freundschaften und Familie neige ich dazu, Konflikte zu meiden und lieber nicht anzuecken. Wahrscheinlich liegt das auch darin begründet, dass ich nur selten erlebt habe, wie in Gesprächen tatsächlich etwas geklärt wurde, dass Spannungen wirklich gelöst werden konnten und es danach besser war als davor. Was ich stattdessen häufig erlebt habe und innerlich mit dem Begriff verbinde, ist eher Eskalation. Mir fallen unzählige Situationen ein, in denen Anschuldigungen oder Schmerz ungefiltert einfach rausgelassen wurden und Tatsachen auf den Tisch kamen, die schon lange Zeit schwelten.

Konflikte sind unbequem, individuell und für uns alle auch auf persönliche Weise speziell fordernd. Die einen sind so wie ich in einigen Beziehungen vielleicht eher harmoniebedürftig. Für sie ist es eine unbequeme Herausforderung, den Konflikt zu riskieren, um für die eigenen Bedürfnisse einzustehen. Während eines Streits sind sie leichter bereit, um der Harmonie willen Zugeständnisse auf Kosten der eigenen Bedürfnisse zu machen.

Dann gibt es andere, die eher konfliktfreudig sind, die sich in der Reibung lebendig fühlen und sie zum Teil aktiv suchen. Für sie besteht die Herausforderung darin, die Lösung eines Konflikts nicht aus dem Blick zu verlieren. Das Feuer aus Lust am Streit nicht immer wieder zu entfachen, sondern die eigenen Interessen einzubringen und gleichzeitig mit Mitgefühl auf die andere Seite eingehen zu können. Unsere Konfliktfreudigkeit kann sich dabei auch von Beziehung zu Beziehung unterscheiden.

Unabhängig davon, wo wir uns verorten: Wählen wir den unbequemen Weg und schaffen es, Konflikte konstruktiv anzugehen, kann das Beziehungen und das kollektive Miteinander signifikant verbessern. Spannungen wirklich zu lösen ist eine Leistung, die die Einzelperson, aber auch die Gruppe stärkt – und zwar auf jeder Ebene, auf der Konflikte stattfinden: im privaten, institutionellen und auch internationalen Kontext.

In diesem Kapitel sehen wir uns deswegen genauer an, was bei Konflikten eigentlich passiert und wie wir dieses Wissen nutzen können, um verworrene Beziehungsgeflechte zu entwirren und im Idealfall sogar zu lösen. Das ist unbequem, aber eine der wahrscheinlich heilsamsten und wertvollsten Kompetenzen, die wir für uns und auch das gesellschaftliche Miteinander entwickeln können. Denn schon im Gespräch am Küchentisch oder beim beruflichen

Telefonat setzen wir Akzente für das Miteinander im Großen. Das kann feindlich, wettbewerbsorientiert in Debatten und mit Rechthaberei ablaufen. Oder eben öffnend, wertschätzend, klar in der Sache und trotzdem warm mit den Menschen. Schon hier entscheidet sich in unzähligen Momenten in unserem Alltag, wie unser Beitrag zu einem friedlicheren großen Ganzen aussehen kann.

Konflikte und Konfliktfähigkeit

Mit meiner Abneigung gegen Konflikte bin ich nicht allein. Die meisten von uns lernen weder als Kinder noch als Erwachsene, wie Reibungen so geglättet werden können, dass Verbindung und Vertrauen entstehen. In Schulen stehen Methoden zur Konfliktlösung in der Regel nicht auf dem Lehrplan, und auch in Familien, Freundschaften oder Partnerschaften lernen wir höchstens im Eskalationsfall von Profis kommunikatives Handwerkszeug oder psychologische Grundregeln. In Organisationen spielt das Thema wahrscheinlich noch am ehesten eine Rolle. Wobei mir auch dort meine Erfahrungen als Angestellte, Unternehmerin und meine Beobachtungen als Beraterin zeigen, dass Kommunikationsstärke in angespannten Situationen und Konflikten so fordernd sein kann, dass wir eigentlich konstant Fortbildungen dazu belegen könnten.

Das Konfliktdreieck

Es gibt zahlreiche Arten von Konflikten. Zum Beispiel Streit mit dem*der Partner*in, im Freundeskreis, in der Familie, unter Kolleg*innen, zwischen Gewerkschafts- und Unternehmensvertreter*innen, Mitarbeiter*innen und Führungskräften oder auch inner- beziehungsweise zwischenstaatliche Auseinandersetzungen, die zu Sanktionen oder sogar Krieg führen können. Trotz der

Vielseitigkeit, in der Konflikte auftreten, vereint alle eine gewisse Grundstruktur von in der Regel drei Komponenten:[73]

1. **gegenläufiges Verhalten** der involvierten Parteien, zum Beispiel in Form von verbalen oder physischen Angriffen oder Kommunikationsverweigerung.
2. **gegenläufige, nicht vereinbar scheinende Interessen und Ziele** der involvierten Parteien, zum Beispiel weil die Parteien Machtansprüche auf dieselben Dinge erheben oder eine Partei nach sozialer Anerkennung und die andere nach materiellem Gewinn strebt. Ich ergänze diesen Punkt um Bedürfnisse, die auf einer häufig unbewussten Ebene die involvierten Einzelpersonen motivieren und antreiben können, Interessen und daraus wiederum abgeleitete Ziele zu entwickeln.
3. **unterschiedliche Haltungen** und Annahmen der involvierten Parteien im Hinblick auf die Konfliktursachen, ihre eigene Rolle und die Bewertung der anderen Seite(n). Zum Beispiel äußert sich das in Unterstellungen oder im Zeichnen eines Feindbildes.[74]

Der Mitbegründer der Friedens- und Konfliktforschung Johan Galtung hat mit seinem sogenannten Konfliktdreieck ein gängiges Modell der Konfliktanalyse entwickelt. Es sieht diese drei Komponenten – Verhalten, Interessen und Haltungen – in einer Dreiecksform jeweils in Beziehung zueinander.[75]

Vor einiger Zeit schwelte zwischen zwei meiner Kolleg*innen ein Konflikt. Das war für alle im Team an ihrem Verhalten klar erkennbar (sichtbare Ebene des Dreiecks, siehe Grafik). Erst lag einfach etwas in der Luft, die Atmosphäre wirkte angespannt. Einige Tage später gab es einen Streit zwischen den beiden, der immer wieder auch in größeren Gruppenkonstellationen oder Einzelgesprächen ausbrach.

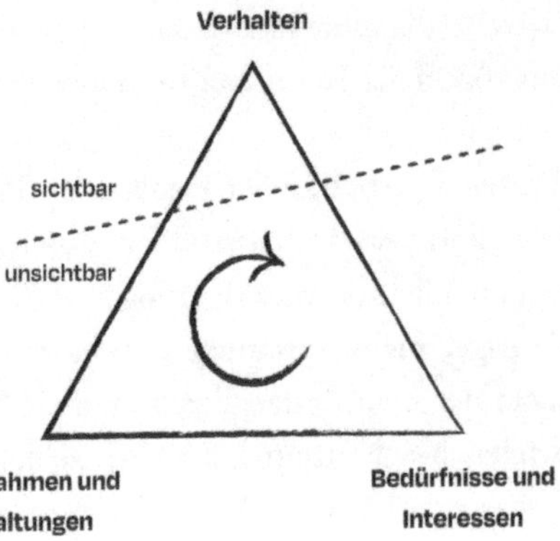

Konfliktdreieck nach Galtung[76]

Ich versuchte zu schlichten, doch es war gar nicht so leicht, zur Wurzel des Problems vorzustoßen und den Konflikt richtig zu verstehen. Das zeigt Galtungs Dreieck sehr gut. Denn ein Großteil der Antworten, die ich suchte, lag und liegt auf der unsichtbaren Ebene in Haltung und Annahmen sowie Interessen, Zielen und Bedürfnissen der Konfliktparteien. Sie zeigten sich nicht unmittelbar in der Handlung.

In den folgenden Tagen nach dem ersten großen Streit zwischen den beiden veränderte sich die Dynamik und wurde noch angespannter. Ich beobachtete, wie sie begannen, über die Haltung und Interessen der jeweils anderen Person zu spekulieren, und Klärungsgespräche verliefen ohne Erfolg. Im Galtung'schen Dreieck stehen die drei Ecken in einem wechselseitigen Zusammenhang, der entkräften oder eben auch – wie in diesem Fall – verstärken kann.[77]

Grundsätzlich können in allen drei Ecken gegensätzliche oder unvereinbare Umstände vorliegen, ohne dass ein Konflikt entstehen muss. Erst wenn eine Partei sich beeinträchtigt fühlt und das Verhalten einer anderen als nicht akzeptabel wahrnimmt, kann von einem Konflikt gesprochen werden.[78] Meine Kolleg*innen hatten monatelang gut zusammengearbeitet, so zumindest hatte es auf mich gewirkt. Erst durch eine Kleinigkeit ist dann ein zunächst noch kleiner Streit entfacht. Der wiederum hat dann allerdings eine Kette von Ereignissen in Gang gesetzt.

Konfliktäre Dynamik wirkt systemisch. Sie lässt sich in Form einer Kreisbewegung darstellen, die auch im Dreieck in der Grafik zu sehen ist. Der Kommunikationspsychologe Friedemann Schulz von Thun beschreibt das als »Gleichung«, bei der 1 + 1 = 3 ist.[79] Wie auch der Konflikt meiner Kolleg*innen hat jeder seine eigene Dynamik, die sich nicht auf die eine oder die andere Seite allein zurückführen lässt. In meinem (naiven) Versuch, den Streit zwischen den beiden zu schlichten, indem ich nachvollziehen wollte, woran es nun genau lag, bekam ich das deutlich zu spüren. Es ließ sich nicht mehr klar zurückverfolgen, was genau wozu geführt hatte.

Das bedeutet in der Konsequenz, dass beide Parteien Verantwortung tragen für den Umgang mit dem Konflikt und den Ergebnissen, die sich daraus ergeben können. Ich setzte die beiden also an einen Tisch.

Konfliktfähigkeit

Obwohl sich im Laufe des Konfliktlösungsprozesses herauskristallisierte, dass es große Unterschiede vor allem zwischen ihren Interessen und Bedürfnissen gab, hatten meine Kolleg*innen bis zum Zeitpunkt der Auseinandersetzung gut zusammengearbeitet. Die Psychotherapeutin und Konfliktmediatorin Alexandra Bielecke beschreibt, dass Differenzen zwischen den Parteien häufig schon früh im Miteinander wahrgenommen werden. Sie wirken mitunter allerdings anfangs sogar anziehend und aufregend. Doch im Verlauf einer Beziehung offenbaren sie Konfliktpotenzial, vor allem wenn nicht angesprochen und ausgehandelt wird, wie widerstrebende Bedürfnisse der einzelnen Personen vereint werden können.[80]

Bielecke sieht zwei Mechanismen für Konfliktvermeidung, die häufig im Verborgenen wirken: Zum einen gibt es bei vielen die Befürchtung, die Beziehung zu gefährden oder mit den eigenen Bedürfnissen zurückgewiesen zu werden.[81] Vor allem Menschen mit ausgeprägten Harmoniewünschen neigen dazu, ihre Bedürfnisse und damit Interessen und Ziele zurückzustellen und sich eher überempathisch mit denen des Gegenübers zu verbinden. Ich erlebe mich selbst häufig in dieser Situation. Was mir hilft, ist die Empfehlung, Unterschiedlichkeit anzunehmen und sogar Freude an ihr zu entwickeln. Wenn ich mich bewusst auf diese Freude konzentriere, gebe ich nicht ungefragt eigene Interessen auf, sondern schaffe es, beide gleichzeitig im Raum stehen zu lassen.[82]

Ein zweiter Grund, weswegen zwischenmenschliche Konflikte unbearbeitet bleiben und deswegen immer stärker schwelen können, ist mangelnde Klarheit bei einer oder mehreren Parteien. Denken wir im Miteinander in vereinfachten Kategorien von Richtig und Falsch, wird es schwer bis unmöglich, Lösungen gemeinsam zu entwickeln. Denn es kann kein Raum für Austausch auf Augenhöhe entstehen, wenn ich meine eigenen Interessen, Bedürfnisse, Haltungen und mein Verhalten als die einzig richtigen anerkenne. So stufe ich davon abweichende Perspektiven als ausschließlich falsch ein. In der Folge ist es nicht möglich, mich für einen Dialog zur Lösungsfindung zu öffnen. Hier hilft eine wichtige Fähigkeit, die ich zur Konfliktlösung brauche: Trennschärfe.[83]

Sie ist die erste von insgesamt sieben Kompetenzen, die Friedemann Schulz von Thun unter dem Oberbegriff der Konfliktfähigkeit zusammengefasst hat.[84] Die nachfolgenden sieben Kompetenzen zur Konfliktfähigkeit nach Schulz von Thun funktionieren wie eine Klaviatur, die wir bespielen können, wenn wir mit Konflikten zu tun haben, und sie bieten einen hilfreichen Bezugsrahmen, um sich auf eine konstruktive Haltung und Lösungsorientierung zu konzentrieren.

1. **Trennschärfe:** Es ist eine Kompetenz zu verstehen, dass es keine besseren oder schlechteren Bedürfnisse gibt. Wenn ich es schaffe, das zu verinnerlichen, wird es möglich, dass wir konstruktiv mit Unterschieden umgehen können, um sie auszusprechen und anzunehmen. Bielecke empfiehlt in unserem Gespräch für dieses Buch, sich dafür im Dialog auf das Verstehenwollen der anderen Perspektive zu konzentrieren. Wenn ich begreifen möchte, macht mich das eher neugierig und lässt mich weniger stark bewerten.[85]

2. **Aushalten und einstecken:** Werden Differenzen angesprochen, kann das heikel werden (siehe Kapitel 5), weil es beispielsweise starke Gefühle auslöst oder den Drang, sich zu verteidigen. Dabei kommt es nicht selten vor, dass eine Partei Kritik nicht sehr konstruktiv formuliert, vielleicht Vorwürfe macht, sich in Haltung und Verhalten nicht sehr wertschätzend zeigt. Es braucht eine Kompetenz des Aushaltens und Einsteckens, um sich inhaltlich und auch zwischenmenschlich diesen Konfrontationen zu stellen. Das fällt leichter, wenn ich mit meinem Selbstwert in Verbindung stehe.[86]

Anders ist es bei Menschen, die innerlich besonders vorbelastet sind. Um sich trotzdem in dieser Kompetenz stärken zu können, kann es ihnen helfen, sich bewusst mit den eigenen Triggerpunkten zu beschäftigen, und so aktiv Momente der Konfrontation selbst gestalten zu können, weil sie wissen, was in ihnen vorgeht und warum dies so ist.

Schaffe ich es, mir selbst urteilsfrei zu begegnen und anzunehmen, dass ich Fehler mache wie jeder Mensch, ist das ein wichtiger Schritt. Ebenso zu erkennen, dass Verhaltensweisen, die ich in der Vergangenheit als sehr schwierig und verletzend erlebt habe, mich triggern können. Diese Erinnerungen, die dann wach werden, sind etwas, das zu mir und meiner Erfahrung gehört und nichts mit der anderen Person zu tun haben muss. Schaffe ich es, eine innere Haltung der Akzeptanz auch für eigene Schwächen zu entwickeln, wird es möglich, mich für einen Dialog zu öffnen, statt in Angriffs- oder Abwehrstrategien zu verharren.[87]

3. **Wahrhaftigkeit und Wehrhaftigkeit:** Stark vereinfacht können wir, wie gesagt, zwei Konflikttypen voneinander unterscheiden. Zum einen die, die Harmonie schätzen und Konflikte eher vermeiden. Die Herausforderung für sie besteht darin, die eigenen Bedürfnisse über ihr Verständnis für die der anderen Seite nicht aus dem Blick zu verlieren und das eigene Anliegen klar und konsequent zu vertreten.

Zum anderen gibt es die Konfliktfreudigen, denen es leichtfällt, ihr Anliegen zu kommunizieren. Die Herausforderung für sie ist, ihre klaren Perspektiven achtsam zu formulieren und nicht respektlos in der Konfrontation zu werden. Für beide Typen ist es wertvoll, gute Gründe für das andere Verhalten zu unterstellen. Schulz von Thun nennt es eine »Unterstellung ehrenwerter Menschlichkeit«.[88] Sie macht es leichter, in die Konfrontation zu gehen, auch weil so automatisch eine respektvolle Haltung hinter den eigenen Worten steht, die es ermöglicht, sowohl wahrhaftig als auch wehrhaft aufzutreten.[89]

4. **Empathie versus Verständnis:** Schulz von Thun unterscheidet die drei Stufen von (1) verstehen, (2) Verständnis haben und (3) einverstanden sein (siehe auch Kapitel 5).[90] Die Kompetenz, mich auf die andere Seite zu begeben und zu verstehen, ist unverzichtbar. Bielecke empfiehlt, in Konfliktsituationen vorsichtig im Hinblick auf die zweite Stufe zu sein. Für besonders empathische Menschen kann es leicht kippen, sodass sie zu viel Verständnis oder sogar die dritte Stufe des Einverständnisses artikulieren, obwohl ihre Interessen eigentlich gegenläufig oder ganz anders geartet sind. Für besonders empathische Menschen empfiehlt die

erfahrene Konfliktmediatorin, sich nur auf die Ebene des Verstehens zu konzentrieren.[91]

5. **Systembewusstsein:** Den Konflikt im systemischen Kontext zu verstehen ist eine weitere Kompetenz. Das umfasst unter anderem zu begreifen, wer genau die Konfliktpartner*innen sind und in welcher Beziehung sie zueinander stehen (beispielsweise Partner*innen, Vorgesetzte*r-Mitarbeiter*in, Nachbar*innen). Daraus lässt sich ableiten, ob sich aus den jeweiligen Rollen Rechte und Pflichten ergeben. Außerdem können auch zeitliche und räumliche Rahmenbedingungen von Relevanz sein, und es ist wertvoll, sie im Blick zu haben.[92]

6. **Ordnende Hand:** Diese Kompetenz umfasst eine innere Ordnung. Die Fähigkeit, sich orientieren zu können und sich selbst im eigenen Erleben zu reflektieren, zu sortieren und so »gut aufgestellt« in einer Konfliktklärung zu sein.[93] Schulz von Thun verwendet hierzu beispielsweise das Modell des sogenannten »Inneren Teams«.[94]

7. **Metakommunikation:** Diese Kompetenz beschreibt die Fähigkeit, sich im Moment des Konfliktgesprächs aus der Situation herausbewegen zu können und über die Kommunikation zu kommunizieren. So wird es möglich, dass die Beteiligten ihren Umgang miteinander reflektieren und den Prozess der Klärung damit fortlaufend anpassen und verbessern können. Regelmäßig angewendet, kann diese Kompetenz Konflikten vorbeugen.[95]

Es wäre schön, ist aber leider zu einfach, hier jetzt zu schreiben, dass meine Kolleg*innen mit diesen sieben Kompetenzen ihren Konflikt abschließend gelöst haben. Denn so leicht ist weder die Kompetenzaneignung noch die Dynamik ihrer Differenzen. Doch ich habe einiges gelernt und das nur aus der Rolle der Beobachterin. Darunter auch, dass es sich persönlich und auch im

Miteinander sehr lohnen kann, sich mit der eigenen Konfliktfähigkeit zu beschäftigen und achtsam immer wieder die eigene Haltung und innere Kompetenzen zum Klären von Reibungen zu reflektieren.

Das macht es nach meiner Erfahrung leichter und wirklich angenehmer, Spannungen und Konflikten, die mehr oder weniger intensiv ständig auftreten, zu begegnen. Die sieben Punkte von Schulz von Thun bieten dafür ein paar wertvolle und konkrete Ansätze.

Gewalt in Konflikten

Vielleicht sind es gar nicht primär der Konflikt, der Streit, die Auseinandersetzung, die ich scheue. Sondern das Gewaltvolle, das Konflikten oft anhängt. Das kann zum einen physische Gewalt sein, die ich nur aus der Ferne über mediale Berichterstattung erlebe. Das kann zum anderen aber auch eine nicht so sichtbare, schwerer zu greifende Form von Gewalt sein, die sich in Kommunikation, vor allem in Sprache zeigt, die ich sehr präsent und regelmäßig erlebe. Es sind manchmal nur Nuancen der Ablehnung, Ausgrenzung, Worte, die ich wahrnehme, die richtig wehtun können – und die ich zu vermeiden versuche. Auch weil ich sie in der Vergangenheit in Konflikten bei der Arbeit, aber auch im Privaten erlebt habe.

Damit scheine ich nicht allein zu sein. In meiner Arbeit mit Frauen in Führungspositionen merke ich in unzähligen Gesprächen: Wer aneckt, setzt sich immer dem Risiko von Gewalt aus. Gerade auch im beruflichen Kontext, wo physische Gewalt geradezu undenkbar ist, ist die Anwendung sprachlicher Gewalt umso häufiger an der Tagesordnung.

Das setzt oft keine böse Intention voraus, sondern ist teils einfach gängige Praxis. In dem Moment, in dem wir anecken und nicht dem erwarteten Verhalten entsprechen, provozieren wir damit eine Reaktion beim Gegenüber, die heftig sein kann. Das schließt übrigens nicht aus, dass wir – auch wenn wir die besten Absichten haben – selbst vielleicht auch gewaltvoll in unserer Sprache sind. Insbesondere in den Momenten, in denen wir anecken.

Direkte, kulturelle und strukturelle Gewalt

Das Wort »Gewalt« lässt sich unter anderem zurückführen auf das lateinische »violentia«, die verletzende Gewalt.[96] Galtung begreift Gewalt »[…] als vermeidbare Beeinträchtigung grundlegender menschlicher Bedürfnisse oder, allgemeiner ausgedrückt, des Lebens, die den realen Grad der Bedürfnisbefriedigung unter das herabsetzt, was potentiell möglich ist. Die Androhung von Gewalt ist ebenfalls Gewalt.«[97]

Bekannt ist der Galtung'sche Ansatz zur Gewalt auch durch seine an Klarheit nicht zu überbietende Definition von Frieden als Abwesenheit von Gewalt.[98]

Galtung hat eine Gewalttypologie entwickelt, die in der Friedens- und Konfliktforschung zwischen direkter, kultureller und struktureller Gewalt unterscheidet.[99]

Direkte Gewalt zeichnet sich dadurch aus, dass sie unmittelbar Täter*innen zugeordnet werden kann, während strukturelle Gewalt nicht an einzelne Personen gebunden ist.

Strukturelle Gewalt kann in Prozessen und Strukturen angelegt sein und so wirken. Beispiele dafür sind die Marginalisierung von bestimmten Personengruppen, politische Unterdrückung oder wirtschaftliche Ausbeutung. Strukturelle Gewalt kann zum Teil direkte Gewalt bedingen. Wenn Menschen in ihr beispielsweise die Legitimation sehen, anderen direkte Gewalt anzutun.[100]

Kulturelle Gewalt äußert sich in Einstellungen und Vorurteilen von Ideologien wie Rassismus oder Sexismus. Sie kann von Anhänger*innen genutzt werden, um strukturelle und direkte Gewalt zu legitimieren.[101]

Gewaltformen werden dabei nicht isoliert voneinander betrachtet, denn sie bedingen sich gegenseitig.[102]

Sprachliche Gewalt

»Die Erfahrung von Gewalt durchdringt weltweit ausnahmslos alle Lebensbereiche«, schreibt die Weltgesundheitsorganisation (WHO).[103] In ihrem Bericht zur Gewalt wird auch deutlich, dass es sehr schwer und zugleich individuell und abhängig vom kulturellen Kontext ist, was als Gewalt empfunden wird.[104]

Für meine Überlegungen lege ich einen Fokus auf sprachliche Gewalt. Sie begleitet uns nämlich auch in scheinbar friedlichen Zeiten, teils so selbstverständlich, ohne dass wir das oft überhaupt merken müssen. Direkte, strukturelle und kulturelle Gewaltanwendung kann in physischen Konsequenzen münden. Sie kann aber auch in allen drei Dimensionen sprachlich stattfinden.

Sprachliche Gewalt richtet sich immer gegen Personen als Objekt.[105] Die emeritierte Philosophieprofessorin Sybille Krämer beschreibt es wie folgt: »Personen [besitzen] einen zweifachen Körper […]: Sie sind einerseits physischer Leib und andererseits ein sozial und symbolisch konstituierter Körper […].«[106]

Diese »Doppelkörperlichkeit« von uns Menschen ist wichtig, um sprachliche Gewalt zu verstehen. Denn wir besitzen über unsere physischen Körper hinaus auch soziale Identitäten, die ebenso versehrt werden können. Gewalt gegen diesen sozialen Körper tritt beispielsweise in Form von Drohungen, Beleidigungen oder übler Nachrede auf. Auch die Umgangssprache beinhaltet unzählige gewaltvolle Formulierungen, wie Krämer beschreibt:

> »Wir tadeln, kritisieren und verurteilen; wir verdächtigen, verleumden, verraten oder begehen Rufmord; wir stellen bloß und hetzen auf, wir reden taktlos; wir beschimpfen, drohen, fluchen und provozieren; wir hänseln, verspotten und wir machen lächerlich […].«[107]

Wie bereits die Philosophin Judith Butler argumentiert, werden wir durch Sprache überhaupt erst zu Personen und können uns durch sie im sozialen Gefüge verorten. Als Menschen brauchen wir die sprachliche Anerkennung anderer, die uns unseren Platz in der Gemeinschaft ermöglicht, auf den wir angewiesen sind (siehe Kapitel 1). Das verleiht Sprache die Macht, verletzend zu sein.[108]

Mit Macht geht Verantwortung einher. Da wir alle Sprache zur Kommunikation nutzen, ist es wichtig, dass wir uns dieser Verantwortung bewusst sind und mit ihr achtsam umgehen. Vor allem in Konfliktsituationen ist dieses Bewusstsein von entscheidender Bedeutung.

Denn Konflikt und Gewalt sind für viele untrennbar verbunden. Auch weil wir vorgelebt bekommen, dass im privaten Streit, in der beruflichen Auseinandersetzung oder auch im politischen Raum das Mittel der Wahl im Umgang mit Konflikten sprachliches Attackieren, taktische Machtspiele oder physische Gewaltanwendung sind. Allein die Worte, mit denen wir uns wappnen, zeigen das schon: »Schlagfertigkeit und Schlagabtausch«, »verbale Attacken« oder »Verteidigung« stehen für eine Rhetorik von Angriff und Abwehr. Das Bedürfnis, uns in unserer Verletzlichkeit schützen zu wollen, ist hoch. Zu Recht.

Das kulturelle Selbstverständnis ist, dass wir uns, wenn Spannungen entstehen, schützen müssen – sei es durch Angriff, Verteidigung oder das krampfhafte Wahren von Harmonie. Es ist ein Narrativ, das wir erkennen und neu definieren dürfen, wenn wir für uns eine andere Kultur des konstruktiven Aneckens etablieren wollen.

Wir müssen uns nicht entscheiden zwischen Gewalt oder Harmonie. Das Leben ist kein Kampf, und andere Menschen, Lebewesen oder die Umwelt sind nicht feindlich. Genauso wenig ist es ein ständiger Konsens, bei dem alle immer der gleichen Meinung sein müssen, dieselben Interessen und Bedürfnisse haben und alles freundschaftlich ist. Wir müssen uns nicht entscheiden, ob wir dominierende Aggressor*innen beziehungsweise dominierte Unterworfene sein wollen, und wir müssen Harmonie auch nicht erzwingen wollen. Es gibt einen dritten Weg: Wir können uns auf Augenhöhe begegnen, in der Sache klar und den Menschen zugewandt sein.

Kreisläufe von Gewalt

Bevor wir uns im Detail der friedlichen Sprache zuwenden und uns Methoden ansehen, um eine Alternative zu sprachlicher Gewalt in Konflikten zu entwickeln und vorzuleben, ist es für meine Überlegungen wichtig, dass wir uns dem Ausmaß der Tragik von Gewalt zuwenden. Denn Gewaltanwendung formt uns auch als Gemeinschaft, in Familien, Freundschaften, beruflichen Teams, Nachbarschaften, Unternehmen, Institutionen, Staaten. Sie bildet eine mächtige Spirale, die mehr und mehr Leid erzeugen kann. Diese Spirale kann aber unterbrochen werden – und zu einem friedlichen Miteinander führen. Das zu verstehen ist wichtig und essenziell für die sinnstiftende Kraft des unbequemen Aneckens.

Gewalt produziert Gewalt. Das konnte eine der größten US-amerikanischen epidemiologischen Studien zu psychosozialen Zusammenhängen von Gewalterfahrungen zeigen, in der der Internist Vincent Felitti über 17.000 Patient*innen untersuchte. Die Ergebnisse legen offen: Traumatisierende, belastende Kindheitserlebnisse (Abuse Childhood Experiences, kurz ACE) wirken sich signifikant auf die Gesundheit und das Verhalten Erwachsener aus. Es gibt eine direkte Verbindung zwischen traumatischen Kindheitserfahrungen und chronischen Krankheiten im Erwachsenenalter, psychischen Erkrankungen, Inhaftierungen oder auch Problemen bei der Arbeit, wie beispielsweise hohe Fehlzeiten.[109]

Die Studie zeigte außerdem, dass die einzelnen Variablen wie sexueller oder psychischer Missbrauch, Alkoholismus, physische oder verbale Gewalt nicht isoliert auftreten. Von den Befragten, die traumatisierende Erlebnisse in der Kindheit erfahren haben, hatten 87 Prozent zwei oder mehr dieser Formen erlebt. Das System bedingt sich selbst. Gewalttaten beispielsweise verbaler Natur stehen in einem Zusammenhang mit anderen Formen beispielsweise mit physischer Gewalt.[110]

Eine dritte wichtige Erkenntnis lieferte die Studie, die auch für meine Überlegungen entscheidend ist: Je stärker die negativen Erfahrungen in der Kindheit, desto höher das Risiko gesundheitlicher und sozialer Probleme im Erwachsenenalter.[111] Gewalt setzt sich fort. Studien zeigen, dass Mädchen, die Gewalt zu Hause erlebt haben, einem deutlich erhöhten Risiko ausgesetzt sind, als Erwachsene selbst in gewaltvollen Beziehungen zu leben. Bei Männern, die als Kinder häusliche Gewalt erlebt haben, ist die Wahrscheinlichkeit erhöht, dass sie selbst ihre Partner*innen misshandeln.[112]

Über 12 Prozent der Studienteilnehmer*innen von Felitti gaben an, miterlebt zu haben, wie ihre Mütter geschlagen wurden.[113] Die Autorin Kristina Lunz zeigt in »Die Zukunft der Außenpolitik ist feministisch«, dass vor allem Gewalt gegen Frauen Teil patriarchaler Strukturen ist und entscheidende Auswirkungen auf das Wohlergehen ganzer Staaten hat. Sie verweist auf Untersuchungen wie die der Politikwissenschaftlerin Valerie Hudson, die mit einem Team aus Wissenschaftler*innen weltweit den Zusammenhang von Geschlechterhierarchien und Regierungsführung untersucht hat. Die Ergebnisse sind eindeutig: Je stärker die gewaltvolle Unterdrückung von Frauen, desto massiver die negativen Folgen für Staaten (beispielsweise geringere Wirtschaftsleistung, schlechtere Gesundheit, stärkere Konflikte).[114] Lunz argumentiert: »Wie Frauen behandelt werden, steht in direktem Zusammenhang zu Krieg und Konflikten weltweit.«[115]

Dass Gewalt Gewalt nach sich zieht, ist ein gefährlicher Kreislauf. Jetzt könnte ich beim Lesen denken: Was hat das mit mir zu tun? Die Antwort: sehr viel. Direkte Gewalt steht in einer Wechselseitigkeit mit Strukturen und Kultur, die sie legitimieren oder beeinflussen. Gewalt, die Kinder in ihren Familien erlebt haben, ist nicht isoliert nur dort ein Problem, sondern sie trägt sich in ihre Erwachsenenleben, in ihre Partnerschaften, in ihre Arbeitsumgebung, in ihren Umgang mit sich selbst. Von Männern ausgeübte Gewalt, die wir erleben, ist so selbstverständlich, dass sie uns als solche häufig gar nicht auffällt. Hier verweist Lunz auf den Psychologen David P. Barash, der es klar benennt:

> »Die überwiegende Männlichkeit der Gewalt ist in jeder menschlichen Gesellschaft so allgegenwärtig, dass sie typischerweise nicht einmal als solche erkannt wird; es ist ein Ozean, in dem wir schwimmen.«[116]

James Gilligan ist ehemaliger Direktor des Center for the Study of Violence an der Harvard Medical School und beschreibt in seinem Buch »Violence: Reflections on a National Epidemic« Gewalt als eine Tragödie. Es sei wichtig zu differenzieren und der Gewalt auch sprachlich das Pathos zu nehmen. Denn sie ist nichts, was »gottgegeben« ist und einfach unvermeidbar passiert. Sie involviert mehr als Opfer und Täter, nämlich ganze Systeme – familiär, gesellschaftlich, institutionell.[117]

Systeme, von denen wir alle ein Teil sind, auch wenn wir meinen, nicht direkt mit diesen Kindern und Erwachsenen etwas zu tun zu haben. Jede menschliche Aktion steht immer auch in Beziehung mit anderen.

Wir müssen Gewalt nicht als etwas Unvermeidbares hinnehmen, sondern können systematisch daran arbeiten, Kreisläufe zu unterbrechen. Denn alle kennen Gewalt. Wenn nicht die physische, dann auf jeden Fall die sprachliche. Wenn nicht direkt als Opfer oder Täter*in, dann als Beobachter*in.

Den meisten mögen die klinischen Studien von US-Amerikaner*innen mit traumatisierten Kindheitserfahrungen weit entfernt scheinen. Doch werfen wir den Blick auf Europa, sehen wir in Deutschland beispielsweise eine ganze Generation traumatisierter Weltkriegsüberlebender. Meine Großeltern haben den Krieg als Teenager erlebt. Meine Großväter waren Kinder, später Jugendliche, die gekämpft haben. Krieg ist der Inbegriff von Gewalt. Auch wenn Kriegsgeschichten in meiner Familie zum Teil romantisiert dargestellt werden: »Die Abschusssysteme waren so schlecht, die haben ohnehin nie ein Flugzeug erwischt.« Es war Krieg, und sehr wahrscheinlich haben meine Familienmitglieder andere Menschen getötet. Das ist die unbequeme Wahrheit.

Dass Frauen und Kinder in Kriegszeiten unter besonders erhöhtem Risiko leiden, Gewalt zu erleben, ist unumstritten.[118] Meine Großmütter und Urgroßmütter waren Frauen und Kinder während des Krieges, und auch wenn darüber nicht gesprochen wurde, die Wahrscheinlichkeit ist hoch, dass sie misshandelt oder missbraucht worden sind. Das sind nur Beispiele der Gewalt und der unbenannten, unter Umständen unaufgearbeiteten Traumata, die eine ganze Generation unserer Familiensysteme in Deutschland getragen hat.

Das ist nur ein kleiner Einblick. In Nazideutschland wurden mitten in Europa über Jahre Millionen Juden*Jüdinnen misshandelt und brutal ermordet. Diese kulturelle, strukturelle und direkte Gewalt ist nicht in einem Vakuum passiert, sondern unter der Mittäter*innenschaft der Zivilbevölkerung. Millionen Menschen in Deutschland, die Teil unserer Familiensysteme waren und sind, haben an dieser unmenschlichen Gewalt direkt, strukturell und kulturell mitgewirkt, und sei es, weil sie sie haben geschehen lassen. Unsere Vorfahren waren ein Teil dieser Systeme.

Das sind unbequeme Wahrheiten. Ein Auszug der gewaltvollen Geschichte, die unweigerlich auch Teil des Lebens ist, das wir in Deutschland und Europa heute führen. Wenn wir wollen, dass die Gewalt sich nicht weiter reproduziert, ist es wichtig, das nicht auszublenden.

Es ist also nicht weiter verwunderlich, dass Gewalt tief in unserem Selbstverständnis verankert ist. Wenn wir das erkennen, wird es möglich, den für uns unbequemen, aber notwendigen Weg der Veränderung persönlich und auch kollektiv zu gehen. Ich hätte gerne den bequemen Weg gewählt und Gewalt als Thema in diesem Buch vermieden, weil es sich so groß und schmerzhaft anfühlt.

Doch je genauer ich hinsehe, desto deutlicher tritt die Gewalt vor Augen. Überall. Auf globaler, innerstaatlicher, gesellschaftlicher, interpersoneller und persönlicher Ebene. Am subtilsten und am schwersten zu greifen ist sie wahrscheinlich in der Kommunikation. Doch dort findet sie auch statt, und dort nimmt vielleicht auch vieles seinen Anfang oder setzt Prozesse in Gang, die dann über die Sprache hinausreichen.

Dieser verbalen Ebene möchte ich mich zuwenden. Sie ist nicht der einzige Weg, aber einer zur Annäherung an dieses große Thema. Verbal können wir alle jeden Moment etwas verändern und so in unsere Systeme hineinwirken und Kreisläufe der Gewalt verhindern oder unterbrechen.

Der Traumaexperte und Psychiatrieprofessor Bessel van der Kolk beleuchtet in seiner Forschung und Arbeit mit zum Teil schwer traumatisierten Gewaltopfern nicht nur die unbequemen, schmerzhaften Seiten, sondern er zeigt auch: Es gibt Hoffnung. Es gibt vieles, das funktioniert, hilft, sogar heilt. Viel Wirkungsvolles, das jede*r von uns anwenden, nutzen und auch anderen geben kann. In Kapitel 3 zeige ich einige dieser Instrumente aus der Traumaforschung, die wir unabhängig von unserer eigenen Historie selbst anwenden können. Denn wir alle erleben seelischen Schmerz, mal stärker, mal schwächer, der durch Gewalt verursacht worden sein kann und der Heilung braucht.[119] Dass in schmerzvollen, traumatischen Situationen vor allem der Kontakt zu vertrauten Menschen helfen kann, habe ich bereits dargelegt.

Hier können wir auch jetzt wieder ansetzen: uns zur Aufgabe machen, in unseren Beziehungen familiär, freundschaftlich, aber auch beruflich und gesellschaftlich Umfelder der physischen und auch psychologischen Sicherheit zu schaffen. Das können wir tun, indem wir lernen, Vertrauen aufzubauen und nicht durch (unbeabsichtigte) verbale Gewalt wieder zu zerstören.

Nachfolgend werden wir uns deswegen damit beschäftigen, wie wir ohne verbale Gewalt auskommen. Das mag klein klingen, kann aber ganz schön fordernd sein. Es verlangt Übung und auch einen gewaltfreien Umgang mit uns selbst (der spielt deshalb in Kapitel 1–3 eine Rolle). Wir dürfen uns selbst vergeben, mit uns selbst wohlwollend sein und können uns jeden Moment in unserem Verhalten entscheiden, einen anderen Weg einzuschlagen. Etwas besser zu machen. Mehr mit unseren Werten im Einklang zu sein. Gut zu uns und anderen zu sein. Das macht etwas mit uns – individuell und kollektiv.

Gewaltfrei kommunizieren

Konflikte sind oft unvermeidbar. Doch wie wir gesehen haben, ist es ein Trugschluss zu meinen, dass sie nur mit Gewalt zu lösen seien. Eine gefährliche Schlussfolgerung, die allerdings gerade bei verbalen Auseinandersetzungen häufig ausweglos erscheint, wenn es hitzig wird, die Wut aufsteigt, wir uns provoziert oder nicht gesehen fühlen. Vielleicht auch, weil wir bisher selten alternative Wege vorgelebt bekommen oder selbst ausprobiert haben.

Das Gute ist, wir können uns selbst ein Handwerkszeug zusammensammeln, das uns hilft, ohne Gewalt auszukommen, und so einen Beitrag dazu leisten, ein sprachlich friedliches Miteinander zu schaffen.

»Die Sprache des Friedens sprechen – in einer konfliktreichen Welt«[120] nennt es Marshall Rosenberg. Der Begründer der Gewaltfreien Kommunikation (GFK) hat einen weltweit bekannten und praktizierten Ansatz zur Kommunikation in Konfliktsituationen entwickelt. Ziel der Methode ist es, Menschen zu befähigen, ohne Schuldzuweisungen, Verurteilungen oder sprachliche Gewalt miteinander zu reden. Ursprünglich hatte der klinische Psychologe Rosenberg im Zuge der amerikanischen Bürgerrechtsbewegung der sechziger Jahre die Methode entwickelt, um die Aufhebung der rassistischen Segregation von Schwarzen und *weißen* Menschen an Schulen und anderen Einrichtungen in den USA zu begleiten. Mittlerweile wird die anerkannte Methode der GFK allerdings weltweit in allen gesellschaftlichen Bereichen praktiziert.[121]

Friedliches Sprechen

Die Methode der GFK kann eine Hilfestellung für das aufmerksame und sensible Sprechen und Zuhören sein – und stellt unser Bewusstsein darüber ins Zentrum, was wir beobachten, fühlen und brauchen. Sie ist ein Kommunikationsprozess oder eine Sprache, um wertschätzend und respektvoll in angespannten Situationen bleiben zu können. Dabei geht sie laut Rosenberg noch weiter:

> »Auf einer tieferen Ebene ist sie eine ständige Mahnung, unsere Aufmerksamkeit in eine Richtung zu lenken, in der die Wahrscheinlichkeit steigt, dass wir das bekommen, wonach wir suchen.«[122]

Was wir im Kern suchen, ist nicht der*die Schuldige, das Hin- und Herwälzen der vermeintlichen Tatsachen oder die Debatte darüber, wer im Recht oder Unrecht ist. Auch wenn diese Dinge im Konflikt in den Fokus geraten, entspringt all das doch eigentlich dem Wunsch danach, wirklich verstanden zu werden. Marshall Rosenberg nennt das »von Herzen zu geben«.[123]

Wenn ich im ersten Schritt mich selbst besser verstehe, kann ich anders kommunizieren. Das setzt voraus, dass ich erkenne, was genau es ist, das in mir Gefühle wie beispielsweise Wut, Enttäuschung oder Trauer hervorruft. Das kann ich für einen gewaltfreien Austausch nutzen und in den Dialog einfließen lassen. Ebenso kann ich aufmerksam zuhören und genau darauf auch bei meinem Gegenüber achten.

Vor einiger Zeit beobachtete ich durch Zufall einen Streit zwischen zwei Freundinnen, der dieses Geben von Herzen verdeutlicht, von dem Rosenberg spricht. Wir sitzen zu dritt zusammen, und unsere Unterhaltung ist zunächst heiter und unbefangen. Doch dann spricht eine von uns etwas an, und die andere wird wütend. Ich beobachte, wie ihre Stimme lauter wird und aus den lächelnden Gesichtern ernste werden. Ein Bedürfnis ist verletzt worden.

Wir alle haben grundlegende Bedürfnisse, wie beispielsweise Wertschätzung zu erfahren, Nähe zu erleben oder Pläne für uns selbst zu entwickeln (siehe Kapitel 3). Wenn andere uns ihre Bedürfnisse klar kommunizieren, verstehen wir sie und können uns einfühlen. Hier setzt die GFK an. Sie stellt die Bedürfnisse der involvierten Parteien ins Zentrum der Kommunikation.[124]

So ist es auch in der Unterhaltung meiner Freundinnen zu sehen. Die Emotionen sind spürbar, und trotzdem schaffen es die beiden im Verlauf der Unterhaltung, sich auf einer anderen Ebene zu begegnen. Sie knallen sich nicht die Wut oder Trauer um die Ohren, sondern wollen einander verstehen. Ich beobachte in ihrem Gespräch, wie die vier zentralen Schritte der GFK ablaufen:

1. Schritt: Beobachtung möglichst wertungsfrei äußern. Was beobachte ich? Die eine Freundinnen schafft es, in der Ichform zu schildern, was sie wahrgenommen hat. Ich beobachte, wie sehr das hilft, sachlich auf eine emotionale Situation zu blicken.

2. Schritt: Gefühle teilen. Wie fühle ich mich? Sie schildert, dass das Verhalten, das sie beobachtet hat, sie ärgert. Sie benennt das Gefühl, und ich nehme an mir wahr, wie es unsere Dynamik untereinander verändert, wenn die Emotionen nicht nur unterschwellig erlebt, sondern auch explizit angesprochen werden. Ich spüre eine Form von Verletzlichkeit und gleichzeitig Nähe, die in mir als Unbeteiligter entsteht.

3. Schritt: Bedürfnisse artikulieren. Warum fühle ich mich so? Was brauche ich? Meine Freundin spricht weiter und erklärt, dass sie wütend ist, weil ihr Bedürfnis nach Selbstbestimmung verletzt worden ist. An der Reaktion meiner anderen Freundin merke ich, dass diese Information neu für sie zu sein scheint. Ich meine, in ihrem Gesicht Verwunderung wahrzunehmen, und sehe, wie sie ruhiger, offener, weniger abwehrend wirkt.

4. Schritt: Bitte formulieren. Was genau wünsche ich mir für die Zukunft? Aus unserer Unterhaltung ist ein Gespräch über Bedürfnisse entstanden. Ein Dialog, von dem wir in Kapitel 5 gesehen haben, wie wichtig er für das Lösen von Anliegen sein kann. Der vierte Schritt der GFK hat sich in meinem Beispiel deshalb erst am Ende unserer Unterhaltung angeschlossen. Dann fragt die eine Freundin die andere, ob es möglich wäre, dass beide in der Zukunft gemeinsam das Vorgehen zum Thema des Streits besprechen. Sie macht einen Lösungsvorschlag, um ihrem Bedürfnis nach Selbstbestimmung künftig mehr Raum zu geben.[125]

Dieser kleine Streit ließ sich tatsächlich in einer Unterhaltung lösen. Wir haben uns gegenseitig besser kennengelernt und verstanden. Auch wenn es nur eine Kleinigkeit war, ist es jetzt ein potenzieller Konflikt weniger, der schwelt.

Besonders aufgefallen ist mir in dieser Situation mit meinen Freundinnen übrigens etwas, worauf ich in angespannten Situationen und Konfliktmomenten sehr genau achte: das Senden von Ichbotschaften.[126] Wenn ich sprachlich so präsize wie möglich formuliere, kann nur ich die Deutungshoheit über mein Innenleben und meine Wahrnehmung für mich beanspruchen. Nicht über das der anderen Person. Ich weiß nicht, was andere denken, fühlen und mit ihrem Verhalten beabsichtigen. Ich nehme allerdings wahr, wie sie sich verhalten und wie das auf mich wirkt. Hier kann Sprache sehr effektiv sein. Es macht einen Unterschied, ob ich sage, jemand sei ungeduldig oder jemand wirke (auf mich) ungeduldig, weil ich bei ihm*ihr ein bestimmtes Verhalten beobachtet habe.

Über Gefühle zu sprechen kann ungewohnt sein. Im Kreis meiner Freundinnen herrscht eine sehr vertraute Atmosphäre, und es ist nicht ungewöhnlich, dass Emotionen thematisiert werden. Ich weiß, dass das in anderen Umfeldern ganz anders aussehen kann. In vielen Unternehmenskulturen zum Beispiel ist es eher ungewöhnlich, dass Menschen thematisieren, wie sie sich fühlen.

Trotzdem kann die GFK-Methode in Konflikten auch in solchen Kontexten sehr wertvoll sein und effektiv angewendet werden, sei es in Situationen am Arbeitsplatz, in diplomatischen Verhandlungen, in der Schule, im Gesundheitswesen, in der Familie, Therapie oder Beratung. GFK als Methode hat sich in Konflikten und Auseinandersetzungen jeder Art bewährt.[127]

Dabei praktiziere ich selbst die GFK-Ansätze flexibel und abhängig davon, wie mein Gegenüber aus meiner Sicht damit umgehen kann. Manchmal lege ich beispielsweise einen Fokus auf Beobachtungen und Bedürfnisse und weniger auf Gefühle. Auch das hat für mich schon wunderbar funktioniert. Mit wem ich wie offen über meine Gefühle spreche, ist, wie alles andere, meine freie Entscheidung und etwas, das sich mit der Zeit entwickeln darf.

Mit mir selbst empathisch zu sein und meinen Gefühlen Aufmerksamkeit zu schenken kann auch unabhängig davon wertvoll sein, wie und in welcher Form ich das dann kommuniziere.

Der Vierschritt der GFK ist ein Instrument, das wir nutzen können für kommunikatives Anecken in der Praxis. Für meine Überlegungen möchte ich zusätzlich zwei weitere Dimensionen des gewaltfreien Umgangs mit Konflikten in den Fokus stellen:

1. **Selbstempathie:** Wir können in konfliktären Situationen des Aneckens GFK zur Einfühlsamkeit und Gewaltfreiheit mit uns selbst nutzen. Denn auch ohne dass wir mit irgendwem im Außen kommuniziert haben, lassen sich wertvolle Erkenntnisse durch die Dimension der Selbstempathie gewinnen.
2. **Kontaktbitten:** Wir können GFK nutzen, um in angespannten Situationen in anderer Form zu kommunizieren. Erkenntnisse, die durch Selbstempathie gewonnen werden, können in den Dialog mit anderen einfließen, und gleichzeitig können wir aufmerksam zuhören und erfragen, was die andere Seite bewegt.[128]

Die Konfliktdynamik kann so durch unsere innere Haltung und sprachliche Aufmerksamkeit achtsamer gestaltet und sogar gelenkt werden.

1. Selbstempathie

Angenommen, ich stehe vor einem unangenehmen Gespräch, in dem ich etwas thematisieren möchte, das mich stört. Dann kann ich schon in der Anbahnungsphase eines möglichen Konflikts die GFK nutzen. Denn sie funktioniert für den Dialog im Innen und Außen. Im inneren Dialog kann ich Selbstempathie praktizieren, indem ich nur für mich selbst die vier Schritte der GFK durchlaufe.

Ein reflektierter, achtsamer Kommunikationsprozess kann mit dieser Selbstempathie beginnen, um mich und meine Bedürfnisse besser zu verstehen und so Verantwortung für meine Gefühle, Bedürfnisse und die Gestaltung der Rahmenbedingungen übernehmen zu können. Diesen Vorgang dem Dialog mit anderen voranzustellen kann gerade dann, wenn wir uns grämen oder zögern, in Konfliktsituationen sehr hilfreich sein.

Dieses Vorgehen passt gut zu dem, was der Philosoph David Bohm als ein »In-der-Schwebe-Halten«[129] bezeichnet. Wir können diesen Weg zum Umgang mit uns selbst nutzen. Unsere Gefühle, beispielsweise Aggression oder Angriffslust, zeigen sich auch körperlich. Wenn wir sie nicht gegen andere richten möchten, meinen wir häufig, der einzige Weg sei, sie zu unterdrücken, was bedeutet, sie gegen uns selbst zu richten. Es gibt aber diesen dritten Weg des »In-der-Schwebe-Haltens« – des Beobachtens, Verbindungensehens und der Reflexion darüber.

Diese Form der Selbstempathie kann ich nicht nur zur Vorbereitung nutzen, sondern auch während eines Konflikts oder im Nachgang. Wenn ich es schaffe, achtsam mit mir und meinen Bedürfnissen zu sein, wird es leichter, nicht impulsiv zu reagieren und unbeabsichtigt sprachlich gewaltvoll zu werden. Außerdem bietet diese Form der Empathie mit mir selbst die Möglichkeit, mit meinen Bedürfnissen und Gefühlen in Verbindung zu bleiben, auch wenn die Situation sehr fordernd wird. So kann ich Grenzen erkennen und achtsam für mich selbst einstehen.

Vor allem Menschen, die sich sehr gut in andere einfühlen können, sich darüber aber vielleicht selbst in Gesprächen oder Streitsituationen vergessen, kann es helfen, sich in Selbstempathie zu üben und sie so mit der Routine der Zeit zur Selbstverständlichkeit werden zu lassen.

2. Kontaktbitten

Mit mir selbst empathisch zu sein ist eine Dimension, die hilfreich sein kann, um gewaltfrei zu kommunizieren. Im Streit ist allerdings mehr als eine Partei involviert. Deshalb spielen nicht nur die eigenen Bedürfnisse, sondern auch die anderer eine Rolle. Sie zu begreifen ist Voraussetzung, um an der Wurzel des Problems gemeinsam ansetzen zu können.

Starke Emotionen können den Blick auf das, was es eigentlich zu lösen gilt, verstellen. Wenn es besonders heikel wird, und ein Konflikt entsteht, kann es wertvoll sein, aktiv einen Dialog zu motivieren (siehe Kapitel 5). Wenn wir uns nicht nur vermeintliche Fakten an den Kopf knallen, sondern uns für die individuellen Perspektiven öffnen, können wir besser verstehen.

Um im Sinne der GFK von Herz zu Herz[130] sprechen zu können, hilft es, immer wieder den Kontakt zu suchen. Auch im Streit kann es deeskalierend wirken, den Dialog aktiv zu fördern, statt einen Schlagabtausch zu forcieren. »Was ist bei dir angekommen?«, »Wie geht es dir, wenn du das hörst?« – Fragen wie diese laden die andere Seite ein, von sich zu sprechen. Diese Kontaktbitten haben einen weiteren Effekt, den wir uns in Kapitel 5 schon ausführlicher angesehen haben: Sie zahlen auf das häufig in der Streitsituation aufsteigende Bedürfnis ein, dass wir verstanden werden wollen.

Wie der Verhandlungsexperte Christopher Voss zeigt, legt sich dieses Bedürfnis wie ein Nebel über eine sachliche Klärung zur Lösungsfindung. Wenn wir es schaffen, der anderen Seite den Eindruck zu vermitteln, dass wir sie verstehen, schafft das ein emotionales Gleichgewicht und ist ein wirkungsvolles Instrument, damit hochkochende Emotionen wieder abkühlen können.[131]

Wer sich achtsam in der Welt der Gefühle und Bedürfnisse bewegt, kann Lösungen in Bezug auf die inneren Dimension entwickeln und eine Verbindung zu sich selbst und zu anderen aufbauen. Die ist die Grundlage auch für Lösungen in der äußeren Dimension. Allzu oft verharren wir auf vermeintlichen Sachebenen, obwohl die gar nicht erreicht werden können, denn innerlich stehen wir an vollkommen anderen Punkten. Nur wenn wir uns innerlich auf einer zwischenmenschlichen Ebene annähern, können wir auch äußerlich auf einer dinglichen Ebene der Problemlösung zusammenfinden.[132]

Die Klarheit darüber, dass es eine innere (Gefühle, Bedürfnisse, Interessen, Haltung) und eine äußere Dimension (Verhalten) gibt, kann hilfreich sein, um die innere besser zu verstehen. So können wir auch in angespannten Situationen das Interesse und die Offenheit für die innere Dimension der anderen Seite nicht aus dem Blick verlieren.[133]

Methodisch kann ich achtsam formulieren und immer im Bewusstsein behalten, dass es heikel sein kann und mein Gegenüber einzelne Worte, Gesten oder Betonungen sensibel aufnehmen und wiederum interpretieren könnte. Wenn ich signalisiere, dass ich offen für widersprüchliche oder andere Perspektiven bin, macht es dies zum einen leichter für mein Gegenüber, auf das Angebot der Wechselseitigkeit einzugehen, zum anderen verringert sich die Wahrscheinlichkeit, dass mein Gegenüber sich angegriffen fühlt.[134]

Wenn die Stimmung kippt

Fühlen wir uns angegriffen, kann der Dialog leicht kippen oder wird im Keim erstickt. Unser Ego[135] kann beispielsweise schon durch ein Wort oder eine Geste provoziert werden. In diesen Momenten, in denen die Stimmung zu kippen droht, vergessen wir, die Provozierten, leicht unser ursprüngliches Ziel einer Unterhaltung und wollen vor allem eines: gewinnen, bestrafen oder Harmonie wahren.[136]

Ist unsere Intention, in diesen heiklen Situationen klare Gesprächsführer*innen zu bleiben, können wir beispielsweise mit folgendem Instrumentarium arbeiten, das ich zu großen Teilen bereits beleuchtet habe und hier noch einmal zusammenfasse:

Selbstempathie: Ich bin die einzige Person, die ich direkt beeinflussen kann. Meine innere Welt und auch meinen körperlichen Zustand kann ich verändern, um so die Dynamik zu gestalten. Wenn ich wahrnehme, wie es mir geht, und erkenne, welche Bedürfnisse und welchen Spielraum ich habe, um die Situation zu verändern, kann das mein stärkster Hebel sein, um hochkochenden Emotionen zu begegnen.

Ziele: Wenn ich merke, dass ich mich verschließe, und in einen Modus des Bestrafens, Gewinnen- oder Harmonie-wahren-Wollens wechsle, kann ich innehalten. Ich kann mich mit meinen eigentlichen Zielen verbinden: Was wünsche ich mir für mich und für uns? Auch wenn ich bei meinem Gegenüber ein solches Verhalten beobachte, kann ich in der Gesprächsführung ein gemeinsames Ziel in den Mittelpunkt rücken.

Verbindung: Es gibt eine sogenannte »Entweder-oder-Falle«, in die wir in angespannten Situationen schnell tappen können. Leicht verfallen wir – vor allem, wenn es emotional wird – der Versuchung zu denken, dass wir wählen müssten. Beispielsweise zwischen Aufrichtigkeit und Respekt oder zwischen Gewinnen und Verlieren.[137]

Dabei haben wir in Kapitel 5 gesehen, dass der Dialog sich gerade dadurch auszeichnet, dass es diese Dimensionen eben nicht gibt. Gewinnt eine*r, gewinnen im Dialog alle. Ich brauche mich nicht zu entscheiden, sondern kann aufrichtig in der Sache und gleichzeitig herzlich mit den Menschen sein.

Führen: Nicht zu Unrecht heißt es Gespräche führen. Welches Verhalten braucht es, um diese Ziele zu erreichen? Ich kann Verantwortung für den Prozess übernehmen, denn das macht mich zu einer Gesprächsführerin. Es ist mein Auftreten, das Führung lebt, dazu braucht es keinen Titel oder eine Funktion, die mir jemand zuteilt. Denn zu führen bedeutet vor allem auch, Verantwortung zu übernehmen.

Wenn es an Respekt mangelt

Jetzt stellt sich für einige vielleicht noch die Frage: Was, wenn mein Gegenüber das nicht respektiert? Wenn ich alles probiert habe und gewaltfrei kommuniziere, andere aber nicht? Hier würde ich die Frage an mich selbst zurückgeben: Was würde ich tun, um einen respektvollen Umgang mit allen Beteiligten inklusive mir sicherzustellen?

In den meisten Fällen lautet die Antwort wahrscheinlich, wenn die vielen Ressourcen und Ansätze dieses Kapitels keine Wirkung zeigen: Abbruch. Die Situation unterbrechen, den Verlust von Respekt als eine Störung begreifen und der Störung Vorrang geben, was übrigens ein Prinzip für Gruppensituationen der Psychologin Ruth Cohn ist.[138]

Wendet jemand sprachliche Gewalt an, kann ich mich dieser Störung zuwenden und darauf aufmerksam machen. Wie wir gesehen haben, sind sich die Ausübenden mitunter gar nicht darüber im Klaren, welche Wirkung ihre Worte haben können. Bringt alles Nachfragen und Verstehenwollen nichts, können ein Unterbrechen der Situation, ein Wechsel und Vertragen ratsam sein.

In meinen Überlegungen bin ich darauf eingegangen, dass, wer aneckt, sich der Gefahr von Gewalt aussetzt. Drei Punkte sind dazu besonders wichtig. Erstens, die Person, die den Konflikt provoziert, zum Beispiel durch ihr für andere unbequemes Verhalten, trägt nicht Verantwortung dafür, wenn jemand darauf gewalttätig reagiert. Zweitens, wir können kollektiv daran arbeiten, deeskalierend zu wirken, und so anderen helfen, sich hoffentlich ebenso auch von unbewussten sprachlichen Mustern gewaltvoller

Reaktion zu entfernen. Drittens, wir können uns auch als Beistehende und vermeintlich unbeteiligte Dritte in Konflikten einbringen, um deeskalierend zu wirken.

Streiten: in Auseinandersetzungen gewaltfrei bleiben

Anders zu streiten kann unbequem sein. Nicht auf die Muster zurückzugreifen, derer wir uns reflexhaft bedienen, weil sie uns vorgelebt wurden, weil wir uns gerade so fühlen und es einfach rauslassen wollen oder weil es anstrengend wäre, sich »in der Schwebe zu halten«. Nicht im Eifer des Gefechts dann vielleicht doch verbal oder physisch gewaltvoll zu werden kann Energie kosten. Von erlernten Mustern abzuweichen ist unbequem. Aber es lässt sich lernen.

Menschen sind in der Lage, sich nicht von ihren Emotionen kontrollieren zu lassen. Wir können lernen innezuhalten. Bevor der Reflex einsetzt, haben wir in jedem Moment die Gelegenheit, Selbstempathie zu praktizieren, Kontaktbitten auszusprechen, etwas bewusst anders zu machen. Damit können wir innerlich und äußerlich anecken – und es nimmt auch Einfluss darauf, Kreisläufe von (sprachlicher) Gewalt zu unterbrechen.

Unser Gegenüber ist in solchen Momenten vielleicht überrascht, wenn wir nicht wie sonst einfach zurückpöbeln, die Tür zuschlagen oder uns rechtfertigen. Statt gewohnte Pfade des Streitens einzuschlagen, können wir jeden Moment nutzen, um etwas Neues auszuprobieren.

Wir können vorleben, wie gewaltfreies Miteinander aussehen kann. Auch und gerade wenn es uns richtig schwerfällt, weil wir uns im Recht fühlen oder überzeugt davon sind, dass die andere Seite es eigentlich gar nicht verdient. Dann ist es besonders schwer, besonders unbequem, aber auch besonders wirkungs- und wertvoll.

Die Aufrichtigkeit, mit der wir anderen auch in Konflikten begegnen, macht den Unterschied. Andere wirklich zu sehen, zu hören und einfühlsam mit ihnen zu sprechen wirkt entwaffnend. Wir brauchen Ausdrucksformen, die ein friedliches Miteinander fördern. Die emotional und sprachlich abrüsten und so Moment für Moment, Gespräch für Gespräch, Konflikt für Konflikt nutzen, um statt Spaltung Nähe zu kultivieren.

Die hier passende Formulierung »friedliches Streiten« mag widersprüchlich klingen. Doch sie bezeichnet keine Utopie, sondern zielt vor allem auf eine Frage von Kompetenz ab. Wenn mehr Menschen das Instrumentarium haben, um Konflikte qua Dialog zu lösen, kann das ein wichtiger Beitrag zu einer friedlicheren Welt sein.

Frieden sollte unser Ziel sein – in jeder Form von Konflikt. Konfliktlösung lässt sich lernen, und jede*r Einzelne von uns kann sie nutzen, individuell und damit auch strukturell, wenn er*sie Kompetenzen zum friedlichen Streiten aufbaut.

Das Wissen darüber in die Breite zu tragen ist eine Intention dieses Buches im Allgemeinen und dieses Kapitels im Speziellen. Denn die Vorteile liegen auf der Hand. Auf persönlicher Ebene und auch im Miteinander lässt sich Reibung nicht vermeiden. Wie wir ihr begegnen, entscheidet darüber, ob wir daran wachsen oder nicht, ob wir näher zusammenrücken oder nicht, ob Menschen Frieden erfahren oder nicht. In jedem Lebensbereich können wir neue Vertrautheit und Offenheit (vor)leben.

Was würde sich verändern, wenn wir, jede*r Einzelne von uns, diesen Weg des gewaltfreien Miteinanders auch im Streit bewusst wählen würden?

UMFELDER – UNBEQUEM IN DER GESELLSCHAFT

7. SEIN: WAS EIN UNBEQUEMES SELBSTVERSTÄNDNIS VERÄNDERN KANN

»›i love myself.‹
the
quietest.
simplest.
most
powerful.
revolution.
ever.«[1]
Nayyirah Waheed

Als dieses Buch schon fast fertiggestellt war, hörte ich den Historiker und Autor Rutger Bregman auf einer Konferenz sprechen. Er kam auf die Bühne und stellte dem Publikum zwei Fragen:[2]

1. Wer hier ist gegen Sklaverei?
2. Wer hier wäre im 18. Jahrhundert dem Abolitionismus* beigetreten?[3]

* Abolitionismus beschreibt die Bewegung der Menschen, die sich aktiv für die Abschaffung der Sklaverei eingesetzt haben.

Bei der ersten Frage hoben sich alle Hände im Saal. Bei der zweiten passierte genau das Gegenteil. Es fühlte sich an wie ein etwas trauriger und doch aufrichtiger Moment, bei dem ich keine Ausnahme bin. Hätte ich mich aufgelehnt? Ich weiß es nicht. Was klar ist: Es wäre verdammt unbequem gewesen. Sich aktiv und nicht nur hinter vorgehaltener Hand gegen etwas einzubringen, was in der Gegenwart gängige Praxis ist.

Ich frage mich, was wohl die Themen sein werden, auf die wir in vielen Dekaden zu unserem heutigen Hier und Jetzt blicken und sagen werden: Wie konnten wir Menschen so sein? Wie konnten wir nur in diesem Selbstverständnis leben?

Als die Idee für dieses Buch entstanden ist, war mir nicht klar, dass die Frage von Macht hier so eine zentrale Rolle einnehmen würde. Doch mit jedem Text, jeder Quelle, jedem Absatz wurde sie augenscheinlicher. Das Unbequeme und das damit verbundene Anecken sind unweigerlich mit dem Hinterfragen bestehender Machtsysteme verbunden. Strukturen, die durch eine einflussreiche, meistens unsichtbare Ordnung der Unterdrückung geprägt sind. »Patriarchat, Rassismus und Kapitalismus produzieren in ihrer Kombination viele Formen von Unterdrückung, wie etwa Ableismus, Klassismus, Homo- und Transdiskriminierung, Sexismus«,[4] zeigt die Politikwissenschaftlerin Emilia Roig.

Ich hoffe, dass wir in der Zukunft zurückblicken werden mit Entsetzen darüber, wie selbstverständlich wir unterdrückende Systeme akzeptiert haben. Hoffentlich werden wir uns dagegen aufgelehnt haben und uns wundern, wie wir die damit verbundene menschliche Hierarchie so selbstverständlich leben konnten – und neue, gerechte Prinzipien des Miteinanders definiert haben. Auch wenn es kleinteilig, anstrengend und mit Widerstand derjenigen verbunden ist, die den Status quo wahren wollen.

Narrative: Welche Geschichten wollen wir uns erzählen?

In diesem Kapitel möchte ich eine Dimension in den Mittelpunkt stellen, das zentral für die Organisation des menschlichen Miteinanders ist und damit Ansatzpunkte birgt, um Strukturen von Macht zu verändern. Es handelt sich um die Geschichten, die wir uns erzählen. Sie werden maßgeblich davon beeinflusst, wer zu Wort kommt und gehört wird. Sie prägen unser Weltbild und unsere Vorstellungen davon, wie Dinge zu sein haben. Sie formen maßgeblich, was wir kollektiv als bequem und als unbequem empfinden. Sie geben den Rahmen vor, in dem wir uns bewegen.

Wie der Historiker Yuval Noah Harari in »Eine kurze Geschichte der Menschheit« zeigt, vollzog sich die kognitive Revolution der Menschheit dadurch, dass wir durch Sprache in der Lage waren, Geschichten zu erfinden. Legenden, Religionen, Erzählungen über andere Menschen und Phantasiekonstrukte waren die Konsequenz und entwickelten sich zu einem Instrument, um Zusammengehörigkeit zu schaffen und Gemeinschaft zu leben. So wurde der große Fortschritt möglich, dass wir Organisationsformen bilden konnten, um in Gruppen komplexe Handlungen auszuführen.[5]

Diese Organisationsformen wandeln sich im Laufe der Zeit, wie eben auch die Narrative – zum Beispiel über den Sinn einer Unternehmung oder die Geschichte einer Gemeinschaft. Es ist wichtig, diese Erzählungen achtsam zu betrachten und sie zu hinterfragen – egal in welchem Bereich, egal zu welchem Thema. Denn wir alle können hinterfragen, wer was wovon erzählt, und es auf den Prüfstand stellen. Kommen wir zu dem Ergebnis, dass es sich anzuecken lohnt, können die Ansätze aus diesem Buch beim inneren und äußeren Dialog im Verlauf des Prozesses helfen.

»Das kannst du doch nicht machen!« Wer diesen Ausruf kennt – so wie ich –, muss sich davon nicht abschrecken lassen. Wir dürfen vielmehr fragen: Kann ich das wirklich nicht machen? Und wenn ja: Warum nicht? Wir brauchen andere Perspektiven, ein anderes Denken. Dabei darf, »[a]bgesehen vom Grundgesetz [...] praktisch alles auf den Prüfstand«[6], wie der Soziologe Aladin El-Mafaalani in »Mythos Bildung« beschreibt. Er schlägt ein »grundsätzliches ›Umdenken‹« vor[7], das ich dergestalt weiterdenken möchte, indem ich Narrative hinterfrage und Ideen entwickle, wie wir sie neu aufstellen könnten – jede einzelne Person für sich, wir im Miteinander und auch systematisch wir als aktive Zivilgesellschaft in Strukturen und Prozessen. Wir können andere Fragen stellen, neue Geschichten erzählen und bewusst anecken. Dieses Kapitel ist ein fragender Ausblick, mit dem sich die Hoffnung verbindet, konstruktive Ideen und unbequeme Wege im Denken und im Handeln freizusetzen.

Sinn: Wie geben wir dem Leben Bedeutung?

Wie gebe ich meinem Leben Bedeutung? Eine Frage, die viele Menschen beschäftigt. Vor allem wenn es um die eigene Entwicklung im Arbeitskontext geht, begegnet sie mir häufig. Egal ob jung oder alt, die Frage nach Sinn treibt viele um – vorausgesetzt, wir haben das Privileg dazu. Mich hat sie irgendwann regelrecht genervt. Mit Ende zwanzig hatte ich mein Masterstudium abgeschlossen, aufregende Teile der Welt bereist, spannende berufliche Erfahrungen gesammelt, führte erfüllende Beziehungen und verdiente viel mehr Geld, als ich für ein zufriedenes Leben brauchte. Kurzum: Es lief richtig rund und so viel besser, als es sich der Großteil der anderen Menschen nur erträumen könnte.

Äußerlich angekommen und überdurchschnittlich privilegiert, nagte innerlich eine Rastlosigkeit in mir. Ich begann mich mit dem Begriff des »Glücks« zu beschäftigen. Wie finden Menschen Glück? Was ist es, wenn es nicht das Besitzen materieller Dinge ist? Je mehr Bücher und Dokumentationen ich durchforstete, desto klarer wurde: Ich suchte nach dem falschen Begriff.

Das Streben nach Glück – auch *Hedonia*[8] genannt – umschreibt, dass Menschen glücklich sein und bleiben möchten. Der griechische Philosoph Epikur formuliert, dass ein gutes Leben im Glück zu finden sei, das er als die Abwesenheit von körperlichen und mentalen Schmerzen, wie beispielsweise Angst, definiert.[9] Das Problem dabei: Glück ist ein flüchtiges Gefühl. Zum Beispiel kann mich die Harmonie glücklich machen, die entsteht, wenn ich in einer Beziehung ein unangenehmes Thema umschiffe und damit einen potenziellen Streit vermeide. Findet dann allerdings in einer folgenden Unterhaltung eine Auseinandersetzung statt, weil das Anliegen nicht gelöst war, kann dieses Glück schnell wieder verfliegen.

Anders verhält es sich mit *Eudaimonia* – einer Art tieferen Glücks. Aristoteles beschreibt es als relativ beständige positive Emotion, die auf unserem aktiven Handeln fußt. Ein eudaimonisches Leben zu führen bedeutet, dass wir die besten Qualitäten in uns moralisch, intellektuell hervorholen und unser Potenzial abrufen. Es heißt auch, ein aktives Leben zu leben. Ein Leben, in dem wir unsere Arbeiten erfüllen und etwas zur Gesellschaft beitragen.[10] Spreche ich zum Beispiel einen Konflikt an, weil uns das in der Beziehung oder anderen Menschen hilft und zu einer langfristigen Lösung führt, kann die Bedeutung von (temporärer) Harmonie in den Hintergrund rücken.

2013 untersuchte ein Team von Psycholog*innen der Florida State University den Unterschied zwischen Glück- und Sinnempfindung. Die Ergebnisse zeigen: Ein glückliches Leben und ein Leben mit Sinn haben viele Überschneidungen und beflügeln sich in gewisser Weise gegenseitig. Allerdings sind sie grundlegend unterschiedlich verwurzelt.[11]

Das Verfolgen eines Lebenswegs, der allein nach Glück strebt, ist mit ichbezogenem (selfish) Verhalten verbunden und charakterisiert Menschen, die eher Nehmende (»taker«) als Gebende (»giver«) sind.[12]

Glück ohne Sinn charakterisiert laut der Studie ein relativ flaches und selbstbezogenes Leben, in dem Dinge einfach laufen, Bedürfnisse leicht oder oberflächlich befriedigt werden und schwierige oder herausfordernde Momente vermieden werden.

Ein Leben mit Sinn zu führen korrelierte hingegen mit Aktivitäten wie Carearbeit oder anderen Geschenke zu machen – aber auch dem Streiten mit anderen. Denn – so die Forscher*innen – das ist ein Indikator dafür, dass eigene Werte und Ideale eine Rolle spielen und die Bereitschaft besteht, sich dafür einzusetzen.

Da Sinn auch umfasst, in etwas mit Bedeutung zu investieren, zieht das allerdings auch Sorgen, Angst und Stress bei Menschen nach sich, die Sinn in ihrem Leben empfinden.[13] Trotzdem: Ein Leben mit Sinn führt langfristig zu einem tieferen Wohlbefinden. Die Ergebnisse einer anderen Untersuchung aus dem Jahr 2009 zeigen, dass das Streben nach Glück einen kurzfristigen positiven Effekt auf die mentale Gesundheit hat, während Sinn langfristig das psychische Wohlbefinden verbessert.[14]

Es gab also Gründe dafür, warum mein Streben nach Glück unbefriedigend war. Wenn Sinn fehlt, reicht das Glück nicht aus. Es braucht die schweren Momente und die Unbequemlichkeit. Sinn und das Unbequeme sind unweigerlich miteinander verbunden. Wer aufrichtig nach Sinn sucht, weicht dem inneren und äußeren Konflikt nicht aus. Wenn ich wirklich Antworten auf die Sinnfrage möchte, bedeutet es, dem unbequemen Weg zu folgen, Fragen zu stellen und den Antworten (in mir und um mich herum) mutig und aufmerksam zuzuhören: Wie kann ich aktiv werden und bleiben? Was kann ich als Teil einer aktiven Zivilgesellschaft beitragen?

Führung: Wie wollen wir führen und von wem uns führen lassen?

An kaum einem Ort ist die patriarchale Dominanz des hierarchischen Miteinanders so präsent wie in der Arbeitswelt. Hier kann ein Hebel ansetzen, wenn es um Veränderung geht. Denn wie wir gesehen haben, ist Hierarchie ein System, das verhältnismäßig vielen Menschen eher geringen Einfluss und damit Selbstbestimmung überträgt und einigen wenigen überdurchschnittlich viel. Das muss nicht, kann aber zu unterdrückenden Verhältnissen führen.

Mit der Erwerbsarbeit verbringen die meisten Menschen einen Großteil ihrer Lebenszeit. Das Miteinander am Arbeitsplatz prägt mein Selbstverständnis darüber, wer ich als Mensch bin und sein kann: Wie ich behandelt werde und was ich beeinflussen kann oder auch nicht, sendet mir bewusst oder unbewusst Signale, ob und, wenn ja, welchen Beitrag ich leisten kann. Dieses Selbstverständnis ist nicht losgelöst von meinem Blick darauf, welchen Einfluss ich auch in anderen Bereichen des Lebens nehmen kann, um zu gestalten – oder eben auch nicht. Wollen wir eine aktive Zivilgesellschaft fördern, ist es unverzichtbar, dass wir auch die Strukturen von Arbeit hinterfragen. Denn sie wirken sich direkt darauf aus, welchen Grad an Selbstbestimmtheit wir (wieder) erlernen, um uns auch gesellschaftlich einbringen zu können.

Ist Arbeit, wie in den meisten Organisationen (nicht nur in privatwirtschaftlichen Unternehmen), nach wie vor hierarchisch organisiert, wird Einzelnen in Führungspositionen überdurchschnittlich viel Verantwortung und Macht übertragen. Wer sind diese Menschen, wie werden sie ausgewählt und wie finden wir heraus, ob sie für diese Verantwortung geeignet sind? Woran erkennen wir, ob sie einen guten Job machen? An welchen Maßstäben werden sie gemessen?

Als ich meinen ersten Führungsjob antrat, war meine intuitive

Einstellung, dass ich stark sein muss. Dass es wichtig sei, mich zu beweisen, gegen andere durchzusetzen und das Bild einer unverwundbaren Managerin zu zeigen. Heute würde ich jedem*jeder genau das Gegenteil raten, doch damals hatte ich das Prinzip von Dominanz als Teil von Führung tief verinnerlicht. Sicherlich auch, weil ich als junge, verhältnismäßig unerfahrene Frau den Job angetreten habe und mich unbedingt beweisen wollte.

Ich lag damit auch nicht vollkommen verkehrt: Dominanz ist eine Möglichkeit, über die wir erwiesenermaßen effektiv Einfluss nehmen können.[15] Über unsere mächtigere Stellung in der Hierarchie lässt sich führen, Ansagen werden gemacht und durchgeführt. Wer nicht mitmacht, dem*der drohen Repressalien. Allerdings hat dieser Weg der Einflussnahme mindestens einen objektiv beschreibbaren Nachteil. Denn das Führen qua Dominanz ist Teil eines Nullsummenspiels. Gewinne ich an Einfluss, muss den jemand anderes abgeben. Denn die Plätze an der Spitze der Pyramide sind begrenzt. Das bedeutet, dass ich an Einfluss verliere, sobald jemand mit mehr Dominanz ins Spiel kommt. Gewinnt jemand anderes, verliere ich. Dieses Narrativ beschreibt Macht als ein eher fragiles Konstrukt. Sie ist stark abhängig von der Gunst derer mit mehr Einfluss, die darüber entscheiden können, ob ich meinen Status halten kann oder nicht.

Es gibt aber noch einen zweiten Weg, um Einfluss zu nehmen, der nach anderen Regeln funktioniert und erwiesenermaßen auch effektiv ist. Wir können über das Ansehen (im Englischen »prestige«) führen, das wir in der Beziehung zu anderen aufbauen. Ich würde es als Vertrauen bezeichnen. Der Organisationspsychologe Adam Grant zeigt, dass dieses Ansehen auch dadurch gestärkt werden kann, dass wir anders mit Macht umgehen, als es der dominante Ansatz vorlebt. Konkret bedeutet das, dass wir offen und ehrlich kommunizieren und auch aufrichtig zeigen, wo wir keine Machtansprüche erheben.[16]

Denn es ist ehrlich, sich selbst und auch anderen einzugestehen, dass wir natürlich nicht in jedem Bereich zu jedem Thema

Expert*innen sein können (und möchten). Das ist es schließlich, was Teams zu mehr als der Summe ihrer Teile macht: Wenn kollektives Wissen und Können so ausgetauscht und zusammengebracht werden, dass bessere Ergebnisse entstehen können, als wenn es jede*r für sich allein gemacht hätte. Führe ich über Ansehen statt Dominanz, kann ich wirkungsvoll durch »machtlose Kommunikation« (»Powerless Communication«[17]) das Teamgefüge und den Respekt der anderen für mich stärken.[18] Denn Vertrauen ist die Währung starker Führung, und das wird überhaupt erst möglich, wenn wir nicht den Eindruck haben, dass jemand uns etwas vormacht. Aufrichtigkeit stärkt Vertrauen und damit Führungspersönlichkeiten.[19]

Über Ansehen und gegenseitigen Respekt Einfluss zu nehmen ist unbegrenzt möglich. Es kann einen Raum voller Menschen geben, die einander schätzen und vertrauen, und keiner verliert an Einfluss, weil jemand anderes ihn gewinnt. Das bricht mit der patriarchalen Erzählung des hierarchischen Miteinanders, dass Gemeinschaft auch Wettbewerb und damit Kampf gegen andere bedeute. Dieses Narrativ ist ein vollkommen anderes als das des »Es kann nur einen geben«.

Damit keine Missverständnisse entstehen: Gelebt wird dieses Prinzip von unzähligen Führungspersönlichkeiten schon heute jeden Tag – trotz Patriarchat und Hierarchie. Ich selbst habe als Angestellte erlebt, wie Menschen Systeme machen und nicht andersherum. Die stärksten Chefs, die ich hatte, waren ältere *weiße* Männer in Top-Management-Funktionen, die genau nach diesen Prinzipien auch in hierarchischen, konservativen Organisationen ein wertschätzendes, respektvolles Miteinander gelebt haben. Sie haben qua Ansehen und nicht kraft ihres Status geführt.

Wie wir Systeme mit Leben füllen, hängt maßgeblich von der inneren Größe der Einzelpersonen ab. Auch wenn Privilegien beispielsweise mit Geschlecht, Herkunft und Alter einhergehen, heißt es nicht, dass sich daran der individuelle Umgang damit festmachen lässt. Es geht auch hier nicht um die individuelle Betrachtung der Einzelfälle, sondern um eine systematische Veränderung durch neue Erzählungen, die sich in unseren Köpfen auch zum Thema Führung und zum Miteinander bei der Arbeit verankern dürfen.

Systeme: Wie wollen wir uns organisieren?

Strukturelle Machtimbalance ist in allen gesellschaftlichen Bereichen ein so verbreitetes Phänomen, dass sie uns häufig gar nicht auffällt. So tief verankert ist unser hierarchisch organisierter Alltag überall, vom Sportverein bis hin zum Altenheim. Hierarchie ist ein Narrativ, das vielen alternativlos erscheint, als sei es die einzige Möglichkeit, wie Gruppen sich organisieren können. Doch ist das wirklich so?

Meine Überlegungen haben gezeigt, welche Vorteile hierarchische Ordnung haben kann, unter anderem durch die Stabilität, die sie bringt. Mein Eindruck ist, dass wir uns im alltäglichen Leben, vor allem auch am Arbeitsplatz, so sehr an fachliche Hierarchie gewöhnt haben, dass wir sie zu selten infrage stellen oder gar bemerken, wenn menschliche Hierarchie gelebt wird. Wollen wir die gelebte menschliche Hierarchie überwinden, sind wir gefordert, uns auf den Weg zu machen und auch die gelebte organisatorische Hierarchie infrage zu stellen, um neue Modelle zu entwickeln und uns schrittweise von ihr zu entwöhnen.

Denn Theorien und praktische Erfahrungen zur Weiterentwicklung von Organisationssystemen gibt es seit Jahrzehnten. Sie sind beispielsweise in den Spiral Dynamics und deren Anwendung durch Frédéric Laloux in »Reinventing Organizations« zu finden.[20] Laloux zeigt mit seiner Arbeit, dass neue Prinzipien von Organisation und Zusammenarbeit in unterschiedlichen

Branchen und kulturellen Kontexten auch in großen Unternehmen erfolgreich anwendbar sind. Neue Entwicklungsstufen der Organisation zeigen, dass eine Organisationsevolution aus der Hierarchie heraus möglich ist. Allerdings geht das einher mit großer Kompetenz zur Selbstführung und Eigenverantwortung der Individuen und wird von einer »nächsten Bewusstseinsstufe«[21] geformt.[22]

Die Antwort auf die Frage danach, was an die Stelle der Hierarchie treten könnte, ist nicht nur für viele unbequem, weil sie ein mächtiges Narrativ infrage stellt. Sie hat auch etwas mit unserem menschlichen Bewusstsein zu tun. Mit unserem Ego und unserer Kapazität, eine andere Daseinsweise zu suchen. Vieles muss also erst noch gefunden und vor allem gemeinsam und individuell kontextbezogen entwickelt werden.

Im Arbeitsleben wird von Expert*innen zurecht argumentiert, dass nicht jede Organisation und jede Person bereit dafür sei, sich von der Hierarchie zu lösen.[23] Aus eigener unternehmerischer Erfahrung kann ich das bestätigen. Klar ist auch, dass ich sehr privilegiert bin und mir nur deshalb diese Fragen nach neuen Organisationsprinzipien überhaupt stellen kann. Doch sollte uns all das davon abhalten, diesen Weg zu verfolgen?

Ist es nicht unsere individuelle und kollektive Aufgabe, immer mehr Menschen (und damit auch Organisationen) in einen Zustand zu versetzen, in dem wir partizipieren und mitgestalten können? Ist das nicht der einzige Weg, der, wenn wir aufrichtig hinsehen, mit demokratischen Grundprinzipien vereinbar ist?

Sprache: Wie können wir kollektiv lernen, ohne Gewalt Konflikte zu lösen?

Das Verändern der patriarchalen Strukturen bedeutet, Macht anders aufzuteilen. Wie El-Mafaalani mit seinem »Integrationsparadox«[24] (siehe Einleitung) zeigt, führt das unweigerlich zum Konflikt, der zum »Klebstoff«[25] eines neuen Zusammenhalts wird.

Im Umgang mit Konflikten sind zwei Aspekte entscheidend. Erstens braucht es die individuelle und kollektive Akzeptanz von Konflikten. Die weit verbreitete Annahme, dass Probleme, Streit, Reibungen etwas Schlechtes, etwas Verkehrtes seien, ist schlicht ein Irrtum. Sie ignoriert, dass Konflikt unverzichtbar ist für Veränderung und Verbesserung. Werden Spannungen nicht angenommen, können sie nicht gelöst werden und verstärken sich im Zweifelsfall nur. Das ist eine gefährliche Entwicklung. Denn die Energie staut sich auf, und die Wahrscheinlichkeit einer (gewaltvollen) Eskalation steigt.

Zweitens ist es wichtig, dass Konflikte mit Wissen und Können angegangen werden, statt sie einfach herausplatzen zu lassen. Vor allem dann, wenn sich so viel Spannung aufgebaut hat, dass sie nicht mehr zurückgehalten werden kann, führt Konflikt häufig zu sprachlicher oder physischer Gewalt. Das befeuert, wie wir gesehen haben, im wahrsten Sinne des Wortes gefährliche Kreisläufe. Denn Gewalt führt zu mehr Gewalt.

Wir haben gesehen, dass »die überwiegende Männlichkeit der Gewalt […] in jeder menschlichen Gesellschaft so allgegenwärtig [ist], dass sie typischerweise nicht einmal als solche erkannt wird«[26]. Gewalt ist so selbstverständlich, dass sie uns gar nicht mehr auffällt und mitunter implizit als alternativlos verstanden wird. Diese Erzählung ist in vielerlei Hinsicht gefährlich. Denn sie nimmt Täter*innen einen Teil der Verantwortung, die sie unweigerlich tragen, und verlagert die Schuld teilweise auf die Opfer.[27] Sie führt auch dazu, dass wir physische, aber vor allem auch sprachliche Gewalt gegen uns selbst und andere richten. Häufig vielleicht auch deshalb, weil wir keinen anderen Weg kennen. Was wäre, wenn wir kollektiv ein anderes, gewaltfreies Vorgehen lernen würden? Wenn wir erkennen, welche wichtige Rolle Sprache dabei spielen kann? Wenn wir individuell und gemeinschaftlich erleben und verstehen, dass es friedliche Alternativen gibt?

Das bedeutet in einigen Fällen auch, dass wir aushalten müssen, wenn etwas im Hier und Jetzt nicht gelöst werden kann. Dass wir nur im Aushalten von Konflikt wachsen können und zwischenmenschliche Augenhöhe möglich machen, die unverzichtbar ist für Gewaltfreiheit. Das ist ein für viele neuer, ungewohnter und deswegen vielleicht auch unbequemer Weg. Was wäre, wenn wir im gewaltfreien Umgang mit Konflikten der Möglichkeit Raum gäben, unsere Energie kollektiv anders zu bündeln und auf die großen Herausforderungen unserer Zeit zu lenken?

Mitgefühl: Wie können wir etwas bewegen?

Wer Macht hat, hat es eher bequem als jemand ohne Macht. Wir haben gesehen, dass es ein Zeichen von Privilegiertheit ist, sich aussuchen zu können, ob man es unbequem haben möchte oder nicht. Wer weniger Privilegien genießt, hat es in jeder Hinsicht des Lebens unbequemer: im alltäglichen Leben, in der Arbeitswelt, im politischen, gesellschaftlichen Raum. Wir brauchen Menschen, die bereit sind, es sich bewusst und gewählt unbequem zu machen, um etwas zu verändern – um sich neben die zu stellen, die es unfreiwillig unbequem haben. Diese Menschen können Regierungsvertreter*innen, Wirtschaftschef*innen oder andere besonders einflussreiche Einzelpersonen sein. Sie können aber auch Menschen wie du und ich sein. Menschen, die dieses

Buch lesen und erkennen, wie viel Macht sie im Kleinen haben, um etwas zum Guten zu bewegen.

Wie können wir also das Bewusstsein bei denen mit Privilegien erhöhen, sich über ihren Einfluss klar zu werden und den unbequemen, aber wichtigen Weg hin zu einer anderen Form der kollektiven Gerechtigkeit einzuschlagen? Eine Antwortidee lässt sich in diesem Begriff finden: Mitgefühl (treffender ist es noch im Englischen »compassion«). Angenommen, wir würden kollektiv unsere Kapazität für Mitgefühl erhöhen, was würde das verändern? Wozu wären wir in der Lage?

Bregman verweist in »Im Grunde gut« darauf, dass es einen wichtigen Unterschied zwischen Empathie und Mitgefühl gibt. Der ist vor allem entscheidend, wenn es um die Energie geht, etwas zu bewegen und zu verändern. Er argumentiert mit einer Untersuchung der Neurologin Tania Dinger und des buddhistischen Mönchs Matthieu Ricard, die zeigt, dass Empathie viel Kraft kostet, und zwar viel mehr als Mitgefühl.[28]

Empathie bedeutet, dass wir nicht nur das Gefühl unseres Gegenübers erkennen, sondern auch aufrichtig mitleiden, wenn die Person leidet. Das kostet uns Kraft. Anders verhält es sich mit Mitgefühl. Ich fühle mit, leide aber nicht, sondern empfinde etwas für die andere Person. So ruft das Mitgefühl zum Beispiel Sorge, Liebe oder Fürsorge für die Person in mir hervor. Bregman macht das Beispiel eines Kindes auf, das Angst hat: Empfinde ich Empathie, fürchte ich mich mit dem Kind und möchte vielleicht auch weinen. Empfinde ich hingegen Mitgefühl, möchte ich das Kind trösten und beruhigen, ihm Wärme und Nähe schenken. Mitgefühl ist produktiver, positiver und gibt mir eher Energie, als dass es mich Energie kostet. Das ist ein wichtiger Unterschied, den wir uns bewusst machen können, wenn wir etwas bewegen wollen.[29]

Die Arbeit an den großen Herausforderungen unserer Zeit muss uns nicht auslaugen. Auch hier dürfen wir ein anderes Narrativ entwickeln. Wir müssen uns selbst nicht geißeln, weil wir dem Irrglauben aufsitzen, dass etwas schwer sein muss, damit es gut und richtig ist – oder besonders leidenschaftlich oder kreativ. Wir dürfen auf uns selbst achten, sind sogar gefragt, das zu tun. Denn nur so können wir durchhalten und nachhaltig Gutes tun.

Alles andere wäre schwer, gewaltvoll mit uns selbst – sei es auch nur sprachlich in unserem inneren Dialog. Denn die Haltung macht einen Unterschied: Bin ich wohlwollend, habe ich Mitgefühl – mit mir selbst und anderen; so viel Mitgefühl, dass ich dem Unbequemen in meinem Denken, Fühlen und Handeln nicht ausweiche und es in jede meiner Handlungen einfließen kann.

Macht: Wie können wir verantwortungsvoll mit Einfluss umgehen?

Sprechen wir von neuen Machtverhältnissen, verursacht das bei vielen Angst. Die kann ganz unterschiedlich motiviert sein. Wie wir gesehen haben, ist es ein Aspekt von Veränderung, dass Ängste entstehen, wenn der Status quo infrage gestellt wird. Wenn es darum geht, das Patriarchat abzuschaffen, weckt das bei einigen die Furcht vor Verlust, davor, dominiert zu werden, vielleicht auch vor Rache.

Doch es wäre zu kurz gegriffen, bestehende Strukturen einfach aushebeln zu wollen. Ein Leben vollkommen ohne Systemsicherheit beispielsweise wird nicht automatisch gerechter. Denn fallen klare Strukturen zum Beispiel der Rechtsstaatlichkeit weg, bekommen die unsichtbaren impliziten Machtverhältnisse viel mehr Raum und können unbeschränkter Unterdrückung und Machtmissbrauch ermöglichen.[30] Das, was sich abschaffen ließe, wäre immer das Materielle, Greifbare, Sichtbare. Die unsichtbaren Kräfte, deren großen Einfluss wir festgestellt haben, würden damit nicht unbedingt mit ihrer Wirkung verschwinden.

Wenn wir wirklich etwas verändern wollen, brauchen wir auch hier andere Wege, andere Geschichten, um neue Strukturen von Macht aufzubauen. Die Systematik der bestehenden Machtverhältnisse (zum Beispiel Dominanz über andere) zu kopieren ist verlockend, würde aber nicht zu der gewünschten und notwendigen Veränderung führen. Es geht nicht darum, einfach die zu dominieren, die bisher dominiert haben. Es ist verlockend, naheliegend und ein Stück weit bequem, sich der Instrumente zu bedienen, die uns vertraut sind, um etwas am Status quo zu verändern. Doch wir haben gesehen, dass es sich lohnt, immer wieder zu hinterfragen, ob das wirklich dem Sinn entspricht oder ob nicht ein anderer, im ersten Moment unbequemerer Weg zielführender sein könnte.

In systemischen Zusammenhängen haben alle Einfluss. Wie wir gesehen haben, kann eine Alternative zu der tief verinnerlichten »Macht über« die von Brené Brown beschriebene »Macht mit/für/innerhalb« sein. Ich kann »Macht mit« leben, indem ich meine Stärken mit anderen bündele. Ich kann »Macht für« verkörpern, indem ich das Potenzial, das ich auch in anderen sehe, fördere. Ich kann »Macht innerhalb« vorleben, indem ich die innere Stärke entwickle, mit Unterschieden umzugehen und Veränderung anzustoßen, die gemeinschaftlichen Sinn in den Vordergrund stellt. In diesem Narrativ vergrößert sich unser Einfluss, wenn wir ihn mit anderen teilen.[31]

Das ist ein unbequemes Narrativ für die, die mehr Macht haben oder gerne hätten. Es ist aber das mit einer Demokratie einzig vereinbare, wenn wir es wirklich zu Ende denken. Wem geben wir die Macht? Welche Macht haben wir selbst, und wie können wir sie aktiv nutzen? Das sind Fragen, die in jedem Moment ausgehandelt werden. Fragen, die wir nicht anderen überlassen, sondern selbst immer wieder neu beantworten können.

Die Aktivistin Sonya Renee Taylor zeigt, welche zentrale Bedeutung Selbstliebe dabei einnehmen kann.[32] Wenn ich mich selbst annehme, so wie ich bin und sein werde – mit allen vermeintlichen Fehlern, Ecken und Kanten, mit allen Stärken, aller menschlichen Ungeschliffenheit –, ist das ein revolutionärer Akt. Denn es befreit mich innerlich und in der Konsequenz auch äußerlich von der Abhängigkeit von Positionen im hierarchischen Gefüge. Befreiung geht dabei immer in viele Richtungen. Befreie ich mich, befreie ich auch andere, die mich sehen und erleben, wie ein Weg des konstruktiven Aneckens gegangen werden kann. Selbstliebe mag weich und harmlos klingen. Doch sie ist ein ernst zu nehmendes und unser wichtigstes Instrument für echte Veränderung.

Statt einander – und uns selbst – kleinzuhalten, können wir mit (Selbst-)Liebe den Fokus verlagern und veraltete Vorstellungen (zum Beispiel darüber, wie wir auszusehen oder unser Leben zu gestalten haben) aufbrechen. Damit verändern wir das Konzept der Macht: Sie ist dann nichts Begrenztes mehr, das nur einige wenige innehaben können, sondern wird von uns aktiv nutzbar, um sie auf einen kollektiven Sinn auszurichten. Denn wenn ich mich selbst liebe und als Teil von Gemeinschaft verstehe, sind meine Interessen immer auch Teil unserer gemeinsamen. Wenn ich in dieser Dynamik meinen Einfluss teile, wächst meine und damit auch unsere gemeinsame Macht.

Sein: Verantwortung und Augenhöhe

Wissenschaftler*innen warnen auffällig einig und mittlerweile verzweifelt vor den katastrophalen Folgen, die unser kollektives Verhalten für das Klima hat. Doch sie scheinen uns nicht in der notwendigen Form zu erreichen, dass wir der Dramatik der Situation angemessen Veränderungen umsetzen und in der Konsequenz auch institutionelle und gesellschaftliche Strukturen anpassen. Was brauchen wir, um aus der Trance der Bequemlichkeit aufzuwachen und uns der mittel- und langfristigen Herausforderungen zum offensichtlich Besseren kollektiv und systematisch anzunehmen? Wie schaffen wir es, es uns kollektiv unbequem zu machen?

Ich habe Hoffnung, dass wir bessere Voraussetzungen dafür haben, als die meisten im ersten Moment vielleicht denken würden. Denn es lohnt sich, ein weiteres Narrativ zu hinterfragen. Nämlich die Erzählung darüber, wie wir als Menschen im Kern sind.

Der Biologe Frans de Waal umschreibt ein gängiges Menschenbild, das als »Fassadentheorie« bekannt ist. Menschen seien im Kern böse und egoistisch, und es brauche nur eine minimale Provokation, damit das zum Vorschein komme.[33]

Doch das trifft nicht zu, wie Rutger Bregman zeigt. Denn mit dieser Vorstellung der vermeintlichen Realität liegen wir seiner Meinung nach falsch.[34] Bregman legt eindrücklich dar, dass wir Menschen »im Grunde gut« sind. Die Person, die sich wie ein Monster verhält, ist die Ausnahme und nicht die Regel. Einer der vielen Beweise, die er dazu aufführt, ist unser Verhalten in Krisenzeiten. Statt zu plündern und zu rauben, öffnen Menschen ihre Häuser und helfen. Am 11. September zum Beispiel, als die Menschen die Treppen der brennenden Twin Towers in Lebensgefahr herunterliefen, erinnern sich Opfer zurück und beschreiben es als »unwirklich«[35], weil sie nicht glauben konnten, wie zuvorkommend und höflich trotz Todesangst anderen wie Verletzen und Feuerwehrleuten der Vortritt gelassen wurde.[36]

Es ist unbequem, sich von alten Ideen zu verabschieden. Aber es ist nun mal nicht naiv, verkehrt oder unrealistisch, das Gute im Menschen zu suchen und zu sehen. Was würde passieren, wenn wir diesem Narrativ mehr Raum geben würden? Wenn wir auch als Gruppen, als Volkswirtschaften, als Gesellschaften wirklich verinnerlichen würden, dass wir im Grunde gut sind? Wenn wir uns darauf konzentrieren, wie wir das ausleben können, und den unbequemen Konsequenzen nicht ausweichen?

Wir sind alle als Einzelpersonen und auch als Gemeinschaften gefragt, uns aus unserer Komfortzone zu bewegen, um uns für das einzusetzen, was uns wichtig ist – und um herauszufinden, was das ist. Wir brauchen unbequeme Gespräche, um unsere Beziehungen zu stärken. Wir brauchen das kollektive Bewusstsein, dass das Unbequeme unvermeidbar ist. Denn dann gewinnen wir Energie, weil wir uns nicht mehr damit aufhalten, den Diskomfort zu vermeiden. Dann gewinnen wir Klarheit darüber, dass wir jeden Moment entscheiden, welchen Weg wir im Hier und Jetzt einschlagen wollen.

Wir können Augenhöhe wählen.
Offenheit.
Optimismus.
Reflexion.
Verletzlichkeit.
Verbindung.
Wohlwollen.
Wertschätzung.
Mitgefühl.
Gerechtigkeit.
Frieden.
Unbequemlichkeit.
Wir können Verantwortung wählen.

Das, was wir wählen, wirkt auf die Systeme, die uns umgeben. Es prägt die Welt, in der wir leben – und die Welt, die andere erleben. Wir wissen, was zu tun ist. Denn wir sehen überall um uns herum, was passiert, wenn wir nichts tun, wenn wir dem Unbequemen ausweichen. Es liegt an uns zu handeln.

Seinen Vortrag beendete Bregman übrigens sinngemäß mit der Frage: Wer sind die Abolitionist*innen unserer Zeit?[37] Auf wen wird die Geschichtsschreibung zurückblicken und feststellen, dass sie die Vergangenheit zugunsten einer besseren Zukunft beeinflusst haben?

Ich kenne viele Menschen, denen ich zutraue, dass sie es sein könnten. Sie haben dieses Buch inspiriert, sie geben mir Hoffnung. Denn ich weiß, wie hart es sein kann, sich schon bei kleinen Themen aufzulehnen. Doch da fängt es an: das Trainieren des Muskels der Unbequemlichkeit. Von dort können wir lernen und weitergehen und uns Schritt für Schritt stark machen für das, was wirklich zählt.

Das kann wehtun, und mit diesem Buch wird der Schmerz des Unbequemen nicht ausbleiben. Doch er wird sich vielleicht etwas verändern, weil wir ihn besser verstehen und erkennen, wie unverzichtbar er ist. Was würde es mit unserer Welt machen, wenn wir dem Unbequemen nicht ausweichen, unsere Macht teilen und unsere Liebe in Aktion übersetzen würden?

SCHLUSS

»You have to act as if it were possible to radically transform the world. And you have to do it all the time.« [38]

Angela Davis

Darüber zu schreiben, dem Unbequemen nicht auszuweichen, ist unbequem. Mit jedem Satz, den ich schreibe, jedem*r Wissenschaftler*in und jedem*r Autor*in, den*die ich zitiere, schwingt die Frage mit: Lebe ich selbst das, was ich fordere?

Seit Jahren beschäftigt mich die Kraft des Unbequemen für Individuum und Gesellschaft. Ich bin auch für dieses Buch eine Reise angetreten. Als Meisterin darin, sich alles so zurechtzubiegen, dass es passt, habe ich lange konsequent vermieden, unbequeme Themen aufzuwirbeln. Es war unangenehm, mich auf den Weg zu machen. Um umzudenken. Um mutiger zu fühlen. Um meine Privilegien zu reflektieren. Um Aufrichtigkeit zu verkörpern. Um Heikles in der Interaktion mit anderen anzusprechen. Um ohne Gewalt zu streiten. Richtig gut bin ich in all dem nicht geworden. Aber vielleicht ist das auch nicht der Sinn der Sache.

Vielleicht ist es der einzig aufrichtige und zugegeben unbequeme Weg, das zu erkennen. Es geht nicht darum, alles immer richtig zu machen. Ein Leben wird nicht gelebt, um richtig oder besser als andere zu sein. »Sei durchschnittlich«,[39] rät Keith Johnstone, Mitbegründer des Improvisationstheaters, in unserem Gespräch für dieses Buch.

Ein im ersten Moment eher nicht so attraktiver, unspektakulärer Rat. Doch je länger er nachhallt, desto vernünftiger kommt er mir vor: Der Druck, es richtig gut zu machen – sei es auf der Bühne oder im Leben –, lässt uns verkrampfen, er strengt an und kostet Energie. Er trennt uns von anderen. Denn statt mich auf andere einzulassen, versuche ich, mich über sie zu stellen, besser zu sein, ein Narrativ zu bedienen, dem ich nicht mehr folgen möchte. Denn es geht im Leben nicht primär um das Bild, das ich nach außen zeige. Es geht um das Vertrauen, das Erleben im Ich und Du.[40]

Die aufrichtige belastbare Verbindung zu mir selbst und zu anderen Menschen entsteht nicht, wenn ich versuche, mich über andere zu stellen. Das Ziel ist nicht, alles zu perfektionieren, um hervorzustechen. Sondern Selbstliebe, Aufrichtigkeit, Offenheit, einander gegenseitig Raum zu geben – und Teil einer gemeinsamen Resonanz zu sein, in der Sinn Platz finden kann.

So schaffen wir im Kleinen und in der Konsequenz auch im Großen eine Welt, in der wir einander nicht als Gegenspieler*innen, nicht als Täter*innen oder Opfer, nicht als Gewinner*innen oder Verlierer*innen, nicht als richtig oder falsch zu sehen. Sondern in der wir erkennen und wirklich leben, dass wir gleichwertig sind. Dass wir uns nicht von den so verbreiteten, so natürlich erscheinenden Hierarchien und Unterdrückungssystemen verleiten lassen. Wir alle sind wertvoll und gefragt, das zu verkörpern, indem wir uns selbst lieben (lernen) und einander auf Augenhöhe begegnen – auch und gerade wenn wir anecken.

Es ist eine große Herausforderung, vor der wir gemeinsam stehen: Reibung als neuen Schlüssel für ein gerechteres, aufrichtiges Miteinander zu erkennen und mit Respekt und Mitgefühl Konflikte zu lösen. Das ist eine Mammutaufgabe. Doch wenn wir es schaffen, kann das eine Antwort auf die Frage nach den Ursachen der Probleme sein, vor denen wir stehen.

Wir wissen, was zu tun ist. Jetzt sind wir gefragt, uns auf den Weg zu machen und trotz des Unbehagens auch die Schönheit des Unbequemen zu entdecken.

ANLEITUNGEN ZUM ANECKEN

Veränderung braucht Aktion. Wer mit diesem Buch noch weiterarbeiten möchte, kann sich einen digitalen Anhang mit weiterführenden Übungen, Reflexionsfragen und Ideen für Gespräche herunterladen: unbequem-buch.de/anleitungen

DANK

Ich danke von ganzem Herzen:

All den wunderbaren Menschen, die hier nicht namentlich erwähnt sind, ohne die es dieses Buch aber nicht gäbe: Menschen, die ich mit meiner Arbeit begleiten darf und die eine Quelle der Inspiration und Motivation sind. Mich bewegt die Energie sehr, mit der wir uns gegenseitig hochheben und unseren Einfluss teilen.

Ganz besonders möchte ich meiner Lektorin Angelika Künne danken (und dem ganzen Team von Atlantik/Hoffmann und Campe) für die riesige Hilfe und alles, was ich durch euch lernen durfte.

Henrietta Reese, dafür, dass du diesem Buch deine klugen Gedanken, humorvolle Geduld und dein großes Talent geschenkt hast. Imke Rösing, für deine Zeit, das Sparring und die sehr hilfreiche Begleitung durch diesen Prozess. Dennis Heinbokel, Silke Schlichting und besonders auch Victoria Linnea für das aufmerksame und einfühlsame Lesen, Kommentieren und dass ich euch mit den Texten vertrauen konnte.

Dem großartigen Team der Female Leadership Academy. Danke euch fürs unermüdliche Rücken-frei-Halten, vor allem Ann-Christiane Doms, Daniela Faßbach, Sylta Schirrmacher, Julia Klein, Jasmin Spitzer, Merle Schneider und Bilge Ertugrul.

Es ist unglaublich, was ihr auf die Beine stellt, und ich bin sehr dankbar, mit euch unserer großen Mission folgen zu dürfen. Lena Kalser, Lilly Pichler und Samira Gruber als erweitertes Team: Danke für eure riesige gestalterische Hilfe und das feine Gespür für das Schöne.

Den Interviewpartner*innen, die mir ihre Zeit und Perspektive für dieses Buch geschenkt haben. Darunter Anna Fuchs, Anastasia Umrik, Keith Johnstone, Margret Paul, Marilyn Waring, Stephan Rammler und ganz besonders auch Alexandra Bielecke (danke für deine Zeit und Expertise).

All den Menschen, die mich mit ihrer Arbeit persönlich begleiten oder von denen ich aus der Ferne lernen darf. Euer Einfluss spielt hier eine große Rolle, auch wenn er namentlich nicht erwähnt wird, darunter Alice Gedamu (danke für deine große Hilfe), Bettina Rollow, Emilia Roig, Kübra Gümüşay, Kristina Lunz, Lisa Jaspers (danke auch für deine wertvollen Kommentare und Spontaneität), Naomi Ryland und die ganze »Starting a Revolution«-Gruppe, Marie Stegmann, Teresa Bücker und viele andere Vordenker*innen und Umsetzer*innen, die den Weg ebneten.

Menschen, die wahrscheinlich, ohne es zu wissen, dieses Buch besonders geprägt haben, so herzlich, so charakterstark und manchmal auch so herrlich unbequem: Azza Shoaibi, Gerd Schmidt, Joachim Dietz, Julia Büthe, Leo Mittelholzer und Urs Fankhauser. Ich habe so viel von euch lernen dürfen und trage das in meinem Herzen.

Nicht nur Kinder, sondern auch Erwachsene brauchen ein Dorf an Menschen für ihr Leben. Das hat mir der Inhalt, aber auch die Schreibzeit dieses Buches gezeigt. Meiner Familie und meinen Freund*innen bin ich so unfassbar dankbar. Besonders Andrea, Anna, Bettina, Christine/Siggi, Dennis, Elly, Frauke, Frieder, Hamzi, Hannes, Julia (Ejupi), Julia (Seeliger), Kinga, Lars, Martin, Mónica, Nils, Otto, Philipp, Sina, Ulrike, Vanessa und Yasemin. Danke fürs Zuhören, Diskutieren, Nachfragen, Durchlesen, Kindbetreuen, Bestärken, Hinterfragen, Dasein – und für all die kleinen und großen Momente der Inspiration, Geborgenheit und Zugehörigkeit, die auch in Streit und Diskussion für mich mit jeder Faser meines Körpers spürbar sind.

Meinen Eltern. Ich liebe euch und bin unendlich dankbar für eure bedingungslose Liebe, mit der ihr uns unbequemen feministischen Töchtern die wichtigste Ressource für die Zukunft geschenkt habt.

Hannah. Danke, dass du so viele Stunden mit den Texten und Gedanken dieses Buches verbracht hast – und viele der Ideen hier mit dir entstanden sind. Ich bewundere dich und weiß bis heute nicht, wie du es machst, so herzenswarm, klug, zugewandt und gleichzeitig in den richtigen Momenten so unbequem zu sein. Du bist eine Inspiration, und durch dich weiß ich, was Liebe ist.

John. Ohne dich wäre dieses Buch nicht fertig geworden. Danke für deine Geduld, deine Offenheit, deinen klugen Kopf und die Lust und Kraft, zusammen zu wachsen. Danke für die Liebe, die wir teilen. Mit dir ist das Leben bunter, reicher, einfach viel schöner. Ich liebe dich.

Zwischen der ursprünglichen Idee dieses Buches und seiner Veröffentlichung ist unser Kind zur Welt gekommen. Du verkörperst die Liebe, die in allem stecken kann, und damit auch die Schönheit, die ich im Unbequemen sehe. Durch dich darf ich so viel lernen und das Leben immer wieder neu entdecken. Auch deinetwegen gibt es dieses Buch – in großer Sorge und gleichzeitig tiefer Hoffnung, dass wir Erwachsenen es schaffen, wider Erwarten eine bessere Welt zu hinterlassen.

ANHANG

ANMERKUNGEN

Einleitung

1 Vgl. Digitales Wörterbuch der deutschen Sprache zum Wort »bequem«: https://www.dwds.de/wb/bequem

2 Vgl. »bequem« auf Duden online: https://www.duden.de/rechtschreibung/bequem#Bedeutung-1 Die Worte Komfort und Bequemlichkeit sowie Diskomfort und Unbequemlichkeit werden hier synonym verwendet.

3 Vgl. »unbequem« auf Duden online: https://www.duden.de/rechtschreibung/unbequem

4 Als Diskriminierung wird die ungleiche, benachteiligende und ausgrenzende Behandlung von Menschen bezeichnet aufgrund bestimmter (konstruierter) Merkmale. Diskriminierungsformen umfassen zum Beispiel Rassismus, Antisemitismus, Sexismus, Klassismus (Diskriminierung aufgrund des sozialen Status), Heterosexismus (Diskriminierung von nicht heterosexuellen Menschen), Cissexismus (Diskriminierung von Menschen, die sich nicht im binären Geschlechtermodell verorten), Ableismus (Diskriminierung von Menschen mit Behinderung). Definitionen hierzu sind beispielsweise beim Informations- und Dokumentationszentrum für Antirassismusarbeit e. V. zu finden: https://www.idaev.de/fileadmin/user_upload/pdf/publikationen/Flyer/2022_Flyer_Intersektionalitaet.pdf

5 Unter dem Schlagwort »Querdenken« ist eine Coronaprotestbewegung 2020 bekannt geworden und vertritt eine Mischung aus verschwörungsmythischen und esoterischen Überzeugungen. Dabei inszenieren sich ihre Anhänger*innen als diejenigen, die gegen Stigmatisierung und Repression an ihren Grundsätzen festhalten und die vermeintlich tatsächlichen Hintergründe staatlicher Maßnahmen kennen. Vgl. Nadine Frei, Oliver Nachtwey: »Quellen des ›Querdenkertums‹. Eine politische Soziologie

der Corona-Proteste in Baden-Württemberg« (2021. https://www.boell-bw.de/sites/default/files/2022-01/Quellen%20des%20Querdenkertums_Frei_Nachtwey.pdf

6 Jaron Lanier beschreibt in seinem TED-Talk »How we need to remake the internet« (2018) eindrücklich, wie Angst im digitalen Raum als effektives Instrument eingesetzt wird: https://www.ted.com/talks/jaron_lanier_how_we_need_to_remake_the_internet

7 Vgl. Emilia Roig: »Why We Matter. Das Ende der Unterdrückung« (2021), Aufbau Verlag, Berlin S. 14.

8 Den Hinweis zu cis Männern und cis Frauen sowie nichtbinären und transgeschlechtlichen Menschen hat die Autorin ergänzt. Dies kommt so in der ursprünglichen Darstellung des Integrationsparadoxes von El-Mafaalani nicht vor.

9 Vgl. Aladin El-Mafaalani: »Mythos Bildung – Die ungerechte Gesellschaft, ihr Bildungssystem und seine Zukunft« (2020), Kiepenheuer & Witsch, Köln.

10 Ebd., S. 249.

11 Friedemann Schulz von Thun: »Miteinander reden: 1 Störungen und Klärungen – Allgemeine Psychologie der Kommunikation« (2008), Rowohlt Verlag, Reinbek bei Hamburg, S. 19 f.

12 Vgl. ebd., S. 21.

13 Soziale und wirtschaftliche Ungleichheit allein muss sich per se nicht negativ oder positiv auf Gesellschaften auswirken. Geht sie allerdings einher mit fehlender Chancengleichheit und niedriger sozialer Mobilität, hat das polarisierende und eindeutig negative Konsequenzen. In Deutschland ist dieser Effekt deutlich sichtbar, zum Beispiel in der Verteilung von Kapital: »In kaum einem anderen Industrieland bleibt arm so häufig arm und reich so häufig reich.« Vgl. Marcel Fratzscher: »Sozialer Sprengstoff« (29.9.2017), ZEIT Online, https://www.zeit.de/wirtschaft/2017-09/ungleichheit-deutschland-bundestagswahl-afd-bundesregierung

14 Roxane Gay: »Bad Feminist: Essays« (2014), Harper Perennial, New York, zit. nach Kübra Gümüşay: »Sprache und Sein« (2021), Hanser, München, S. 179.

Individuum – Unbequem mit mir

1 In der deutschen Übersetzung gefunden in: Ryan Holiday und Stephen Hanselmann: »Der tägliche Stoiker. 366 nachdenkliche Betrachtungen über Weisheit, Beharrlichkeit und Lebensstil«,

aus dem Englischen von Elisabeth und Thomas Gilbert (2018), FinanzBuch Verlag, München, S. 204.

2 Gefunden in: Bettina Rollow und Joana Breidenbach: »New Work needs Inner Work. Ein Handbuch für Unternehmen auf dem Weg zur Selbstorganisation«, © 2019, Verlag Franz Vahlen, München. Die Grafik wurde angepasst von der Autorin.

3 Vgl. »New Work Needs Inner Work« (2019), von Bettina Rollow und Joana Breidenbach: Verlag Franz Vahlen, München. Robert Livingston geht in »The Conversation: How Talking Honestly About Racism Can Transform Individuals and Organizations« (2021), Penguin Random House, New York, auf die Inspirations- beziehungsweise Lernzone als den Ort ein, wo Unterhaltungen mit transformativer Kraft (in seiner Arbeit zu Antirassismus) stattfinden können.

4 Das Konzept von »Psychologischer Sicherheit« (»psychological safety«) wurde von William Kahn in »Psychological Conditions of Personal Engagement and Disengagement at Work« (1990), Academy of Management Journal 11, S. 692–724, entwickelt. Aufgegriffen und weiterentwickelt hat es beispielsweise Amy Edmondson in: »Teaming: How Organizations Learn, Innovate, and Compete in the Knowledge Economy« (2012), Jossey-Bass Pfeiffer, San Francisco. Oder auch Daniel Coyle in: »The Culture Code: The Secrets Of Highly Successful Teams« (2018), Penguin Random House, New York.

5 Vgl. Yuval Noah Harari: »Eine kurze Geschichte der Menschheit«, aus dem Englischen von Jürgen Neubauer (2015), Random House, München.

6 Vgl. ebd.

7 Der Begriff »Rassismus« wird verwendet, obwohl es keine menschlichen Rassen gibt. Dennoch werden bestimmte Gruppen immer noch aufgrund von Rassendenken diskriminiert, obwohl Rassentheorien veraltet sind und als menschenverachtend erkannt werden. Um diese Ungleichbehandlung zu benennen, wird das Wort »Rassismus« verwendet.

8 Zu Fragen intersektionaler Gerechtigkeit leistet beispielsweise das Centre for intersectional Justice Forschungs- und Bildungsarbeit: https://www.intersectionaljustice.org/img/intersectionality-report-summary_FINAL_fihd6j.pdf

9 Der TED-Talk »The Urgency of Intersectionality« von Kimberlé Crenshaw gibt einen guten Überblick über das Konzept von Intersektionalität und ihrer Arbeit: https://www.ted.com/talks/kimberle_crenshaw_the_urgency_of_intersectionality

10 Amnesty International: »Männer sollten lieber auf Frauen hö-

ren, wenn es um Sexismus geht« (März 2022), Interview mit Dr. Emilia Roig: https://www.amnesty.de/informieren/amnesty-journal/frauenrechte-interview-emilia-roig

11 Inspiriert ist diese Übersicht unter anderem von dem Autor Seth Godin, der in einem Newsletter und seinem Buch »This is Marketing« (2018), Penguin Random House, UK, London, Ideen zu Konsument*innen-Psychologie und Kommunikation teilt.

12 Vgl. Eugene T. Gendlin: »Focusing – Selbsthilfe bei der Lösung persönlicher Probleme«, aus dem amerikanischen Englisch von Katharina Schoch (1998), Rowohlt Taschenbuch Verlag, Reinbek bei Hamburg.

13 Jesper Juul: »Dein kompetentes Kind: Auf dem Weg zu einer neuen Wertgrundlage für die ganze Familie«, aus dem Dänischen von Knut Krüger (2016), Rowohlt, Reinbek bei Hamburg, S. 59.

14 Vgl. ebd.

15 Vgl. ebd.

16 Das Originalzitat lautet: »The difficulty lies not in the new ideas but in the old ones which ramify, for those of us brought up as most of us have been, into every corner of our minds.« Aus dem Vorwort zu: John Maynard Keynes: »The General Theory of Employment, Interest, and Money«/ »Allgemeine Theorie der Beschäftigung, des Zinses und des Geldes« (1936), Macmillan, London, https://www.marxists.org/reference/subject/economics/keynes/general-theory/preface.htm
Motto entnommen aus: John Maynard Keynes: »Allgemeine Theorie der Beschäftigung, des Zinses und des Geldes«, aus dem Englischen von Fritz Waeger, © 1936, Dunckler & Humblot, Berlin.

17 Vgl. Gerda Lerner: »Die Entstehung des Patriarchats« (1997), dtv, München.

18 Vgl. Caroline Criado Perez: »Unsichtbare Frauen: Wie eine von Daten beherrschte Welt die Hälfte der Bevölkerung ignoriert«, aus dem Englischen von Stephanie Singh (2020), BTB, München.

19 Vgl. JJ Bola: »Mask Off: Masculinity Redefined« (2019), Pluto Press, London.

20 Vgl. Helene Schumacher: »Why more men than women die by suicide« (18.3.2019), in: BBC Psychology: https://www.bbc.com/future/article/20190313-why-more-men-kill-themselves-than-women und http://gamapserver.who.int/gho/interactive_charts/mental_health/suicide_rates/atlas.html, basierend auf WHO 2018 Data

21 Emilia Roig: »Why We Matter: Das Ende der Unterdrückung« (2021), Aufbau Verlag, Berlin. S. 45.

22 Vgl. Bundesministerium für Familie, Senioren, Frauen und Jugend: »Gender Care Gap – ein Indikator für die Gleichstellung« (2019), https://www.bmfsfj.de/bmfsfj/themen/gleichstellung/gender-care-gap/indikator-fuer-die-gleichstellung/gender-care-gap-ein-indikator-fuer-die-gleichstellung-137294 und Statistisches Bundesamt: »Gender Pay Gap 2021: Frauen verdienten pro Stunde weiterhin 18 % weniger als Männer« (2022), https://www.destatis.de/DE/Presse/Pressemitteilungen/2022/03/PD22_088_621.html

23 Vgl. Bundesministerium für Familie, Senioren, Frauen und Jugend: »Gender Care Gap – ein Indikator für die Gleichstellung« (2019), https://www.bmfsfj.de/bmfsfj/themen/gleichstellung/gender-care-gap/indikator-fuer-die-gleichstellung/gender-care-gap-ein-indikator-fuer-die-gleichstellung-137294 In Deutschland wurde der Gender-Care-Gap auf Basis der Zeitverwendungserhebungen des Statistischen Bundesamtes 2012/13 das erste Mal berechnet. Er erfasst, um wie viel Prozent die Zeit, die Frauen täglich für unbezahlte Sorgearbeit verwenden, von der abweicht, die Männer aufwenden. Zum Zeitpunkt der Erhebung waren es 52,4 Prozent. Vgl. Nina Klünder: »Differenzierte Ermittlung des Gender Care Gap auf Basis der repräsentativen Zeitverwendungsdaten 2012/13. Expertise für den Zweiten Gleichstellungsbericht der Bundesregierung« (2017): https://www.gleichstellungsbericht.de/kontext/controllers/document.php/30.b/a/f83f36.pdf

24 Vgl. Statistisches Bundesamt: »Gender Pay Gap 2021: Frauen verdienten pro Stunde weiterhin 18 % weniger als Männer« (2022): https://www.destatis.de/DE/Presse/Pressemitteilungen/2022/03/PD22_088_621.html Zum Gender-Pay-Gap gibt es hier ein Überblicksdossier vom Bundesministerium für Familie, Senioren, Frauen und Jugend:
https://www.bmfsfj.de/bmfsfj/service/publikationen/kinder-haushalt-pflege-wer-kuemmert-sich–160278

25 Wem wird mehr Wert zugesprochen: der Reinigungsfrau oder dem CEO?

26 Emilia Roig: »Why We Matter – Das Ende der Unterdrückung«, S. 46.

27 Ebd., S. 47.

28 Der sogenannte Confirmation-Bias beschreibt die Tendenz, dass wir neue Erkenntnisse als Bestätigung für bestehende Überzeugungen interpretieren. Vgl. Nassim Nicholas Taleb: »The

Black Swan« (2007), Random House, New York, auf Deutsch in vollständig überarbeiteter Fassung erschienen unter dem Titel: »Der Schwarze Schwan. Die Macht höchst unwahrscheinlicher Ereignisse«, aus dem Englischen von Ingrid Pross-Gill (2020), Penguin Verlag, München.

29 Vgl. Francis Bacon, Levin L. Schücking (Hg.): »Essays oder praktische und moralische Ratschläge« (1986), Reclams Universal-Bibliothek Band 8358, Der Philosoph Francis Bacon (1561–1626) schrieb in seinen »Essays« (1597) Lateinisch »Ipsa scientia potestas est«. In der Ausgabe von 1598 dann Englisch: »Knowledge itself is power«.

30 In Deutschland dürfen laut Entgelttransparenzgesetz Arbeitnehmer*innen bei ihrem Arbeitgeber Auskunft über ihr Gehalt im Vergleich zu Kolleg*innen verlangen. Das gilt allerdings nur für Unternehmen mit mehr als 200 Mitarbeiter*innen und unter der Bedingung, dass es mindestens sechs Mitarbeiter*innen in vergleichbarer Position gibt. Eine Studie der Beratungsgesellschaft Kienbaum aus dem Jahr 2022 zum Thema Gehaltstransparenz ergab, dass rund 71 Prozent der Mitarbeiter*innen sich mehr Transparenz beim Thema Gehalt durch ihren Arbeitgeber wünschen. Vgl. Michael Kind, Arne Sievert, Thomas Thurm: »Gehaltstransparenz 2020« (28.10.2020): https://www.kienbaum.com/de/publikationen/gehaltstransparenz-2020/

31 Die Finanzkrise 2008 ist auch medial umfangreich aufgearbeitet worden. Ein Beispiel für vermeintlich mangelnden Durchblick ist das Verhalten der Ratingagenturen, das es möglich machte, dass faule Kredite im Umlauf sein konnten. Die Ratingagentur Standard & Poor's wurde dafür sogar verklagt. Vgl. zum Beispiel Pao Engelbrecht: »Crashkurs Finanzkrise« (2018), im Magazin Fluter: https://www.fluter.de/finanz-und-bankenkrise-einfach-erkl%C3%A4rt

32 Der Homo oeconomicus ist eine »Modellvorstellung der Wirtschaftstheorie eines idealen, ausschließlich nach wirtschaftlichen Gesichtspunkten denkenden und handelnden Menschen«. Bundeszentrale für Politische Bildung: »Das Lexikon der Wirtschaft« https://www.bpb.de/kurz-knapp/lexika/lexikon-der-wirtschaft/19635/homo-oeconomicus/ Dieses »Ideal« dient als grundlegende Annahme vieler grundlegender Modelle, um wirtschaftliche Zusammenhänge zu erklären. Die Fragwürdigkeit und die signifikanten Konsequenzen dieser Tatsache erläutert die Ökonomin Kate Raworth in: »Doughnut Economics: Seven Ways to Think Like a 21st-Century Economist« (2017), Random House Business, London.

33 Die Literaturwissenschaftlerin bell hooks nennt es »worship of money« in: »All About Love – New Visions« (2001), Harper Collins, New York. Das Buch ist 2022 in deutscher Übersetzung erschienen: bell hooks: »Alles über Liebe – Neue Sichtweisen«, aus dem Englischen von Heike Schlatterer (2021), HarperCollins, Hamburg.

34 Vereine wie LobbyControl e.V. oder Parlamentwatch e.V. betreiben Aufklärungsarbeit zum Einfluss von Lobbyismus auf Politik und machen dabei immer wieder interessante Zusammenhänge transparent: https://www.lobbycontrol.de/ und https://www.abgeordnetenwatch.de/

35 2007 wurde das Wort »Klimakatastrophe« von der Gesellschaft für deutsche Sprache zum »Wort des Jahres« gewählt. »Dieser Ausdruck kennzeichnet prägnant die bedrohliche Entwicklung, die der Klimawandel nimmt.« Vgl. https://gfds.de/wort-des-jahres-2007-klimakatastrophe/
Das Ausmaß der Bedrohung macht die Initiative Scientists for Future deutlich, ein weltweiter unabhängiger Zusammenschluss von Wissenschaftler*innen, der die Forderungen von Fridays for Future unterstützt und das politische Handeln als unzureichend erklärt: https://scientists4future.org/ und https://de.scientists4future.org/

36 Vgl. zum Beispiel Tagesschau Analyse: »Was von der ›Klimakanzlerin‹ bleibt« (1.11.2021), https://www.tagesschau.de/inland/innenpolitik/merkel-klimapolitik-bilanz-101.html

37 Vgl. B. Krais, G. Gebauer: »Habitus« (2008), transcript Verlag, Bielefeld.

38 Die Habitusbeschreibungen in diesem Abschnitt basieren auf Aladin El-Mafaalani: »BildungsaufsteigerInnen aus benachteiligten Milieus. Habitustransformation und soziale Mobilität bei Einheimischen und Türkeistämmigen« (2012), Springer VS, Wiesbaden, und Aladin El-Mafaalani: »Mythos Bildung – Die ungerechte Gesellschaft, ihr Bildungssystem und seine Zukunft« (2020), Kiepenheuer & Witsch Köln, S. 42–49.

39 Vgl. Hanna Zobel: »Warum ich künftig extra laut nach einem Tampon fragen werde« (8.4.2019), Der Spiegel Panorama: https://www.spiegel.de/panorama/period-shame-warum-schaemen-wir-uns-fuer-unsere-menstruation-a-f036c8e4-660e-4894-bb7a-2573762fc4f8

40 Eine Übersicht vor allem auch zur Kritik am »›frei‹ wirkenden Willen« gibt beispielsweise Professor Gerhard Roth in »Homo neurobiologicus – ein neues Menschenbild?« in: »Aus Politik und Zeitgeschichte« (APuZ), herausgegeben von der Bundes-

zentrale für Politische Bildung, erschienen am 16.10.2008 https://www.bpb.de/shop/zeitschriften/apuz/30879/homo-neurobiologicus-ein-neues-menschenbild/

41 Vgl. Antonio R. Damasio: »Decartes' Error« (1994), G.P. Putman's Sons, New York, S.165–204. Annie Murphy Paul: »The Extended Mind. Thinking Outside the Brain« (2021), Houghton Mifflin Harcourt, New York, S. 26 f.

42 Vgl. C.L. Mandle, et al.: »The Efficacy of Relaxation Response Interventions with Adult Patients: A Review of the Literature« (1996), Journal of Cardiovascular Nursing 10, S. 4–26, und M. Nakao, et al.: »Anxiety Is a Good Indicator for Somatic Symptom Reduction Through Behavioral Medicine Intervention in a Mind/Body Medicine Clinic« (2001), Psychotherapy and Psychosomatics 70, S. 50–57. Bessel van der Kolk: »The Body Keeps the Score – Mind, brain and body in the transformation of trauma« (2015), Penguin Random House, London, S. 207.

43 Vgl. Annie Murphy Paul: »The Extended Mind. Thinking Outside the Brain« (2021), Houghton Mifflin Harcourt, New York.

44 Dor Abrahamson, Raúl Sánches-García: »Learning is Moving in New Ways: The Ecological Dynamics of Mathematics Education«, (2016), in: Journal of the Learning Sciences 25, S. 203–39, https://www.researchgate.net/publication/290045699_Learning_Is_Moving_in_New_Ways_The_Ecological_Dynamics_of_Mathematics_Education

45 Vgl. Annie Murphy Paul: »The Extended Mind. Thinking Outside the Brain«, ebd., S. 80.

46 Zum Beispiel wird es für Erwachsene leichter, andere zu verstehen, wenn diese ihr gesprochenes Wort mit wirkungsvoller Gestik veranschaulichen. Vgl. Nicole Dargue und Naomi Sweller: »Two Hands and a Tale: When Gestures Benefit Adult Narrative Comprehension« (August 2020), in: Learning and Instruction 68, https://www.researchgate.net/publication/340467324_Two_hands_and_a_tale_When_gestures_benefit_adult_narrative_comprehension Außerdem steigt die Wahrscheinlichkeit, dass wir uns an Gesagtes erinnern, wenn dieses mit Gestik während des Sprechens untermalt gewesen ist. Vgl. Ruth Breckinridge Church, Philip Garber und Kathryn Rogalski: »The Role of Gesture in Memory and Social Communications« (Juli 2007), in: Gesture 7, S. 137–158. https://www.researchgate.net/publication/233606160_The_role_of_gesture_in_memory_and_social_communication

47 Vgl. Núria Esteve-Gilbert, Pilar Prieto: »Infants Temporally Coordinate Gesture-Speech Combinations Before They Produ-

ce Their First Words« (Februar 2014), in: Speech Communication 57, S. 301–316.

48 Vgl. Annie Murphy Paul: »The Extended Mind. Thinking Outside the Brain«, ebd.

49 Niina Venetjoki et al.: »The Effect of Speech and Speech Intelligibility on Task Performance« (September 2006), in: Ergonomics 49, S. 108–91.

50 Vgl. Annie Murphy Paul: »The Extended Mind. Thinking Outside the Brain«, ebd., S. 91 ff.

51 Vgl. Yannick Joyce, Agnes van den Berg: »Nature Is Easy on the Mind: An Integrative Model for Restoration Based on Perceptual Fluency«, ebd. Die Thesen dieses Aufsatzes wurden auf der 8. Biennial Conference on Environmental Psychology im September 2010 vorgestellt. Vgl. Annie Murphy Paul: »The Extended Mind. Thinking Outside the Brain« (2021), Houghton Mifflin Harcourt, New York.

52 Vgl. Jason P. Mitchell et al.: »Thinking About Others: The Neural Substrates of Social Cognition« (2006), in Social Neuroscience: People Thinking About Thinking People, ed. Karen T. Litfin, MIT Press, Cambridge, S. 63–82.

53 Vgl. Carl E. Wieman: »Improving How Universities Teach Science: Lessons from the Science Education Initiative » (2017), Harvard University Press, Cambridge; Carl E. Wieman: »Ideas for Improving Science Education«, (2.9.2013), New York Times.

54 Joan Wylie (Hg.): »Conversations with Audre Lorde« (2004), Jackson, Mississippi, S.91, übersetzt von der Autorin. Im Original lautet das Zitat: »Our feelings are our most genuine path to knowledge.«
Ursprünglich befindet sich das Zitat in: Claudia Tate (Hg.): »Black Women Writers at Work« (1983), mit einem Vorwort von Tillie Olson, © 1983, Continuum, New York. Das Zitat stammt aus einem Interview, das Claudia Tate im Jahr 1982 mit Audre Lorde führte.

55 Vgl. Joan Wylie (Hg.): »Conversations with Audre Lorde« (2004), Jackson, Mississippi, S. 91, übersetzt von der Autorin. Im Original lautet das Zitat: »Our feelings are our most genuine path to knowledge.«

56 René Descartes: »Untersuchungen über die Grundlagen der Philosophie« (2016), Edition Holzinger, Berlin.(Original: »Meditationes de prima philosophia«, 1641). Er schlussfolgerte: »Cogito ergo sum« – »Ich denke, also bin ich«.

57 Übersetzt von der Autorin. Im Original lautete das Zitat: »I feel therefore I am.« In: A. D. Craig: »How Do You Feel? An

Interoceptive Moment with Your Neurobiological Self« (2014), Princeton University Press, Princeton, xvii, S. 182. A.D. Craig ist Neuroanatomist und Interozeption-Experte. Er sieht die interozeptive Bewusstheit als die Basis des »materiellen Ichs« und somit als die Quelle unseres grundlegenden Wissens über uns. Weil unsere Muskeln sich anspannen, unsere Herzen schlagen, wir die Luft in unseren Lungen spüren – deshalb wissen wir, dass wir ein kontinuierliches Ich haben seit dem Tag unserer Geburt. Interozeption definiert Craig deshalb als »das Gefühl, lebendig zu sein«.

58 bell hooks: »All About Love – New Visions« (2001), William Morrow Paperbacks, New York.

59 Donna Jeanne Haraway: »Staying with the Trouble: Making Kin in the Chthulucene« (2016), Academic Press, Cambridge.

60 Streng genommen bedeuten die Worte Gefühl und Emotion nicht dasselbe. Während der Begriff Emotion eher den Affekt beschreibt, der kurzfristig als eine Art innere Bewegung ausgelöst wird, benennt das Wort Gefühl eher das sensorische Erleben. Vgl. Antonio Damasio: »Ich fühle, also bin ich.« (2000), List TB, München. Beide Worte werden im allgemeinen Sprachgebrauch zumeist äquivalent verwendet. So auch in diesem Text.

61 Barrett zeigt, dass es berechtigten Zweifel an der weit verbreiteten »klassischen Perspektive auf Emotionen« (»classical view of emotion«) gibt. Sie legt nahe, dass diese auf Basis neuer Erkenntnisse abgelöst wird durch die »Theorie der konstruierten Emotionen« (»theory of constructed emotion«). Vgl. Lisa Fedman Barrett: »How Emotions Are Made – The Secret Life of the Brain« (2017), Pan Books, London.

62 Vgl. Paul Ekman: »An Argument for Basic Emotions.« in: Cognition and Emotion 6, S. 169–200. Paul Ekman: »Emotions Revealed: Recognizing Faces and Feelings to Improve Communication and Emotional Life« (2007), Henry Holt, New York.

63 Vgl. Lisa Fedman Barrett: »How Emotions Are Made – The Secret Life of the Brain« (2017), Pan Books, London.

64 Es gibt Menschen, denen es schwer bis nicht möglich ist, einen Zugang zu ihren Gefühlen aufzubauen, zum Beispiel weil sie unter Alexithymie leiden, mehr dazu ist etwa im Wissenschaftsmagazin Quarks zu finden: Claudia Wiggenbröker: »Alexithymie – Darum können manche Menschen mit ihren Gefühlen nichts anfangen« (14.7.2021), https://www.quarks.de/gesellschaft/psychologie/alexithymie-darum-koennen-manche-menschen-mit-ihren-gefuehlen-nichts-anfangen/

65 Vgl. Bettina Rollow und Joana Breidenbach: »New Work Needs Inner Work« (2019), Verlag Franz Vahlen, München, S. 35.

66 Dabei spielen sogenannte Spiegelneuronen eine Rolle. Sie aktivieren im Gehirn des Beobachters das gleiche Erleben, als würde dieser die Handlung selbst ausführen. Wir ahmen unbewusst den Gesichtsausdruck unseres Gegenübers nach und empfinden daher das gleiche Gefühl, das wir wahrnehmen – in abgeschwächter Form. Eine Übersicht der populären, aber nicht unumstrittenen Erkenntnisse zu Spiegelneuronen und ihrer Wirkung auf unsere Fähigkeit mitzufühlen finden sich zum Beispiel in Susanne Schmetkamp: »Theorie der Empathie zur Einführung« (2019), Junius Verlag, Hamburg.

67 Vgl. Marshall B. Rosenberg: »Gewaltfreie Kommunikation: Eine Sprache des Lebens«, aus dem Englischen von Ingrid Holler (2016), Junfermann Verlag, Paderborn.

68 Vgl. ebd.

69 Basierend auf Stavros Mentzos, Alois Münch (Hg.): »Reflexionen zu Aspekten einer Theorie der Psychosen« (2010), Vandenhoeck und Ruprecht Verlag, Göttingen.

70 Angelehnt an: Bettina Rollow und Joana Breidenbach: »New Work Needs Inner Work« (2019) von Joana Breidenbach; Bettina Rollow: New Work needs Inner Work. Ein Handbuch für Unternehmen auf dem Weg zur Selbstorganisation © 2019, Verlag Franz Vahlen, München., S. 34. Basierend auf: Stavros Mentzos, Alois Münch (Hg.): »Reflexionen zu Aspekten einer Theorie der Psychosen« (2010), Vandenhoeck und Ruprecht Verlag, Göttingen. Christoph Thomann: »Klärungshilfe 2« (2004), Rowohlt, Reinbek bei Hamburg. S. 230–253. Christoph Thomann ist der Begründer der Klärungshilfe und hat Grundbestrebungen des Menschen in dem sogenannten Riemann-Thomann-Modell zusammengefasst. Vgl. dazu Fritz Riemann: »Grundformen der Angst« (2017), Ernst Reinhardt Verlag, München, 42. Auflage (Erstveröffentlichung der Studie: 1961). Zu den Dimensionen Integration und Kooperation vgl. Jesper Juul: »Dein kompetentes Kind: Auf dem Weg zu einer neuen Wertgrundlage für die ganze Familie«, aus dem Dänischen von Knut Krüger (2016) Rowohlt, Reinbek bei Hamburg, S. 46 ff.

71 Vgl. Marshall B. Rosenberg: »Gewaltfreie Kommunikation: Eine Sprache des Lebens«, aus dem Englischen von Ingrid Holler (2016), Junfermann Verlag, Paderborn.

72 Vgl. ebd.

73 Gefunden in Jack Kornfield: »Das weise Herz. Die universellen Prinzipien buddhistischer Psychologie«, aus dem Englischen von Elisabeth Liebl (2008), Arkana, München, S. 187.

74 Vgl. Brené Brown: »Verletzlichkeit macht stark – Wie wir unsere

Schutzmechanismen aufgeben und innerlich reich werden«, aus dem Englischen von Margarethe Randow-Tesch (2017), Wilhelm Goldmann Verlag, München.
75 Ebd., S. 77.
76 Vgl. ebd.
77 Vgl. Brené Brown: »Dare to Lead: Brave Work. Tough Conversations. Whole Hearts.« (2018), Random House, London.
78 Brené Brown: »Verletzlichkeit macht stark – Wie wir unsere Schutzmechanismen aufgeben und innerlich reich werden«, aus dem Englischen von Margarethe Randow-Tesch (2017), Wilhelm Goldmann Verlag, München, S. 192.
79 Ebd., S. 192.
80 Ebd., S. 192.
81 Vgl. Brené Brown: »Dare to Lead: Brave Work. Tough Conversations. Whole Hearts.« (2018) Random House, London.
82 Die aufgeführten Inhalte zum Erleben von und im Umgang mit intensiven Gefühlen sind für das Selbstcoaching konzipiert. Starke Ängste, Panikattacken, psychische Erkrankungen sind sehr sensible und individuelle Themen, denen die Texte dieses Buches nicht gerecht werden. Psychologische Hilfe kann zum Beispiel gefunden werden über die Telefonseelsorge (an 365 Tagen im Jahr jederzeit erreichbar), und die Koordinationsstelle Psychotherapie der Kassenärztlichen Vereinigung unterstützt beispielsweise bei der Suche nach Therapieplätzen.
83 Sokkee auf Instagram: https://www.instagram.com/p/B5KAbpCoI8n/?hl=de
84 M. Scott Peck: »Der wunderbare Weg: Eine neue Psychologie der Liebe und des spirituellen Wachstums«, aus dem amerikanischen Englisch von Elke vom Scheidt (2004), Arkana, München, S. 92.
85 Vgl. Soraya Chemaly: »Rage Becomes Her: The Power of Women's Anger« (2018), Simon & Schuster, New York. Anmerkung der Autorin: Die Ausführungen sind im binären Geschlechtersystem gedacht.
86 Vgl. Kerri L. Johnson, Lawrie S. McKay, Frank E. Pollock: »He Throws Like a Girl (But Only If He's Sad): Emotion Affects Sex-Decoding of Biological Motion Displays« (2011), in: Cognition 119, no. 2, S. 265–80, https://pubmed.ncbi.nlm.nih.gov/21349506/
87 Vgl. Daphna Motro et al.: »The ›Angry Black Woman‹ Stereotype at Work« (31.1.2022), in: Harvard Business Review, https://hbr.org/2022/01/the-angry-black-woman-stereotype-at-work. D. Motro, J. B. Evans, A. P. J., Ellis & L. Benson III.: »Race and reactions to women's expressions of anger at work: Examining the effects of the ›angry Black woman‹ stereotype.« (2022), in:

Journal of Applied Psychology, 107(1), S. 142–152, https://doi.org/10.1037/apl0000884.

88 Vgl. Carsten K.W. De Dreu, Bernard A. Nijstad, Matthijs Baas: »Behavioral Activation Links do Creativity Because of Increased Cognitive Flexibility« (Januar 2011), in: Social Psychological Personality Science 2, no. 1, S. 72–80, https://doi.org/10.1177/1948550610381789

89 Vgl. Jennifer S. Lemer, Dacher Keltner: »Fear, Anger and Risk«, (Juli 2001), in: Journal of Personality and Social Psychology 81, no 1, S. 146-59, https://doi:10.1023/A:1023531530272

90 Vgl. Soraya Chemaly: »Rage Becomes Her: The Power of Women's Anger« (2018), Simon & Schuster, New York.

91 Vgl. Eugene Gendlin: »Focusing: Selbsthilfe zur Lösung persönlicher Probleme«, aus dem amerikanischen Englisch von Katharina Schoch (1998), Rowohlt Taschenbuch Verlag, Reinbek bei Hamburg.

92 Vgl. ebd.

93 Beispielsweise ist die Angst so groß oder die Trauer wiegt so schwer, dass es hart oder nahezu unmöglich für uns (und auch nachweisbar für unser Gehirn) wird, klar zu denken. Vgl. Bessel van der Kolk: »The Body Keeps the Score – Mind, brain and body in the transformation of trauma« (2015), Penguin Random House, London, S. 205 ff.

94 Vgl. Bessel van der Kolk: »The Body Keeps the Score – Mind, brain and body in the transformation of trauma«, S. 206 f.

95 Vgl.: J. E. LeDoux: »Emotion Circuits in the Brain« (2000), in: Annual Review of Neuroscience 23, no. 1, S. 155–84; M. A. Morgan, L. M. Romanski, and J. E. LeDoux: »Extinction of Emotional Learning: Contribution of Medical Prefrontal Cortex« (1993), in: Neuroscience Letters 163, S. 109–113; J. M. Moscarello and J. E. LeDoux: »Active Avoidance Learning Requires Prefrontal Suppression of Amygdala-Mediated Defensive Reactions« (2013), in: Journal of Neuroscience 33, no. 9, S. 3815–23.

96 Vgl. Bessel van der Kolk: »The Body Keeps the Score – Mind, brain and body in the transformation of trauma« (2015), Penguin Random House, London, S. 206.

97 Vgl. L. E. Carlson, et al.: »One Year Pre-Post Intervention Follow-up of Psychological, Immune, Endocrine and Blood Pressure Outcomes of Mindfulness-Based Stress Reduction (MBSR) in Breast and Prostate Cancer Outpatients« (2007), in: Brain, Behavior, and Immunity 21, no. 8, S. 1038–49; R. J. Davidson et al.: »Alterations in Brain and Immune Function Produced by Mindfulness Meditation« (2003), in: Psychosomatic Medicine 65, no. 4,

S. 546–70. Den Effekt von Meditation im Allgemeinen auf den Gesundheitszustand hat zum Beispiel das US-amerikanische National Center for Complementary and Integrative Health in »Meditation: In Depth«, zuletzt aktualisiert im April 2016, zusammengefasst: https://www.nccih.nih.gov/health/meditation-in-depth

98 Vgl. Jon Kabat-Zinn: »Full Catastrophe Living: Using the Wisdom of Your Body and Mind to Face Stress, Pain, and Illness.« (2013) Bantam Books, New York, S. 88 ff.

99 Vgl.: C. L. Mandle, et al.: »The Efficacy of Relaxation Response Interventions with Adult Patients: A Review of the Literature« (1996), in: Journal of Cardiovascular Nursing 10, S. 4–26; M. Nakao et al.: »Anxiety Is a Good Indicator for Somatic Symptom Reduction Through Behavioral Medicine Intervention in a Mind/Body Medicine Clinic« (2001), in: Psychotherapy and Psychosomatics 70, S. 50–57. Bessel van der Kolk: »The Body Keeps the Score – Mind, brain and body in the transformation of trauma« (2015), Penguin Random House, London, S.207.

100 Vgl. Bessel van der Kolk: »The Body Keeps the Score – Mind, brain and body in the transformation of trauma« (2015), Penguin Random House, London.

101 Vgl. ebd.

102 Vgl. ebd.

103 M. Scott Peck: »Der wunderbare Weg: Eine neue Psychologie der Liebe und des spirituellen Wachstums«, aus dem amerikanischen Englisch von Elke vom Scheidt (2004), Arkana, München, S. 22.

Miteinander – Unbequem im Wir

1 bell hooks: »Alles über Liebe – Neue Sichtweisen« aus dem Englischen von Heike Schlatterer © 2021, HarperCollins, Hamburg. S. 264 f.

2 Vgl. Erich Fromm: »The Art of Loving« (1956), Harper & Brothers, New York. Auf Deutsch: »Die Kunst des Liebens«, aus dem Englischen von Liselotte und Ernst Mickel (2012), Ullstein, Berlin.

3 Vgl. ebd.

4 Vgl. ebd.

5 M. Scott Peck erläutert in seinem Buch »Der wunderbare Weg«, wie das Gefühl des Verliebtseins vor allem hormonell

beziehungsweise biochemisch beeinflusst wird und es in der Natur der Sache liegt, dass es flüchtig ist und nur für einen begrenzten Zeitraum bleibt. Anders hingegen verhält es sich mit Liebe, die in Handlung und Intention aktiv gestaltet werden und so zeitlich unbegrenzt bleiben kann. Vgl. M. Scott Peck: »Der wunderbare Weg: Eine neue Psychologie der Liebe und des spirituellen Wachstums«, aus dem amerikanischen Englisch von Elke vom Scheidt (2004), Arkana, München.

6 Vgl. M. Scott Peck: »Der wunderbare Weg: Eine neue Psychologie der Liebe und des spirituellen Wachstums«, aus dem amerikanischen Englisch von Elke vom Scheidt(2004), Arkana, München.

7 Ebd., S. 107.

8 Vgl. ebd.

9 Vgl. Chip Heath, Dan Heath: »Switch – How to change things when change is hard« (2010), Random House Business Books, London.

10 Vgl. ebd.

11 Vgl. ebd.

12 Vgl. ebd.

13 Vgl. ebd.

14 Die Reaktion wäre vielleicht eine andere, würde ich diese Aufzählung ausweiten – von Rollen hin zu Identitäten – auf: Männer über Frauen, *weiße* Menschen über nicht*weiße* Menschen, Länder des globalen Nordens über Länder des globalen Südens. Dann würde sich vielleicht bei einigen Widerspruch regen. Doch die Frage ist: Was *leben* wir wirklich im Gefüge der Gemeinschaft, die uns umgibt? Ist dieses Leben wirklich frei von Hierarchie unter den Identitäten?

15 Brené Brown: »Dare to Lead: Brave Work. Tough Conversations. Whole Hearts.« (2018), Random House, London, S. 96, übersetzt von der Autorin.

16 Vgl. ebd.

17 Vgl. ebd., S. 96 f. Eine hilfreiche Übersicht bietet Brené Brown außerdem auf ihrer Website unter https://brenebrown.com/wp-content/uploads/2021/10/Brene-Brown-on-Power-and-Leadership-10-26-20.pdf

18 Übersetzt von der Autorin, im Original lautet das Zitat: »Normalize discomfort and move away from shame and blame and towards accountability and meaningful change.« Brené Brown: »On Power and Leadership« (2020), Website-Ressourcen, https://brenebrown.com/wp-content/uploads/2021/10/Brene-Brown-on-Power-and-Leadership-10-26-20.pdf

19 Vgl. Ken Wilber: »Ganzheitlich handeln – Eine integrale Vision

für Wirtschaft, Politik, Wissenschaft und Spiritualität« (2001), Arbor Verlag, Freiburg.

20 Joana Breidenbach; Bettina Rollow: New Work needs Inner Work. Ein Handbuch für Unternehmen auf dem Weg zur Selbstorganisation © 2019, Verlag Franz Vahlen, München.

21 Vgl. ebd.

22 Die Wissenschaftsautorin Annie Murphy Paul schreibt dazu: »Die Lücke zwischen dem, was unsere biologischen Gehirne leisten können, und dem, was das moderne Leben von ihnen fordert, ist groß und wird jeden Tag größer.« Übersetzt von der Autorin, das Original lautet: »The gap between what our biological brains are capable of, and what modern life demands, is large and getting larger every day.« Annie Murphy Paul: »The Extended Mind. Thinking Outside the Brain« (2021), Houghton Mifflin Harcourt, New York, S. 3.

23 Vgl. M. Scott Peck: »Der Wunderbare Weg: Eine neue Psychologie der Liebe und des spirituellen Wachstums«, aus dem amerikanischen Englisch von Elke vom Scheidt (2004), Arkana, München, S. 169 f.

24 Die Beispiele für Ausreden stammen aus: Steven Pressfield: »The War of Art – Break Through the Blocks and Win Your Inner Creative Battles« (2002), Black Irish Entertainment LLC, New York.

25 Steven Pressfield: »The War of Art – Break Through the Blocks and Win Your Inner Creative Battles« (2002), Black Irish Entertainment LLC, New York, S. 42.

26 Angelehnt an ebd., S. 69.

27 Vgl. Bessel van der Kolk: »The Body Keeps the Score – Mind, brain and body in the transformation of trauma« (2015), Penguin Random House, London, S. 215 f.

28 Vgl. Brené Brown: »Verletzlichkeit macht stark – Wie wir unsere Schutzmechanismen aufgeben und innerlich reich werden«, aus dem Englischen von Margarethe Randow-Tesch (2017), Wilhelm Goldmann Verlag, München., S. 77.

29 Vgl. zum Zeitpunkt des Redaktionsschlusses noch unveröffentlichtes Interview zwischen Margaret Paul und der Autorin, geführt am 28.3.2022. Dieser Inhalt des Gesprächs ist aber auch wiederzufinden in: Margaret Paul und Erika Chopich: »Aussöhnung mit dem inneren Kind« (2009), Ullstein, Berlin.

30 Vgl. Margaret Paul und Erika Chopich: »Aussöhnung mit dem inneren Kind« (2009), Ullstein, Berlin.

31 Dschalâl-ed-dîn Rumî, zitiert aus: Marshall B. Rosenberg: »Gewaltfreie Kommunikation, S. 31.

32 Vgl. Neue Narrative: »New Work Glossar: Wie arbeitet man mit Spannungen«: https://newworkglossar.de/wie-arbeitet-man-mit-spannungen/, Im Kontext von Arbeitsorganisation geht das Magazin darauf ein, wie Spannungen als Ressource für Veränderung genutzt werden können: https://www.neuenarrative.de/magazin/spannungsbasiertes-arbeiten-wie-spannungen-dazu-beitragen-dass-sich-etwas-verandert/
33 Vgl. Kerry Patterson et. al.: »Heikle Gespräche: Worauf es ankommt, wenn viel auf dem Spiel steht« (2012), Linde Verlag, Wien.
34 Vgl. ebd.
35 Vgl. ebd.
36 Vgl. ebd.
37 Die politische Debatte kann ein bereicherndes Format sein, um sich beispielsweise über politische oder andere gesellschaftlich relevante Themen zu informieren. Hierzu gibt es wertvolle Initiativen, etwa das Projekt »Die Debatte«, eine Plattform, die sich sehr gut zur Information eignet: www.die-debatte.org
38 Yuval Noah Harari: »Sapiens – eine kurze Geschichte der Menschheit«, aus dem Englischen von Jürgen Neubauer (2011), DVA, Frankfurt am Main. erklärt anschaulich, welche Faktoren u. a. die Gemeinschaft der Gruppe in der Entwicklung der Menschheit gespielt hat.
39 Vgl. Elisabeth Bernstein: »Worried About a Difficult Conversation?« (14.6.2020), in: Wall Street Journal, https://www.wsj.com/articles/worried-about-a-difficult-conversation-heres-advice-from-a-hostage-negotiator-11592139600. Christopher Voss, Tahl Raz: »Never Split the Difference: Negotiating as if Your Life Depended on It« (2016), Harper Business, New York
40 Hierbei spielen Machtverhältnisse eine wichtige Rolle. Denn es bedeutet nicht, dass die Verantwortung, Themen anzusprechen und den Dialog zu initiieren, deshalb automatisch bei zum Beispiel Betroffenen von Rassismuserfahrungen liegt. Es ist nicht die Aufgabe von Schwarzen Menschen, den Dialog zu suchen und Informationen so aufzubereiten, dass *weiße* Menschen sie verstehen.
41 David Bohm: »Der Dialog. Das offene Gespräch am Ende der Diskussion« (1998), Klett-Cotta, Stuttgart, S. 34.
42 Die Elemente zur Dialogführung von Kerry Patterson et al. sind in diese Übersicht eingeflossen. Vgl. Kerry Patterson et al.: »Heikle Gespräche: Worauf es ankommt, wenn viel auf dem Spiel steht« (2012), Linde Verlag, Wien. In der Anwendung habe ich diese dann außerdem verbunden mit Grundsätzen und Me-

thoden aus: Marshall Rosenberg: »Gewaltfreie Kommunikation« (1999) von Marshall Rosenberg; Steven Covey: »Sieben Wege zur Effektivität« (1989), Gabal Verlag, Offenbach am Main.

43 In seiner bekannten Schrift »Ich und Du« (1923) beschreibt der Religionsphilosoph Martin Buber den Unterschied zwischen Ich-Du-Beziehungen und Ich-Es-Beziehungen in unserer Sprache. Er zeichne sich dadurch aus, dass die Ich-Du-Beziehung ein Gespräch des »dialogischen Prinzips« zuließe. Vgl. Martin Buber: »Ich und Du« (1995), Reclam, Stuttgart.

44 Der Psychologe Carl Rogers hat das Konzept des aktiven Zuhörens entwickelt. Carl Rogers: »Die nicht-direktive Beratung. Counselling and Psychotherapy.« (1985), Fischer, Frankfurt am Main. Hier geht es um das Zuhören als Teil der indirekten Gesprächsführung in der Psychotherapie. Die Hintergründe und Grundsätze sind auch in alltäglichen Gesprächssituationen hilfreich und anwendbar.

45 Vgl. Elisabeth Bernstein: »Worried About a Difficult Conversation?« (14.6.2020), in: Wall Street Journal, https://www.wsj.com/articles/worried-about-a-difficult-conversation-heres-advice-from-a-hostage-negotiator-11592139600 Christopher Voss, Tahl Raz: »Never Split the Difference: Negotiating as if Your Life Depended on It« (2016), Harper Business, New York

46 Vgl. Friedemann Schulz von Thun, Dagmar Kumbier (Hg.): »Impulse für Kommunikation im Alltag: Kommunikationspsychologische Miniaturen 3« (2010), Rowohlt, Reinbek bei Hamburg, S.13.

47 Vgl. Elisabeth Bernstein: »Worried About a Difficult Conversation?« (14.6.2020), in: Wall Street Journal, https://www.wsj.com/articles/worried-about-a-difficult-conversation-heres-ad vice-from-a-hostage-negotiator-11592139600, Christopher Voss, Tahl Raz: »Never Split the Difference: Negotiating as if Your Life Depended on It« (2016), Harper Business, New York.

48 Vgl. ebd.

49 Vgl. ebd.

50 Vgl. ebd.

51 Vgl. ebd.

52 Vgl. Kerry Patterson et. al.: »Heikle Gespräche: Worauf es ankommt, wenn viel auf dem Spiel steht« (2012), Linde Verlag, Wien.

53 Diese Übersicht zum Wahren des gegenseitigen Respekts beruht vor allem auf der Arbeit von Kerry Patterson et al. in »Heikle Gespräche«. Vgl. Kerry Patterson et. al.: »Heikle Gespräche: Worauf es ankommt, wenn viel auf dem Spiel steht« (2012), Linde

Verlag, Wien. Die Autorin hat sie erweitert um Grundsätze aus der sogenannten »Transaktionsanalyse«, vgl. Eric Berne: »Die Transaktions-Analyse in der Psychotherapie. Eine systematische Individual- und Sozial-Psychiatrie« (2006), Junfermann Verlag, Paderborn, und um Elemente der GFK, vgl. Marshall B. Rosenberg: »Gewaltfreie Kommunikation: Eine Sprache des Lebens« (2016), Junfermann Verlag, Paderborn.

54 Vgl. Karen Zoller: »Schwierige Mitmenschen: So gehen Sie souverän mit ihnen um« (2016), Rowohlt, Reinbek bei Hamburg, S. 274.

55 Elisabeth Bernstein: »Worried About a Difficult Conversation?« (14.6.2020), in: Wall Street Journal, https://www.wsj.com/articles/worried-about-a-difficult-conversation-heres-advice-from-a-hostage-negotiator-11592139600 Christopher Voss, Tahl Raz: »Never Split the Difference: Negotiating as if Your Life Depended on It« (2016), Harper Business, New York.

56 Kerry Patterson et. al.: »Heikle Gespräche: Worauf es ankommt, wenn viel auf dem Spiel steht« (2012), Linde Verlag, Wien, S. 93 ff.

57 Vgl. Zakary L. Tormala und Richard E. Petty: »What doesn't kill me makes me stronger: The effects of resisting persuasion on attitude certainty.« (2002), in: Journal of Personality and Social Psychology, 83(6), S. 1298–1313, https://psycnet.apa.org/record/2002-08203-005. Adam Grant: »The Science of Reasoning With Unreasonable People« (31.1.2021), in: The New York Times, https://www.nytimes.com/2021/01/31/opinion/change-someones-mind.html

58 Vgl. MINT Online: »About MINT: Motivational Interviewing Network of Trainers«, https://motivationalinterviewing.org/about_mint

59 Vgl. Sune Rubak et. al.: »Motivational interviewing: a systematic review and meta-analysis.« (2005), in: The British journal of general practice: the journal of the Royal College of General Practitioners, vol. 55,513, S. 305–12, https://www.ncbi.nlm.nih.gov/pmc/articles/PMC1463134/

60 Vgl. Adam Grant: »The Science of Reasoning With Unreasonable People« (31.1.2021), in: The New York Times, https://www.nytimes.com/2021/01/31/opinion/change-someones-mind.html

61 Vgl. Guy Itzchakov et al.: »The Listener Sets the Tone: High-Quality Listening Increases Attitude Clarity and Behavior-Intention Consequences« (Mai 2018), in: Personality and Social Psychology Bulletin, Volume 44, Issue 5, https://doi.org/10.1177/0146167217747874

62 Vgl. Philip M. Fernbach et al.: »Political Extremism Is Supported by an Illusion of Understanding« (Juni 2013), in: Psy-

chological Science, Volume 24 Issue 6, S. 939–946, https://doi.org/10.1177/0956797612464058

63 Vgl. Adam Grant: »The Science of Reasoning With Unreasonable People« (31.1.2021), in: The New York Times, https://www.nytimes.com/2021/01/31/opinion/change-someones-mind.html

64 Vgl. Liz Wiseman: »Multipliers: How the best leaders make everyone smarter« (2017), HarperCollins, New York.

65 Vgl. Elisabeth Bernstein: »Worried About a Difficult Conversation?« (14.6.2020), in: Wall Street Journal, https://www.wsj.com/articles/worried-about-a-difficult-conversation-heres-advice-from-a-hostage-negotiator-11592139600. Christopher Voss, Tahl Raz: »Never Split the Difference: Negotiating as if Your Life Depended on It« (2016), Harper Business, New York.

66 Vgl. Roger Fisher, William Ury, Bruce Patton: »Das Harvard-Konzept: Die unschlagbare Methode für beste Verhandlungsergebnisse«, aus dem Englischen von Jürgen Neubauer (2018), Deutsche Verlags Anstalt, Frankfurt.

67 Vgl. ebd.

68 Jesper Juul: »Dein kompetentes Kind. Auf dem Weg zu einer neuen Wertgrundlage für die ganze Familie«, aus dem Dänischen von Knut Krüger (2016), Rowohlt Verlag, Reinbek bei Hamburg, S. 140.

69 Vgl. ebd.

70 Vgl. ebd.

71 Marshall B. Rosenberg »Gewaltfreie Kommunikation: Eine Sprache des Lebens«, aus dem Englischen von Ingrid Hollerer © 2016, Junfermann Verlag, Paderborn, Seite 17.

72 Valerie Kaur: »See No Stranger: A Memoir and Manifesto of Revolutionary Love« (2020), Hachette Australia, Sydney.

73 Vgl.: Bundeszentrale für politische Bildung: Dossier Konflikte »Was ist ein Konflikt?«, https://www.bpb.de/themen/kriege-konflikte/dossier-kriege-konflikte/54499/was-ist-ein-konflikt/ Johan Galtung: »Frieden mit friedlichen Mitteln. Friede und Konflikt, Entwicklung und Kultur« (2007), Agenda Verlag, Münster.

74 Vgl.: Bundeszentrale für politische Bildung: Dossier Konflikte »Was ist ein Konflikt?«, https://www.bpb.de/themen/kriege-konflikte/dossier-kriege-konflikte/54499/was-ist-ein-konflikt/

75 Vgl. Johan Galtung: »Frieden mit friedlichen Mitteln. Friede und Konflikt, Entwicklung und Kultur«, aus dem Englischen von Hajo Schmidt (2007), Agenda Verlag, Münster.

76 Johan Galtung, Frieden mit friedlichen Mitteln. Friede und Konflikt, Entwicklung und Kultur, aus dem Englischen von Hajo Schmidt, © 2007, agenda Verlag, Münster.

77 Vgl. ebd.
78 Vgl. ebd.
79 Vgl. Friedemann Schulz von Thun: »Miteinander reden: 1. Störungen und Klärungen. Allgemeine Psychologie der Kommunikation« (2008), Rowohlt, Hamburg, S. 89.
80 Vgl. Alexandra Bielecke: »Konfliktfähigkeit oder ›Kann man ‚richtig streiten' lernen?‹« (Mai 2017), in: Zeitschrift für Konfliktmanagement (ZKM), S. 179.
81 Vgl. ebd.
82 Vgl. ebd.
83 Vgl. ebd.
84 Vgl. Friedemann Schulz von Thun: (Fn. 3), aktualisierte Fassung (ursprüngliche Quelle: Friedemann Schulz von Thun, Kathrin Zach, Karen Zoller: »Miteinander reden von A-Z, Lexikon der Kommunikationspsychologie« (2012), Rowohlt Taschenbuch Verlag, S. 132 ff.). Die Beschreibung der Kompetenzen basiert außerdem auf: Alexandra Bielecke: »Konfliktfähigkeit oder ›Kann man ‚richtig streiten' lernen?‹« (Mai 2017), in: Zeitschrift für Konfliktmanagement (ZKM), S. 177–182.
85 Vgl. Alexandra Bielecke: »Konfliktfähigkeit oder ›Kann man ‚richtig streiten' lernen?‹« (Mai 2017), in: Zeitschrift für Konfliktmanagement (ZKM), S.179. Zu der öffnenden und dialogfördernden Wirkung von Neugier als Haltung gibt es beispielsweise im Improvisationstheater interessante Ansätze und Übungen, beispielsweise bei Keith Johnstone: »Impro – Improvisation and the Theater« (2020), New York.
86 Vgl. ebd.
87 Vgl. ebd.
88 Bernhard Pörksen, Friedemann Schulz von Thun: »Die Kunst des Miteinander-Redens: Über den Dialog in Gesellschaft und Politik« (2020), Hanser, München, S.109.
89 Vgl. Alexandra Bielecke: »Konfliktfähigkeit oder ›Kann man ‚richtig streiten' lernen?‹« (Mai 2017), in: Zeitschrift für Konfliktmanagement (ZKM), S.180.
90 Friedemann Schulz von Thun, Dagmar Kumbier (Hg.): »Impulse für Kommunikation im Alltag: Kommunikationspsychologische Miniaturen 3« (2010), Rowohlt, Reinbek bei Hamburg, S. 13.
91 Vgl. Alexandra Bielecke: »Konfliktfähigkeit oder ›Kann man, richtig streiten' lernen?‹« (Mai 2017), in: Zeitschrift für Konfliktmanagement (ZKM) S.181.
92 Vgl. ebd.
93 Vgl. ebd. Rudi Ballreich: »Die Wahrheit beginnt zu zweit! Rudi

Ballreich im Interview mit Friedemann Schulz von Thun«, ungekürzte Fassung des Interviews aus: »Konfliktdynamik« (2/2013), https://www.schulz-von-thun.de/files/Inhalte/PDF-Dateien/Interview%20Die%20Wahrheit%20beginnt%20zu%20zweit.pdf

94 Vgl. Friedemann Schulz von Thun: »Miteinander reden: 3 – Das ›Innere Team‹ und situationsgerechte Kommunikation. Kommunikation, Person, Situation.« (2008), Rowohlt, Reinbek bei Hamburg.

95 Vgl. Alexandra Bielecke: »Konfliktfähigkeit oder ›Kann man ‚richtig streiten' lernen?‹« (Mai 2017), in: Zeitschrift für Konfliktmanagement (ZKM), S.182.

96 Vgl. Bernhard Waldenfels: »Aporien der Gewalt« (2000), in: »Gewalt. Strukturen, Formen, Repräsentationen«, hg. von Mihran Dabag, Antje Kapust, Bernhard Waldenfels. Rowohlt Taschenbuch Verlag München, S. 9–24. Das Wort Gewalt lässt sich außerdem zurückführen auf die »potestas« als Amts- beziehungsweise Verfügungsgewalt. Für unsere Überlegungen in diesem Text ist der verletzende Aspekt der »violentia« relevant.

97 Johan Galtung: »Kulturelle Gewalt«, in: »Der Bürger im Staat 43« (Februar 1993), S. 106.

98 Vgl. Klaus Schubert, Martina Klein: »Das Politiklexikon« (2020), 7., aktual. u. erw. Aufl, Dietz, Bonn, Lizenzausgabe Bonn: Bundeszentrale für politische Bildung. Gefunden bei Bundeszentrale für politische Bildung: https://www.bpb.de/kurz-knapp/lexika/politiklexikon/17511/frieden/

99 Vgl. Johan Galtung: »Cultural Violence« (1990), in: Journal of Peace Research, Jg. 27, Nr. 3, S. 291 ff., https://www.galtung-institut.de/wp-content/uploads/2015/12/Cultural-Violence-Galtung.pdf Die Typologie ist Bestandteil einer umfassenden Gewalttypologie, die auch noch eine vierte Dimension der »natürlichen Gewalt« umfasst.

100 Vgl. Naakow Grant-Hayford und Victoria Scheyer: »Strukturelle Gewalt verstehen: Eine Anleitung zur Operationalisierung« (Juni 2016), Galtung-Institut für Friedenstheorie und Friedenspraxis, S. 2–5, https://www.galtung-institut.de/papers/G-I-WP-2016-06-SG.pdf Johan Galtung: »Cultural Violence« (1990), in: Journal of Peace Research, Jg. 27, Nr. 3, S. 291 ff. https://www.galtung-institut.de/wp-content/uploads/2015/12/Cultural-Violence-Galtung.pdf

101 Vgl. Johan Galtung: »Cultural Violence« (1990), in: Journal of Peace Research, Jg. 27, Nr. 3, S. 291 ff. https://www.galtung-

institut.de/wp-content/uploads/2015/12/Cultural-Violence-Galtung.pdf

102 Vgl. Naakow Grant-Hayford und Victoria Scheyer: »Strukturelle Gewalt verstehen: Eine Anleitung zur Operationalisierung« (Juni 2016), Galtung-Institut für Friedenstheorie und Friedenspraxis, S.2, https://www.galtung-institut.de/papers/G-I-WP-2016-06-SG.pdf

103 U. Koch-Gromus, S. Pawils: »Gewalt und Gesundheit« (2016), Bundesgesundheitsbl. 59, S. 1–3. https://doi.org/10.1007/s00103-015-2274-7

104 WHO Global Consultation on Violence and Health: »Violence: a public health priority« (1996), Geneva, World Health Organization (document WHO/EHA/SPI.POA.2). Deutsche Übersetzung entnommen aus Weltgesundheitsorganisation: »Weltbericht Gewalt und Gesundheit: Zusammenfassung« (2003), deutsche Übersetzung des WHO-Regionalbüros für Europa: https://www.gewaltinfo.at/uploads/pdf/WHO_summary_ge.pdf

105 Prof. Dr. Sybille Krämer: »Gewalt der Sprache – Sprache der Gewalt« (2005), hg. von: Landeskommission Berlin gegen Gewalt: https://www.bmfsfj.de/resource/blob/93966/06e12f8ed3e66c8265a13f833916e5a2/gewalt-der-sprache-sprache-der-gewalt-data.pdf S. 6. Die Autorin hält es allerdings durchaus für strittig, ob nicht auch andere Lebewesen, wie beispielsweise Tiere, Opfer von Gewalt werden können.

106 Ebd., S. 6.

107 Ebd., S. 9.

108 Vgl. Judith Butler: »Precarious Life. The Powers of Mourning and Violence« (2004), Verso, London/New York, und Judith Butler: »Hass spricht. Zur Politik des Performativen« (1998), aus dem Englischen von Katharina Menke und Markus Krist, Suhrkamp, Berlin.

109 Die Beschreibung der Studie basiert maßgeblich auf Unterhaltungen von Vincent Felitti mit Jane Ellen Stevens, zusammengefasst in dem Artikel »The Adverse Childhood Experiences Study – The Largest Public Health Study You Have Never Heard Of« (8.10.2012), in: Huffington Post, https://www.huffpost.com/entry/the-adverse-childhood-exp_4_b_1943772

110 Vgl. Jane Ellen Stevens: »The Adverse Childhood Experiences Study – The Largest Public Health Study You Have Never Heard Of« (8.10.2012), in: Huffington Post, https://www.huffpost.com/entry/the-adverse-childhood-exp_4_b_1943772

111 Vgl. ebd.

112 Vgl. Bonnie E. Carlson: »Adolescent Observers of Martial Vio-

lence« (1990), in: Journal of Family Violence 5, no 4, S. 285–99: außerdem Bonnie E. Carlson: »Children's Observations of Interparental Violence« (1984), in: »Battered Women and Their Families«, hg. von Albert R. Roberts, Springer, New York, S. 147–67; Jeffrey L. Edleson: »Children's Witnessing of Adult Domestic Violence« (1999), in: Journal of Interpersonal Violence 14, no. 8, S. 839–70 https://www.researchgate.net/publication/238048808_Children's_Witnessing_of_Adult_Domestic_Violence

113 Vgl. Jane Ellen Stevens: »The Adverse Childhood Experiences Study – The Largest Public Health Study You Have Never Heard Of« (8.10.2012), in: Huffington Post, https://www.huffpost.com/entry/the-adverse-childhood-exp_4_b_1943772

114 Vgl. Valerie Hudson: »The First Political Order – How Sex Shapes Governance and National Security Worldwide« (2020), Columbia University Press, New York.

115 Kristina Lunz: »Die Zukunft der Außenpolitik ist feministisch – Wie globale Krisen gelöst werden müssen« (2022), Econ, Berlin, S. 49.

116 David P. Barash: »Out of Eden – The Surprising Consequences of Polygamy« (2016), Oxford University Press, Cambridge, S. 9 und 27. Übersetzung übernommen aus Kristina Lunz: »Die Zukunft der Außenpolitik ist feministisch – Wie globale Krisen gelöst werden müssen« (2022) Econ, Berlin, S. 49.

117 Vgl. James Gilligan: »Violence: Reflections on a National Epidemic« (1996), Vintage, New York.

118 Unter Kriegen und bewaffneten Konflikten leiden Kinder und Jugendliche besonders. Das galt auch für Kriegskinder des Zweiten Weltkriegs. Vgl. Bundeszentrale für politische Bildung: »Kinder im Krieg«, https://www.bpb.de/themen/nationalsozialismus-zweiter-weltkrieg/kinder-im-krieg/ In Zeiten von Krisen und Konflikten und in postkonfliktären Zeiten sind Frauen und Mädchen besonders bedroht von genderbasierter Gewalt. Vgl. United Nations Human Rights Office of the High Commissioner: »Women's human rights and gender-related concerns in situations of conflict and instability: OHCHR and women's human rights and gender equality« https://www.ohchr.org/en/women/womens-human-rights-and-gender-related-concerns-situations-conflict-and-instability

119 Vgl. Bessel van der Kolk: »The Body Keeps the Score – Mind, brain and body in the transformation of trauma« (2015), Penguin Random House, London.

120 So lautet der Titel eines der Bücher von Marshall B. Rosenberg zu seiner Methode der gewaltfreien Kommunikation: »Die

Sprache des Friedens sprechen – in einer konfliktreichen Welt: Was Sie als Nächstes sagen, wird Ihre Welt verändern« (2006), Junfermann Verlag, Paderborn.

121 Vgl. Center for Nonviolent Communication: »Marshall B. Rosenberg, Ph.D. (1934–2015)« https://www.cnvc.org/about/marshall GFK wird zum Beispiel in privatwirtschaftlichen Unternehmen, öffentlichen Einrichtungen und familiären Beziehungen von Therapeut*innen im Klinischen Bereich und von Coaches und Trainer*innen in der Begleitung von Organisationen und Einzelpersonen praktiziert.

122 Marshall B. Rosenberg: »Gewaltfreie Kommunikation: Eine Sprache des Lebens«, aus dem Englischen von Ingrid Hollerer (2016), Junfermann Verlag, Paderborn, S. 19.

123 Ebd., S. 25.

124 Vgl. ebd.

125 Vgl. ebd.

126 Vgl.: Ingrid Holler: »Trainingsbuch Gewaltfreie Kommunikation: Abwechslungsreiche Übungen für Selbststudium und Seminare« (2016), Junfermann Verlag, Paderborn.

127 Vgl. Marshall B. Rosenberg: »Gewaltfreie Kommunikation: Eine Sprache des Lebens«, aus dem Englischen von Ingrid Hollerer (2016), Junfermann Verlag, Paderborn..

128 Vgl.: Ingrid Holler: »Trainingsbuch Gewaltfreie Kommunikation: Abwechslungsreiche Übungen für Selbststudium und Seminare« (2016), Junfermann Verlag, Paderborn.

129 David Bohm: »Der Dialog. Das offene Gespräch am Ende der Diskussion« (1998), Klett-Cotta, Stuttgart, S. 140 f.

130 »Was ich im Leben will ist Einfühlsamkeit, ein Fluss zwischen mir und anderen, der auf gegenseitigem Geben von Herzen beruht.« Zitat von Marshall B. Rosenberg: »Gewaltfreie Kommunikation«, aus dem Englischen von Ingrid Hollerer (2016), Junfermann Verlag, Paderborn, S. 17.

131 Konkrete Beispiele und Erklärungen zu Kontaktbitten sind zu finden bei: Ingrid Holler: »Trainingsbuch Gewaltfreie Kommunikation: Abwechslungsreiche Übungen für Selbststudium und Seminare« (2016), Junfermann Verlag, Paderborn.. Auf das Bedürfnis, verstanden zu werden in heiklen Situationen, geht Christopher Voss ein, und zwar in diesem Interview: Elisabeth Bernstein: »Worried About a Difficult Conversation?« (14.6.2020), in: Wall Street Journal, https://www.wsj.com/articles/worried-about-a-difficult-conversation-heres-advice-from-a-hostage-negotiator-11592139600 und in seinem Buch: Christopher Voss, Tahl Raz: »Never Split the Difference:

Negotiating as if Your Life Depended on It« (2016), Harper Business, New York.

132 Vgl. Ingrid Holler: »Trainingsbuch Gewaltfreie Kommunikation: Abwechslungsreiche Übungen für Selbststudium und Seminare« (2016), Junfermann Verlag, Paderborn.

133 Vgl. ebd.

134 Vgl. Kerry Patterson et al.: »Heikle Gespräche: Worauf es ankommt, wenn viel auf dem Spiel steht« (2012), Linde Verlag, Wien, S.142.

135 Ich verwende eine Definition von »Ego«, die von der westlichen Psychologie abweicht und aus der buddhistischen Psychologie kommt: Ego »[b]ezeichnet Zustände der Anhaftung und Identifikation sowie Eigenschaften der Selbstbezogenheit und des Geltungsbedürfnisses, die aus einer begrenzten Vorstellung vom Ich entstehen.« Jack Kornfield: »Das weise Herz« (2008), Arkana, München, S.101.

136 Vgl. Kerry Patterson et. al.: »Heikle Gespräche: Worauf es ankommt, wenn viel auf dem Spiel steht« (2012), Linde Verlag, Wien, S. 51.

137 Vgl. zum Beispiel Roger Fisher, William Ury, Bruce Patton: »Das Harvard-Konzept: Die unschlagbare Methode für beste Verhandlungsergebnisse«, aus dem Englischen von Jürgen Neubauer (2018), Deutsche Verlagsanstalt, Frankfurt.

138 Vgl. Ruth Cohn: »Von der Psychoanalyse zur Themenzentrierten Interaktion« (1975), Klett-Cotta, Stuttgart.

Umfelder – Unbequem in der Gesellschaft

1 Nayyirah Waheed: »Salt«, CreateSpace, Independent Publishing Platform, 8/25/13 edition (24. September 2013), S. 221

2 Vgl. OMR-Konferenz 2022 in Hamburg, Livestream-Video der Conference-Bühne: https://omr.com/de/events/omr22/livestreams/

3 Die Fragen wurden von der Autorin für diesen Text übersetzt und sinngemäß angepasst. Vgl. ebd.

4 Waltraud Schwab: »Männer sollten lieber auf Frauen hören, wenn es um Sexismus geht« (März 2022), Interview mit Dr. Emilia Roig für Amnesty International, https://www.amnesty.de/informieren/amnesty-journal/frauenrechte-interview-emilia-roig

5 Vgl. Yuval Noah Harari: »Eine kurze Geschichte der Menschheit« (2015), Random House, München.

6 Aladin El-Mafaalani: »Mythos Bildung – Die ungerechte

Gesellschaft, ihr Bildungssystem und seine Zukunft« (2020), Kiepenheuer & Witsch, Köln, S. 251.

7 Vgl. ebd.

8 Vgl. zur Abgrenzung von Hedonia und Eudaimonia z. B. Richard M. Ryan, Edward L. Deci: »On Happiness and Human Potentials: A Review of Research on Hedonic and Eudaimonic Well-Being« (2001), in: Annual Review of Psychology 52, no. 1, S. 144–166, https://doi.org/10.1146/annurev.psych.52.1.141 Corey L. M. Keyes, Julia Annas: »Feeling Good and Functioning Well: Distinctive Concepts in Ancient Philosophy and Contemporary Science« (2009), in: The Journal of Positive Psychology 4, no. 3, S. 197-201, https://doi.org/10.1080/17439760902844228

9 Vgl. Emily Esfahani Smith: »The Power of Meaning: Crafting a Life That Matters« (2017), Penguin Random House, New York.

10 Vgl. Aristoteles: »The Nicomachean Ethics«, übersetzt von David Ross (2009), Oxford University Press, Oxford; Stanford Encyclopedia of Philosophy: »Aristotle's Ethics« https://plato.stanford.edu/entries/aristotle-ethics/, gefunden in Emily Esfahani Smith: »The Power of Meaning: Crafting a Life That Matters« (2017), Penguin Random House, New York, S. 13 f.

11 Vgl. Roy F. Baumeister, Kathleen D. Vohs, Jennifer L. Aaker, and Emily N. Garbinsky: »Some Key Differences between a Happy Life and a Meaningful Life« (2013), in: The Journal of Positive Psychology 8, no. 6, S. 505–516. In der Studie mit rund 400 Personen im Alter zwischen 18 und 78 Jahren haben die Wissenschaftler*innen gemessen, wie viel Glück und Sinn jede Person erlebt und untersucht, womit diese beiden Variablen korrelieren. Sie schreiben: »Meaningfulness and happiness are positively correlated, so they have much in common. Many factors such as feeling connected to others, feeling productive, and not being alone or bored contribute similarly to both. Yet the two are distinct, and the focus of this investigation has been to identify the major differences in correlates of happiness (corrected for meaning) and meaningfulness (corrected for happiness.«

12 Vgl. ebd. Die Begriffe der Nehmenden (Taker) und der Gebenden (Giver) hat der Organisationspsychologe Adam Grant in seinem Buch »Give and Take. A Revolutionary Approach to Success« (2013), Viking, New York, geprägt. (Auf Deutsch erschienen unter dem Titel: »Geben und Nehmen. Warum Egoisten nicht immer gewinnen und hilfsbereite Menschen weiterkommen«, aus dem Englischen von Sabine Hedinger, Peter Robert, Sonja Schuhmacher & Bernhard Jendricke (2016), Droemer, München) etabliert.

13 Vgl. ebd.

14 Vgl. Veronika Huta, Richard M. Ryan: »Pursuing Pleasure or Virtue: The Differential and Overlapping Well-Being Benefits of Hedonic and Eudaimonic Motives« (31.10.2009), http://selfdeterminationtheory.org/SDT/documents/2010_HutaRyan_JOHS.pdf

15 Vgl. Adam Grant: »Give and Take: Why Helping Others Drives Our Success« (2013), Viking, New York.

16 Vgl. ebd.

17 Ebd., S.151.

18 Vgl. ebd.

19 Vgl. ebd.

20 Vgl. Frédéric Laloux: »Reinventing Organizations: Ein Leitfaden zur Gestaltung sinnstiftender Formen der Zusammenarbeit«, aus dem Englischen von Mike Kauschke (2015), Verlag Franz Vahlen, München. Don Edward Beck, Christopher C. Cowan: »Spiral Dynamics: Leadership, Werte und Wandel: Eine Landkarte für Business und Gesellschaft im 21. Jahrhundert«, aus dem Englischen von Karl Polónyi (2007), Kamphausen, Bielefeld.

21 Frédéric Laloux: »Reinventing Organizations: Ein Leitfaden zur Gestaltung sinnstiftender Formen der Zusammenarbeit«, aus dem Englischen von Mike Kauschke (2015), Verlag Franz Vahlen, München, S. 6.

22 Häufig missverstanden wird, dass die nächste Evolutionsstufe ausschließlich der Konsens sei. Dieses Organisationsmodell kennen viele aus den siebziger Jahren, wo es beispielsweise in Kommunen praktiziert wurde. Dieses Modell hatte jedoch grundlegende Schwächen. Denn der Energieaufwand, um zum idealtypischen Konsens zu kommen, ist in der Gruppe hoch, und deswegen ist dieses Modell nur theoretisch erfolgreich. Es gibt aber alternative Modelle: Eines davon ist die sogenannte »Teal Organization«, eine, wie Frédéric Laloux in: »Reinventing Organizations« zeigt, in der Praxis auch bei großen Organisationen international bewährte Methode.

23 Vgl. z. B.: Bettina Rollow und Joana Breidenbach: »New Work Needs Inner Work« (2019), Verlag Franz Vahlen, München; Frédéric Laloux: »Reinventing Organizations: Ein Leitfaden zur Gestaltung sinnstiftender Formen der Zusammenarbeit« (2015), Verlag Franz Vahlen, München.

24 Aladin El-Mafaalani: »Mythos Bildung – Die ungerechte Gesellschaft, ihr Bildungssystem und seine Zukunft« (2020), Kiepenheuer & Witsch, Köln, S. 249.

25 Ebd., S. 249.

26 David P. Barash: »Out of Eden – The Surprising Consequences of Polygamy« (2016), Oxford University Press, Oxford, S. 9 und 27. Übersetzung übernommen aus Kristina Lunz »Die Zukunft der Außenpolitik ist feministisch – Wie globale Krisen gelöst werden müssen« (2022), Econ, Berlin, S. 49.

27 Wird beispielsweise über Gewalt in der sprachlichen Form des Passivs berichtet, nimmt das den Fokus von den Täter*innen, die mit aktiver Handlung eine Tat begehen. Das passiert in medialer Berichterstattung unter anderem noch regelmäßig, wenn es um physische Gewalt gegen Frauen geht. »Frau vergewaltigt«, wird berichtet und die Frau als Opfer zum Subjekt des Satzes gemacht und in den Mittelpunkt gestellt. Anders könnte der Täter als Subjekt in den Mittelpunkt gestellt werden, wenn im Aktiv formuliert würde: »Mann vergewaltigt Frau«. Das Problem sind Täter*innen und nicht Opfer. Siehe dazu zum Beispiel auch diesen Beitrag der Autorin Amani Abuzahra: »Stop making the conversation about violence against women passive«, https://www.instagram.com/p/CWslMK2sRZ6/?hl=de

28 Vgl. Matthieu Ricard: »Allumfassende Nächstenliebe: Altruismus – die Antwort auf Herausforderungen unserer Zeit« (2017), Edition Blumenau, Hamburg, S. 66–73.

29 Vgl. Rutger Bregman: »Im Grunde gut – Eine neue Geschichte der Menschheit«, aus dem Niederländischen von Ulrich Faure und Gerd Busse (2020), Rowohlt Verlag, Hamburg, S. 421 f.

30 In Systemen, die durch Konflikte destabilisiert werden oder wurden, sind Frauen und Mädchen besonders bedroht von genderbasierter Gewalt. Vgl. United Nations Human Rights Office of the High Commissioner: »Women's human rights and gender-related concerns in situations of conflict and instability: OHCHR and women's human rights and gender equality« https://www.ohchr.org/en/women/womens-human-rights-and-gender-related-concerns-situations-conflict-and-instability

31 Vgl. Brené Brown: »Dare to Lead: Brave Work. Tough Conversations. Whole Hearts.« (2018), Random House, London, S. 96 f.

32 Vgl. Sonya Renee Taylor: »The Body Is Not An Apology: The Power of Radical Selflove« (2018), Berrett-Koehler Publishers, San Francisco.

33 Vgl. Frans de Waal: »Der Mensch, der Bonobo und die Zehn Gebote. Moral ist älter als Religion«, aus dem amerikanischen Englisch von Catherine Hornung (2015), Klett-Cotta, Stuttgart, S. 32. Gefunden in: Rutger Bregman: »Im Grunde gut – Eine neue Geschichte der Menschheit«, aus dem Niederländischen

von Ulrich Faure und Gerd Busse (2020), Rowohlt Verlag, Hamburg.

34 Vgl. Rutger Bregman: »Im Grunde gut – Eine neue Geschichte der Menschheit«, aus dem Niederländischen von Ulrich Faure und Gerd Busse (2020), Rowohlt Verlag, Hamburg..

35 Rebecca Solnit: »A Paradise Built in Hell. The Extraordinary Communities That Arise in Disaster« (2009), Viking, New York, S. 187.

36 Vgl. ebd.

37 Von der Autorin stark gekürzt und nur sinngemäß übersetzt. Vgl. OMR-Konferenz 2022 in Hamburg, Livestream-Video der Conference-Bühne: https://omr.com/de/events/omr22/livestreams/

38 Vortrag an der Southern Illinois University, Carbondale, 13.2.2014. Gefunden in: Emilia Roig: »Why We Matter – Das Ende der Unterdrückung«. Dort wird es von der Autorin wie folgt übersetzt: »Wir müssen so tun, als wäre es möglich, die Welt radikal zu verändern. Und wir müssen es die ganze Zeit tun.«, Vgl.: Emilia Roig: »Why we matter – das Ende der Unterdrückung«, (2021), Aufbau Verlag, Berlin S. 234.

39 Übersetzt von der Autorin. »Be average«, rät Keith Johnstone auch in seinem TEDx-Talk »Don't do your best«, erschienen 2016, https://www.youtube.com/watch?v=bz9mo4qW9bc

40 Vgl. Martin Buber: »Ich und Du« (1995), Reclam, Stuttgart.